KB081281

곁을 만드는 사람

차별에 맞서 삶을 일궈내는
이주활동가들 이야기

마창거제산재추방운동연합 기획

이은주·박희정·홍세미 글

곁을
만드는
사람

오월의봄

일러두기
- 인터뷰에 참여한 구술자들 중 가명을 사용한 경우 별도로 표기했다.
- 맞춤법에 맞지 않는 표현일지라도 구술자의 입말을 살리기 위해 유지한 표현이 있다.
- 127~131쪽 샤말 타파의 편지글은 2004년 3월 6일자 《시민의소리》에 게재된
  원문을 교정교열을 거쳐 실은 것이다. 단행본 수록 및 교정교열에 대한 동의·허락을
  구했음을 밝힌다.
- 지역일반노동조합으로 활동해온 성서공단노조는 2022년 12월 금속노조 성서공단
  지역지회로 조직 형태가 변경되었다. 본문에서는 맥락에 따라 두 명칭을 혼용했다.

이주활동가들이 들려주는
'진짜' 이야기

프레스에 양 손목을 잘린, 스물을 갓 넘긴 네팔 여성 노동자. 주야 맞교대 장시간 노동에 시달리다 컨테이너 숙소에서 주검으로 발견된 스물여섯 베트남 청년 노동자. 지게차에 끼여 생을 마감했던 중국인 노동자와 그가 사고당한 바로 그 현장에서 그 모습을 목격한 아내, 영정사진으로 아버지와 처음 만난 열 살 아들. 노동절에도 출근하여 쉬지 않고 48시간을 일해야 했던, 죽어서도 '명서동 중국인'으로 불렸던 노동자. 크레인 후크에 얼굴을 맞는 사고를 당한 후 어린아이가 된 스리랑카 노동자.

모두 마창거제산재추방운동연합(산추련) 활동을 하며 만났던 이주노동자들입니다.

매주 빠짐없이 한 명의 이주노동자가 노동 현장에서 사망합니다. 공식적인 통계이니 실상은 훨씬 더 심각합니다. 한 노동자의 죽음으로 생긴 빈자리는 또 다른 이주노동자로 어김없이 채워집니다. 모든 사람이 꺼리는 가장 위험하고 힘든 일을 하다가 다쳐도 치료해달라는 말조차 제대로 할 수 없는 부당한 현실은 변하지 않습니다. 사업장에 노동인권 교육을 갈 때 교안 자료를 언어별로 따로 준비하고, 현장토론이 오갈 때 통역을 진행하며 이주노동자가 참여할 수 있도록 했지만, 밑 빠진 독에 물을 붓듯 결실이 맺어지지 않는 상황을 반복해 마주해야 했습니다.

이주노동자를 일하는 기계이자 사람이 아닌 경제 도구로만 이용하려는 모든 정책과 시선에 저항하기 위해 산추련이 무엇을 할 수 있을까 고민했습니다. 이에 어려운 상황에 놓인 이주노동자를 지원하는 것을 넘어 이주 당사자와 연대하기 위해 2011년부터 이주민 권리 책자를 발간하기 시작했습니다. 누구에게나 신체의 자유가 있고, 그 자유를 지키기 위한 권리가 있으며, 그 권리를 보호받는 일이 선언에 그쳐서는 안 된다는 생각에서 비롯된 것이었습니다. 그들이 자신의 존엄과 생명을 지킬 권리를 가진 사람임을 이주노동자의 언어로 전하는 일이 중요하다고 생각했습니다.

2020년 《이주민의 노동기본권》 소책자 4쇄 작업이 마무리될 즈음이었습니다. "저에게도 트라우마가 있어요"라고 미얀마에서 온 또뚜야 님이 눈물을 글썽이며 말씀하셨습니다. 또뚜야는 1998년 산업연수생으로 한국에 왔고 현재 부산이주민지원센터에서 이주노동 인권활동가로 활동 중입니다. 미등록 상태일 때 경찰차 사이렌 소리에 놀라 뒷걸음쳐야 했는데 지금도 그 소리에는 몸이 경직된다며, 자신의 삶을 글로 써보고 싶다고 하더군요. 누군가 질문하면 생각을 하고 이야기하는 건 어렵지 않은데 자신의 생각을 글로 옮기는 것은 쉽지 않다고요. 그제야 또뚜야와 10여 년간 함께 활동했으면서도 활동 이야기 외에는 그의 생각을 듣거나 나눈 적이 없다는 것을 깨달았습니다.

이주노동자들의 노동은 한국사회가 발전하는 데 주요한 역할을 했습니다. 이주노동자는 한국사회의 중요한 구성원이지만 정작 그 목소리는 잘 들리지 않습니다. 이따금 뉴스에서 인권침해와 노동착취의 피해자로서만 등장할 뿐이죠. 대중문화 콘텐츠에서도 그저 어눌한 말투의 이방인으로만 묘사되곤 합니다. 사회학자 엄기호 님은 성장한다는 것은 자기만의 언어를 가지게 된다는 의미로, 자기만의 언어를 가질 때 비로소 인간은 자기만의 시선으로 세상을 읽으며, 그 세상에 개입할 수 있다고 말합니다. 우리와 함께 호흡하며 살아가고 있는 이주민들은 자신의 언어를 가지고 자신의 시선으로 세상을 읽으며 살아가고 있습니다. 그러나 우리 사회는 그들을 자신의 언어를 가지고 살아가는 한 사람으로 인정하지 않을 뿐 아니라, 세상에 개입하지 못하도록 원천 봉쇄하고 있습니다. 같이 활동해왔던 저조차도 또뚜야가 담고 있는 언어를 온전히 듣고자 한 적이 없다는 사실에 부끄러워졌습니다.

한국사회는 여전히 이주노동자를 도구로만 인식하고 있습

니다. 수십 년을 정착하고 살아도 그들은 뿌리 없는 이방인으로 취급됩니다. 비단 한국사회만이 아닙니다. 유럽 이민자의 삶을 다룬 존 버거의 책 《제7의 인간》의 한 구절을 빌려 말하자면, 이주노동자는 노동 인력이 부족한 곳으로 자신의 노동력을 팔러 옵니다. 그들은 일자리를 채우는 일 이외의 그 어떤 현실도 상상할 수 없으며, 아무런 주장도 할 수 없습니다. 이민을 가는 것은 인간이 아니라 기계 관리 인부, 청소부, 땅 파는 인부, 시멘트 섞는 인부, 세탁부, 공장 노동자일 뿐입니다. 저임금의 값싼 노동력이나 출산의 도구로만 여겨지는 것입니다. 그녀와 그들이 인간으로 재생되려면 아무런 장래가 없어 떠나왔던 고향으로 돌아가야 합니다.

하지만 이주노동자들은 무력한 피해자로만 존재하지 않았습니다. 한국사회가 자행한 인권침해와 노동착취에 저항했고 오랜 투쟁 끝에 이주노동자 노동조합을 합법화시켰습니다. 또한 공동체를 꾸려 힘든 이주 생활에 서로의 버팀목이 되어주고, 차별 없이 평등한 세상을 향한 이주노동자들의 자유로운 연대를 실현해오고 있습니다. 그리고 노동자로, 예술가로, 활동가로 다양한 삶을 일구어왔습니다. 한국사회와 본국의 여러 사람을 이으면서, 국가와 지역의 경계를 넘으면서 모두 함께 인권적인 삶을 살아가는 세상을 향한 길을 만들어왔습니다.

저희는 그 다채로운 투쟁과 삶의 이야기를 기록하고자 했습니다. 다양한 영역에서 활동하는 이주활동가들을 만나려 했으나 상황이 여의치 않아 여섯 분만 만났습니다. 강제 추방 이후 본국에서 민주화 활동 중이라 연결이 쉽지 않았던 분, 비자 만료로 출국을 앞두고 있어 만나지 못한 분, 자신의 삶을 드러내기 어려워하던 분 등 이주활동가가 목소리를 내기 어려운 여러 가지 상황이 존재했습니다. 특히 지구인의정류장처럼 농업 이주노동자가 활발하게 활동하는 단체와 어업 노동자들과 함께하는 이주활동가들을 만나지 못한 것이 아쉬움으로 남습니다. 농축산업 및 어업에 종사하는 이주노동자들은 근로기준법과 선원법이 정한 기본적인 권리조차 제한받고 있습니다. 2020년 열악한 비닐하우스 내 숙소에서 동사한 캄보디아 여성 노동자 속헹 님, 2023년 10년 동안 열악한 돼지 농장에서 일하다 사망해 야산에 버려진 분추 님의 경우처럼 억울한 죽음이 반복되고 있습니다. 농업·어업 노동자의 인권침해에 맞서 싸워가는 이주활동가의 이야기도 앞으로 나눌 수 있게 되기를 바랍니다.

이주활동가 구술 기록에 마음을 모아주신 녹산노동자희망찾기와 후원인들 덕분에 이 작업을 시작할 수 있었습니다. 이주노조 정영섭 님과 이주와인권연구소 이한숙 님에게 이주운동사에 대한 교육을 듣고 기록 활동을 위한 기초 뼈대를 세웠습니다. 기록 활동 내내 두 분의 조언과 도움이 큰 힘이 되었습니다. 이주노조, 금속노조 성서공단 지역지회, 이주민과함께, 오산이주노동자센터 등 오랫동안 이주노동자운동의 중심에서 활동해온 단체들의 지원에도 고마움을 전합니다. 그리고 구술 과정에서 통역을 해주신 민주노총 건설노조 정책국장 조은석 님, 기록을 꼼꼼하게 챙겨주신 김그루 님, 김영숙 님, 박미영 님 등을 비롯해 많은 응원과 지지를 보내주신 분들께 감사함을 전합니다.

잘린 손목 아래 손이 있는 것처럼 간질거린다며 웃던 그녀의 수줍은 웃음소리, 너무 큰 검은 상복을 입고 화장장 입구에서 아버지를 보내던 열 살 아들의 뒷모습, 죽음을 부른 노동으로 쓰려져간 남편이 살아생전 즐겨 마셨다며 그의 아내가 제상에 올린 달큰한 사과향 술, 언제부턴가 노동자들이 겪은 고통의 순간이 장면·소리·냄새로 맺히며 쌓여가는 것을 경험하고 있습니다. 그 심상들은 저희에게 오감을 열어 인식을 확장하게 해줍니다. 차별과 부당함이 당연하게 여겨지지 않도록 끊임없이 질문하게 합니다. 이야기를 듣고 기록하는 내내 지나온 삶과 활동을 되돌아보며 배우는 시간이었습니다. 그리고 겸손한 자세로 그들 곁에 설 수 있는 힘을 얻었습니다.

부끄러움과 반성으로 시작한 이주활동가 구술 기록입니다. 이주노동자로서 바라본 한국사회, 나의 투쟁 이야기뿐만 아니라, 각자를 구성해온 역사적·문화적·지역적 배경 등에 대한 이야기를 통해 한국사회가 이주노동자의 삶을 입체적으로 이해하게 만드는 기회가 되길 바랍니다. 한국사회에 이주노동자들의 '진짜' 이야기를 전하고자 합니다.

2023년 봄,
필자들의 마음을 모아 이은주 씀

차례

언어와
언어를
연결하는 힘

구술: 김나현
글: 이은주

팜 티 안 뚜엣(PHẠM THỊ ÁNH TUYẾT)은 김나현의 베트남 이름이다. '안'
은 '반짝반짝'이라는 뜻이고, '뚜엣'은 '눈'이라는 뜻이다. 겨울에 태
어났다는 의미를 담아 그녀의 어머니가 지어주셨다고 한다. 나현은
베트남 북부 하이즈엉시에서 1974년 태어나 1995년 산업연수생으
로 한국에 왔다. 그녀는 베트남에서 스물두 해를 살았고, 한국에서 지
낸 지는 28년이 되어간다.

　고교 시절 하이즈엉시 체스 대표선수였던 그녀는 자신의 생을
체스판의 '폰'에 비유한다. 한국 장기의 '졸'과 비슷한 폰은 강하고
큰 말을 보호하기 위해 자신을 내던져 적의 공격을 온몸으로 방어하
는 병사다. 계속 직진해 적진 깊숙이 들어간 폰(졸)에게는 여왕이든
비숍이든 기사든 상관없이 변신이 허용된다. 스스로 상대를 꼼짝 못
하게 하는 말이 되는 것을 선택할 수 있다. 실제로 그녀는 산업연수생

으로 일하던 공장에서 부당한 처우에 맞설 때, 외국인노동자인권을 위한모임(이주민과함께의 1996년 설립 당시의 명칭)에 문을 두드려 결혼 이주 여성 한글교실을 열었을 때와 같은 인생의 수많은 선택지에 놓였을 때 먼저 프러포즈하고 직진해왔다. 자신을 스스로 변화시키며 살아왔다. 어머니의 바람처럼 그녀는 단단하고 반짝이는 눈의 결정체 같다.

나현은 이주민과함께 부설기관인 어울림이주여성다문화가족센터에서 활동을 시작하면서 이주 여성에게 가해지는 사회적 낙인에 저항하며 목소리를 내기 시작했다. 5년여 동안 부산외국인근로자지원센터(부산시 위탁기관으로 이주민과함께의 부설기관인 부산외국인주민지원센터의 이전 명칭)에서 노동상담 활동을 할 때도 자신이 이주노동자로 겪었던 어려움을 알기에 동료들을 따뜻하게 품어주는 활동가였다. 차별 없는 세상을 만들기 위해서는 무엇보다도 소통이 중요하다고 생각한 그녀는 현재 이주민 활동가가 주체가 되어 운영하는 이주민통번역센터 링크의 센터장으로 활동 중이다. 통번역은 언어 소통을 넘어 서로의 삶을 연결시키고 지탱해주는 연대라고 믿는다.

자신의 삶과 이주민의 인권을 보호하기 위해, 직진하는 폰처럼 뚜벅뚜벅 길을 열어가고 있는 그녀의 여정에 동행해보려 한다.

스포츠 집안의 첫째 딸

저희 집은 스포츠 집안이에요. 아빠는 체스 코치였고, 엄마는 배구 코치였어요. 동생도 현재 대학교에서 스포츠 코치로 일하고요. 저도 어렸을 때 체스를 배워서 도시 팀에 들어가 여름 방학이면 전국대회에 나가기도 했어요.

부모님은 두 분 다 코치인 동시에 공무원 신분이셨어요. 정부에서 일하는 사람들은 밥 먹는 걱정은 안 하지만 넉넉하지는 않아요. 작은 것도 돈이 없어서 못 사는 경우가 있거든요. 정부 기관에 종사하는 사람에게는 한 달에 한 번 쌀과 고기 등을 일정 부분 지급해줘요. 돼지고기도 한 집에서 가져갈 양이 정해져 있었어요. 엄마는 그럴 때면 살코기 말고 기름을 많이 달라고 했어요. 그래야 한 달 동안 그 기름으로 야채라도 볶을 수 있으니까요. 식용유가 없었거든요. 그렇게 가난했어요. 부모님이 자유 직업을 가진 친구들이 너무 부러웠어요. 먹을거리와 옷 입는 게 저희와 달랐으니까요. 자라는 내내 '우리 부모님은 왜 자유 직업을 갖지 않으셨을까. 그랬다면 나도 좀 넉넉하게 살 수 있었을 텐데'라는 생각을 자주 했어요.

저희 부모님은 딸들도 공부를 잘하면 좋겠다는 바람이 있으셨어요. 그런데 저는 공부에 흥미가 없었어요. 고등학교를 졸업하고 대학에 안 갔어요. 베트남은 여섯 살에 학교를 들어가는데요. 초등학교 5년, 중학교 3년, 고등학교 3년 과정을 마치면 열여덟 살이에요. 고등학교 졸업 후 2년 정도 집에서 놀고 있을 때 엄마의 직장 상사가 한국에 갈 수 있는 티켓을 몇 개 갖고 있다고 말씀하시더라고요. 산업연수생으로 한국에 가는 티켓을요. 그 상사분이 송출업체 사장과 아는 사이였다고 하더라고요.

당신 딸에게 혹시 필요하지 않느냐고 물었다길래 저는 간다고 대답했어요. 한국이 어떤 나라인지도 모르면서 말이죠.

베트남은 자체 생산을 많이 못하니까 물품이 엄청 귀했거든요. 1986년까지 나라에서 비누나 자전거 튜브를 보급했습니다. 주로 러시아나 중국에서 받은 물품이었어요. 배급 날에는 학교 운동장에 온 동네 사람들이 모여요. 축제 같기도 했는데, 싸움이 나기도 했어요. "지난번에 네가 다라이 가져갔으니까 이번에는 너 가져가." 이런 식으로 나누었어요. 그 당시 베트남 사람들이 다른 나라로 가서 일을 많이 했거든요. 러시아·동독·불가리아·체코 같은 사회주의 국가로 주로 많이 갔어요. 가족 중에 이주노동하는 사람이 있으면 땅을 여기저기 사는 경우가 종종 있었어요. 1986년에 도이머이(Đổi mới) 개혁 개방 정책이 도입되어서 물가가 엄청 올랐어요. 많은 사람이 어떻게 먹고살지 걱정했죠. 가지고 있는 돈을 다 털어서 물건을 사고 그랬어요. 가족 중 이주노동자가 있는 경우 받은 물건들을 안 쓰고 고스란히 팔더라고요. 당사자가 얼마나 힘든지는 전혀 모르고 그저 그 모습 자체가 부러웠어요. 그런 집은 복이 많다는 말도 했던 것 같아요. 그런 걸 보면서 이주노동을 꿈꾸기도 했고요. 기회가 생겼을 때 한국에 오게 된 것도 그래서예요.

저는 하노이에서 50킬로미터 정도 떨어진 곳에 살았는데 한국에 오기 전 하노이에 가서 한두 달 한국어를 공부했어요. 집에 돌아와서 몇 달 정도 대기하다가 한국에 왔고요. 산업연수생들은 본국에서 교육받았어요. 교육 중에 '연애하지 말고 결혼

곁을 만드는 사람

하지 말고 애 낳지 마라. 온전히 노동만 해라'라는 내용이 있었어요. 연수생은 일만 하라고 하더라고요. 연애하더라도 임신은 안 된다면서 애를 가져 강제 출국 당한 경우가 있다고 했어요. 또 한국 사람과 대화할 때 정치 이야기는 꺼내지 말라는 내용도 있었고요. 베트남은 오래전부터 북한과 수교를 맺었죠. 베트남에서 한국어를 가르치는 분들은 대부분 북한에서 유학한 경우였거든요. 베트남 정부 입장에서는 산업연수생으로 간 베트남 사람들이 돈은 벌어오되 한국사회에 물들지 않기를 바랐던 거예요(웃음). 노조에 대해서는 언급을 안 했어요. 베트남에도 노조가 있었거든요. 근데 먹고 노는 노조예요. 한국 노조와 좀 달라서 이곳 노조 활동을 보고 처음에 의문이 들었어요.

37명의 친구들과 함께 맞은 1995년 봄

한국에 1995년 봄에 왔어요. 베트남에서 함께 온 37명이 김포공항에서 대형버스를 타고 오리엔테이션을 받는 곳으로 갔어요. 교육이 끝나고 회사로 오는 버스에서 창밖을 내다보는데 봄꽃들이 너무 예쁘게 피어 있는 거예요. 베트남 날씨에 익숙한 저는 아무리 봄이어도 춥다고 느꼈는데, 꽃들을 보는 순간 왠지 이곳에서 잘 살 수 있을 거라고 여겨졌어요.

　제가 일했던 회사는 부산 연산동에 있는 어망 공장이었어요. 그물 짜는 공장으로 일본에 수출을 많이 했어요. 1997년

IMF 외환위기 때 다른 공장은 다 부도났는데 거기는 오히려 돈을 많이 벌었어요. 진짜 어마어마하게 벌었어요. 일도 많았고 일하는 사람도 몇백 명은 되는 큰 회사였죠.

기계가 어망을 짜려면 실을 감는 문전이 있어야 해요. 문전에 실이 다 쓰이면 교체해줘야 하고요. 실이 두 가닥이 있어야 매듭이 되는데요. 문전에 실을 감아주는 건 사람이 해야 해요. 기계가 있지만 내가 발로 밟아야 실이 문전에 감기는 거죠. 짜인 그물들이 기계 안에 들어가는 경우가 가끔 있어요. 그러면 기계를 정지하고 실을 꺼내요. 문전을 감으면서 실도 봐야 하거든요. 잠깐 놓쳐서 실이 쭉 다 들어가버리면 그때부터 정말 시간이 많이 걸려요. 다시 해야 하니까요. 그렇게 쉬지 않고 일했어요.

작은 기계가 있고 큰 기계도 있었는데요. 저희가 체격이 작잖아요. 제가 맡은 기계는 그래도 괜찮았는데 가끔 큰 기계에서 일해야 할 때면 너무 힘들었어요. 문전이 엄청 무겁거든요. 게다가 실이 감길 때 잘못하면 제 손을 감을 수도 있어요. 그러면 큰 사고가 나죠. 늘 무서웠어요. 기숙사가 회사 안에 있어서 밤에 잠을 자려고 누워 있으면 기계 소리가 났어요. 심지어 가끔은 꿈속에서도 한번씩 기계 소리가 들려요. "쿵! 쾅!" 소리에 심장이 떨어지는 것 같았어요. 힘든 날이면 특히 그 꿈을 더 꿨어요. 그런 날은 아침에 일어나면 눈물이 고여 있더라고요. 눈이 왜 이렇게 무겁지 싶어서 보면 눈물이 있었어요.

베트남에 있었을 때 한국에 가면 일이 엄청 힘들다는 이야기는 들었어요. 베트남에서 일하는 것과 비교하면 안 된다는 이야기도 들었고요. 그래서 그러려니 하고 묵묵히 일했죠. 3년만 버티자고 생각했어요. '3년만 버티면 나는 베트남에 가서 이렇게 저렇게 살 것이다' 하는 생각으로 견딘 것 같아요. 젊으니까 힘도 좋았고요. 그동안 일해본 경험이 없으니까 다 그러려니 했던 것 같기도 해요. 제게 문이 많이 열려 있어야 많이 볼 수 있고, 많이 접할 수 있어야 변화도 생기는데 당시 제게는 그 경험뿐이었기에 끊임없이 그 안에서만 헤엄치는 꼴이었어요. 그렇게 산업연수생으로 3년 동안 살았어요.

지금 생각해보면 친구들이 있어서 버틸 수 있었던 것 같아요. 산업연수생은 모두 한 기숙사에 배치해줘서 37명이 함께 살았어요. 베트남 중부 사람 몇 명 빼고 대부분 북부 사람이었어요. 저는 북부 출신이거든요. 도시마다 음식이 다르니까 음식을 해 먹는 것도 재미있었어요. 명절에 부모님을 뵙지 못하는 게 슬펐지만 친구들과 같이 보내는 것도 즐거웠고요. 물론 다툼도 많았지만 무슨 일이 생기면 뭉칠 수 있는 힘도 있었어요. 기숙사에서 지내는 시간이 좋았어요. 한국 드라마 짱이잖아요. 제가 맨 처음에 본 게 〈젊은이의 양지〉였어요. 너무 좋았거든요. 배용준 엄청 좋아했어요.

그럼 내가 말해야지!

회사에서 문제가 생길 때 다른 사람들은 말을 안 하더라고요. 그럼 제가 '내가 말해야지!' 그랬어요. 베트남에서 두 달 정도 한 국어 공부를 했는데 그 정도로는 대화가 잘 안 되더라고요. 제가 뭔가 필요하다고 아무리 말해도 회사에서 못 알아 들었어요. 그럴 때면 너무 답답해서 칠판에 적었죠. 그때부터 다들 저를 다르게 보더라고요. "너 글도 적을 줄 알아?" 이러면서요. 그 후로 사람들 앞에 잘 나서지는 않았지만 제게 불리한 일이 발생하면 대응하는 방법을 찾았죠.

회사가 나쁜 게 뭐냐면 저희가 인원이 많잖아요. 관리자가 자기 마음에 드는 사람을 골라 야근을 많이 주더라고요. 잔업도 자기 마음에 드는 사람에게만 주는 거예요. 산업연수생은 한국에 3년만 있을 수 있으니 야근을 많이 하더라도 돈 버는 게 좋죠. 그래서 예쁘게 보이려고 엄청 경쟁했어요. 같은 고향 사람들끼리 경쟁하는 게 부끄럽지만 돈을 많이 벌어야 하니까요. 관리자 옆에서 애교 부리면서 일 얻는 사람도 있었고, 일을 주면 하고 안 주면 안 한다는 사람도 있었어요. 저는 공평하게 일을 달라고 바른말을 했어요. 미움 받아도 어쩔 수 없었어요. 저는 그런 사람이에요. 일 안 주면 가만히 있지 않으니까 어느 정도는 잔업을 받았어요.

그 공장에서 산재로 다친 친구들이 몇 명 있었어요. 회사에서 다행히 산재 처리해주더라고요. 손가락이 절단되는 사고를 당한 친구가 한 명 있었거든요. 그 친구는 산재 처리하고 보험금 다 받고 회사에서 2년간 일하고 베트남으로 돌아갔어요. 그후에도 산업재해를 당하신 분들이 몇 명 더 있었어요. 그런데 회사에서 보험금 노리고 일부러 그랬냐는 거예요. 누가 사고당하고 싶어서 그렇게 하겠어요. 회사에서 처리해주기는 했지만 그런 말을 들으니 속상하고 화가 났죠.

임금체불은 없었지만 한번씩 시간을 줄여서 임금을 계산하는 경우는 있었어요. 저희는 달력에 일한 시간을 다 체크해놓았거든요. 그래서 만약 제가 60시간 작업을 했는데 55시간이나 59시간으로 주면 사무실 문을 열고 들어가서 "모자란다. 다시 계산해라" 하면 다음 달에 다시 계산해주기는 했어요.

일하면서 한국인 동료들과 사이가 나쁘지는 않지만 한번씩 저희를 조금 낮게 보는 친구들이 있어서 싸우기도 했죠. 회사에서는 저희에게 점심식사만 제공했어요. 아침·저녁식사는 다 기숙사 식당에서 먹었는데 그 비용을 한 달에 6만 원씩 책정해 월급에서 공제하더라고요. 6만 원이면 저희에게 매우 큰돈이거든요. 월급이 30만~40만 원인데 6만 원으로 식비가 나가는 거니까요. 사실 내야 하는 돈이 맞는데 식대를 안 받고 식사를 제공해주는 회사도 있더라고요. 회사에 요구했더니 "37명이라 어떻게 해줄 수 없다. 너무 많다"라는 답을 들었어요.

안 그래도 저희끼리 식단 이야기를 많이 했거든요. 입맛에 안 맞으니 기숙사에서 해 먹을 수 있는 식재료를 제공하면 우리가 만들어 먹겠다고요. 회사에서는 안 된다고, 밥을 해 먹는 시간이 생기면 일이 안 된다고 했어요. 한번은 식단이 너무 안 좋아서 한 언니가 그 식판째 들고 "이거는 베트남에서 개도 안 먹는다"라고 상사한테 이야기하더라고요. 그 상사는 나이가 많아서 저희가 아버지라고 부르는 사람이었거든요. 그런데 그 상사가 언니 뺨을 때리는 거예요. 저희 모두 화가 나서 일 안 하겠다며 전부 출근을 안 했어요. 출근을 안 하니 기계를 다 멈춰야 하잖아요. 어떻게 흘러갈지 기숙사에서 지켜봤죠. 한국 사람들이 일하는 기계는 돌아가고 저희가 맡은 기계는 다 멈추니 회사 상사 몇 명이 다시 출근해서는 왔다 갔다 하더라고요. 그러더니 일단 한번 이야기를 해보고 싶다며 기숙사 관리자 한 명, 상사 한 명이 기숙사로 찾아왔어요. 우리가 내던 식대는 협상해서 6만 원에서 3만 원으로 합의했어요. 그게 3년 일하면서 제일 성공적이었던 투쟁이에요. 근데 언니 뺨 때린 일에 대해서는 회사에서 사과를 안 하더라고요.

저당잡힌 돈, 저당잡힌 몸, 저당잡힌 삶

산업연수생으로 일하다가 이탈하는 사람도 적지 않았어요. 저희 회사에서도 1996년 후반쯤 스물 몇 명이 도망쳤어요. 기민하게 준비했어요. 같은 날 같은 시간에 탈출하기로 하고 각자 친구들을 통해 이직할 회사를 미리 알아봤죠. 어느 회사에서 사람 받는다고 하면 그냥 갔어요. 이탈한 시간은 같은데 서울, 대구, 부산 등으로 목적지는 모두 달랐어요. 저희가 항상 일요일 아침이면 야간 작업 마치고 회사 옆 목욕탕에 갔거든요. 그날도 목욕탕 가는 것처럼 짐을 챙겨서 목욕탕에 들어갔어요. 그리고는 목욕탕에 작업복을 벗어두고 각자 알아본 곳으로 간 거죠.

다음 날 출근하니까 한국 사람들이 제가 제일 먼저 떠날 거라고 생각했는데 왜 안 갔냐며 대놓고 묻더라고요. 회사에서 무슨 일 있으면 제일 먼저 항의하는 사람인데 왜 도망 안 갔냐고요. "니 안 가? 도망 안 가?" 그래서 "내가 왜 가!" 그랬죠. 저도 고민하고 여러 가지로 계산했어요. 한국 와서 1년 조금 넘었을 때잖아요. 제가 모은 돈이 얼마인데, 만약 도망가면 물품도 사야 하고, 전셋집도 구해야 하고. 여기보다 월급이 더 많다 해도 몇 달 정도 수입이 없다고 여겨야 도망갈 수 있는 상황이었어요. 조금 적게 받더라도 3년까지는 여기에서 편안히 있을 수는 있겠다 싶었던 거죠. 1년 조금 넘어서 도망가면 너무 위험하기에 제게는 모험으로 여겨지더라고요. 3년이면 얼마를 벌 수 있을지 계산이 되니까요. 베트남에 돌아가면 그 돈으로 무얼 할 수 있을지도 고민해봤고요. 3년이 지나면 이사하거나 다른 방안을 찾거나 다시 생각해보자고 마음먹었죠. 당시 산업연수생 제도는 정말 일을 잘해야 한국에 2년 있을 수 있었어요. 나중에 3년으로 연장된 거고요. 1년이 거의 다 되었을 무렵 불안했던 게 기억나요. 저는 돈을 얼마 안 들이고 와서 나은 편에 속했지만 1년 일해도 빚을 못 갚았던 언니들은 큰 불안 속에서 살았어요. 1년이 되었을 때 회사에서 계약한다고 말해주기를 바랐는데,

회사에서 아무 말 안 하자 다들 걱정이 많았어요. 물론 저도 그랬죠. 친구들이 있어서 그 시간을 버텼지만 긴장된 삶이었어요.

사람들이 이탈하고 공장에 베트남 사람들이 다시 들어왔어요. 도망간 친구들도 삶이 만만치 않았던 걸로 알아요. 월급을 못 받거나 단속반에 당하고 그랬죠. 나중에 살아온 이야기를 듣고 눈물 났던 일이 있었어요. 한 친구가 겨울밤 단속반에 들켰던 거예요. 단속반이 들어왔는데 도망갈 수 있는 곳이 창문밖에 없더래요. 잠옷 입은 상태로 창문을 넘어가려는 순간 단속반한 명이 그 친구 다리를 잡았어요. 아무래도 잠옷이 헐렁하니까 넘어가면서 바지가 벗겨진 거예요. 바지가 벗겨진 채 도망갔다고 하더라고요. 무사히 도망가기는 했지만 팬티만 입고 도망가는 모습을 생각하면 '참, 그렇게까지 해야 하나?' 싶어서 너무 속상하고 화도 났어요.

도망간 친구들은 경비실로 전화 연락을 해왔어요. 방은 2층에 있고 경비실이 1층에 있었는데요. 친구들이 전화해서 "베트남 사람들 바꿔주세요" 하면 경비 아저씨가 "베트남, 베트남" 불러요. 그러면 내려가서 전화받고 전화번호를 적고. 그렇게 연락했죠. 전화기도 없고 삐삐도 너무 비싸서 회사에 있는 공중전화를 사용했어요. 친구들도 나가서 챙겨야 할 일도 많고 바쁘고, 저희도 결혼하고 살면서 바쁘다 보니 연락이 잘 안 되었어요. 그러다 한 10년 전부터 연락하기 시작했죠. 베트남에 갈 때마다 한번씩 모이자고 해서 모이고 있어요. 코로나 때문에 몇년 정도 못 봤지만요. 10년 전 첫 모임 때 옛날이야기를 하면서 많이 울고 웃었어요. 모인 사람들은 그나마 잘 사는 경우예요. 어느 정도 내 마음이 편해야 모이잖아요. 한 3분의 1 정도는 연락이 안 됐거든요. 어디서 어떻게 살고 있는지 잘 몰라요.

아 참, 이탈을 방지한다고 돈을 내게 했어요. 도망가지 못하게 이탈 방지라는 명분으로 베트남 송출업체에 돈을 300불 납부해야 했죠. 중간에 이탈한 사람은 못 받게 되는 거고요. 저는 베트남으로 돌아가지 않아서 엄마가 대리인으로 가서 받았어요. 1990년대 중후반 산업연수생으로 온 다른 사람들은 한 달에 15만 원씩 강제로 적금을 넣게 했어요. 적금이니까 계약 기간이 끝나야 받을 수 있잖아요. 기간을 못 채우고 도망간 친구들은 그 돈을 못 받았어요. 몇 년 전 공장에서 같이 일했던 친구들이 베트남에서 모인 적이 있었어요. 그 당시 이탈했던 친구들이 많이 참여했는데요. 한 친구가 그러더라고요. "우리 돈 어디가 있는지 혹시 알아봐줄 수 있어?" 그래서 잠깐 의논했어요. 그 뒤로는 진전이 없었는데 그 돈이 다 어디로 갔는지 궁금해요. 한 달에 15만 원이니 1년이면 거의 200만 원이 넘거든요. 어마어마한 돈이에요.

그때까지만 해도 저희는 은행에 가본 적이 한 번도 없었어요. 통장은 저희 이름으로 되어 있는데 말이죠. 도장은 사업주가 갖고 있었을 거예요. 월급 받는 날에 얼마 정도 용돈을 쓰겠다고 제출하는 서류가 있었어요. '김나현 얼마' 이렇게 써서 제출하면 회사가 통장에서 돈을 빼서 제게 현금을 줬죠.

가족을 이루다

1996년 초 남편이 회사에 들어와서 일하게 됐거든요. 그전에
도 이 회사에 여러 번 왔다 갔다 했나봐요. 저는 그때 처음 봤죠.
'아, 저 남자 잘생겼네. 하하하……' 속으로 그랬어요. 사실 도망
안 간 이유는 미래에 대한 계산 때문이기도 했지만 이 남자 때
문이기도 해요. 제가 G7에 대한 이야기를 꺼냈거든요. 똑똑한
사람을 좋아하더라고요. 그때부터 서로 관심이 생겨서 연애하
다가 1997년 4월쯤 혼인신고를 했고 1997년 말에 결혼식을 올
렸어요. 1998년 초에 큰아이 임신해서 일은 그만뒀고요. 1999
년에 큰아들 출산하고, 2000년에 막내 태어난 이후로 일은 하
지 않고 계속 아이들을 키웠어요. 일하고 싶었는데 또 계산을
했죠. 아이들을 어린이집에 보내는 비용과 제가 벌 수 있는 돈
을 따져보니 그 돈이 그 돈이더라고요. 제가 기술을 갖고 있는
것도 아니고 또 일해봤자 미싱 공장이나 다른 공장일 텐데 근무
시간도 길어서 어린이집에 보내는 시간과 안 맞는 거예요. 제가
번 돈이 고스란히 아이들에게 들어가고, 게다가 아이들이 아프
면 내가 회사에서 하루 정도 빠질 수 있을까 등등 계산을 다 해
보고 안 되겠다 싶어서 집에서 아이가 다섯 살 될 때까지 같이
있었어요. 아이들이 엄마와 떨어지면 불안할 수도 있으니까요.
아이랑 같이 보낸 건 제가 한 잘한 일 중 하나라고 여겨요. 당시
저희 회사에 저 포함해서 베트남 여성 세 명이 한국 남성과 결
혼했어요. 모두 연산동에 살았어요. 아이들도 고만고만해서 같

이 모이고 아이들도 같이 키웠죠. 아이들이 다섯 살 될 때까지 같이 지내다 한 명은 목포로 갔고, 한 명은 제가 다대포로 이사 갈 때까지는 연산동에 같이 있었어요. 시장도 같이 가고 이것저것 함께하면서 지냈어요.

저희 남편은 뉴스나 바깥에서 생활하는 동안 있었던 일들을 집에 와서 잘 이야기하는 편이거든요. 제가 들은 걸 친구한테 이야기해주고, 친구도 어디에서 들은 이야기를 전해주다 보니까 심심하지 않았어요. '글이야 학교 가서 배우면 되지'라고 생각하고 아이들과도 함께 시간을 많이 보냈고요. 아이들은 엄마하고 같이 있으면 스스로 알아서 크더라고요.

첫아이 태어나고 몇 개월 있다가 남편도 그 공장을 그만뒀어요. 2교대를 했거든요. 주간 10시간 반, 야간 11시간 반. 그렇게 일하고 받은 월급이 120만 원인데 적잖아요. 저희는 아무것도 없이 결혼했는데요. 당시 연산동에 '반도보라'라는 아파트가 있었어요. 그때 서른 몇 평이었는데 1억이 좀 넘더라고요. 남편 월급이 120만 원인데 한 달에 생활비를 어느 정도 써야 저 집을 살 수 있을까 계산해보니 평생 못 사겠더라고요. 남편한테는 말하지 못했죠. 계속 이렇게 살아야 하나 고민했는데 남편도 같은 생각을 하고 있더라고요. 특별한 기술이 있지 않는 이상 어디 가도 월급이 10만~20만 원 차이 나는 걸 깨닫고 남편이 지게차 면허증 공부를 시작했어요. 실업급여로는 생활이 안 되니까 낮에는 공부하고 밤에 전단지 돌리고요. 돌아보면 참…… 지금도 지게차 운전을 계속하거든요. 큰아이 다섯 살 즈음 남편이 구평동에 직장을 구했어요. 집이 다대포라 연산동으로 일하러 가기에는 출퇴근 시간이 너무 길어요. 자동차가 있으면 편한데 돈 좀 더 모으자 해서 둘 다 악착같이 모았죠. 꼭 필요한 거 이외에는 안 쓰고 안 샀어요. 아이들한테 미안한 게 어렸을 때 차가 있으면 많이 데리고 다녔을 텐데 어디 가려면 지하철이나 버스 타야 하니까 그러질 못했어요. 그래도 나름대로 열심히 살아온 걸 아이들도 아마 알 거예요(웃음).

다대포에 살 때였는데 동네 아줌마들이 아파트 앞에 앉아서 무언가를 하더라고요. 오후 되면 아이들이 어린이집에서 돌아오잖아요. 저희 집이 2층이었는데 내려다보면 아줌마들이 아이들이랑 함께 웃으며 있었어요. 한 일주일 정도 지켜보니까 옆집 사는 언니도 보이더라고요. 어떻게 하면 좀 더 자연스럽게 저 사람들이 나를 받아줄지 고민하다가 가서 뭐 하냐고 물어봤어요. 부업한다고 하더라고요. 이사 왔다고 소개하고 "일하는 거 재미있겠네요. 혹시 일 있으면 저도 좀 줘요" 했죠. 제 인생을 돌아보니 뭔가 필요하면 다 먼저 프러포즈했던 것 같아요. 그렇게 같이 일했어요. 휴대폰에 들어가는 부품을 칼로 깔끔하고 예쁘고 매끈하게 만드는 작업이었어요. 옛날 휴대폰인 2G폰에는 있었는데 지금은 없어요. 같이 부업하다 보니까 저희 큰아이와 나이가 같은 아이들도 있더라고요. 같이 어울려 놀고 그랬어요. 거기서 많이 배웠죠. 한국 여성들과 어울리면서 교육 등과 관련된 정보를 많이 얻었고요.

지금 큰아이는 스물네 살이고 작은아이는 스물세 살이에

요. 둘 다 군대에 갔다 왔어요. 아이들 사진을 페이스북에 자주 올려요. 베트남 가족들도 같이 볼 수 있지 않을까 해서요. 잘 살고 있다는 메시지라서 열심히 올리고 있어요. 아이 키우는 과정은 힘들지 않다고 생각하며 살아왔어요. 사는 게 힘들다고 생각하면 더 힘들 것 같거든요. 진짜 더 힘들 것 같아요. 그래서 힘들지 않다고 애써 생각하는 것 같기도 해요.

"우리 한글을 좀 배우자"

아이들을 어린이집에 보내고 나서 내가 더 똑똑해져야겠다는 생각이 들었어요. 아이들이 초등학교에 들어가면 선생님과 많은 대화를 해야 하고, 알림장에 적힌 내용도 알아야 하잖아요. 그래서 친구들과 "우리 한글을 좀 배우자"고 이야기했죠. 한 언니가 외국인노동자인권을위한모임이라는 단체를 알고 있는데, 거기 가서 한글 가르쳐 달라고 이야기해보자 해서 어느 날 저녁 아이들을 남편한테 맡기고 찾아갔어요. "결혼이주 여성이 몇 명 있는데, 아이들이 다 커서 학교에 보내야 하니 한국어를 좀 가르쳐달라"고요. 그렇게 한국어 공부를 시작했어요. 저희가 이주 여성 한글교실 1기예요. 이주노동자 한글교실은 일요일에 열렸지만 이주 여성 교육은 그전까지 없었거든요. 결혼이주 여성을 위한 교육은 없었던 거예요. 우리 여섯 명이 찾아가 문을 두드리니 열린 거죠. 그 뒤에는 인도네시아와 중국의 결혼이주 여성

김나현은 선배로서 무엇을 할 수 있을지 고민하다가
한국어 가르쳐주는 역할을 시작했다.

을 추가해서 한글교실로 만들었어요.

　　한글 가르쳐주는 곳이라고 소문이 나자 이주 여성이 많이
왔어요. 2000년대 초반이라 국제결혼을 통해 이주 여성이 많이
늘어나던 시기였어요. 한국 정부가 사람만 데려와놓고 '결혼은
너희들 문제다'라며 아무런 지원을 안 했죠. 선배로서 무얼 할
수 있을까 해서 한국어 가르쳐주는 역할을 시작했어요. 베트남
에서도 결혼이주 여성이 많이 왔는데 한국어를 잘할 수 있는 사
람이 저밖에 없잖아요. '내가 해야지 누가 하겠노.' 그 생각으로
시작했어요. 그러다 가정폭력 상담 전문 교육을 100시간 받고
난 후 어울림이주여성다문화가족센터(어울림센터)에서 상담 활
동을 하기 시작했어요. 처음에는 파트타임으로 일주일에 한 번

하다가 두세 번으로 시간을 늘려갔죠. 그러다 막내가 학교 들어간 2008년일 거예요. 이인경 소장에게 파트타임 말고 풀타임으로 시켜달라고 해서 그 후 풀타임으로 일했어요.

상담·교육 말고도 정부 정책 중 문제가 있어서 고쳐야겠다 싶으면 캠페인하러 나가기도 했어요. 기억나는 게 법무부가 사회통합 프로그램을 도입한다고 발표한 적이 있었거든요. 결혼이주 여성에게 당연히 국적을 줘야 하는데도 국적을 취득하려면 사회통합 프로그램을 통해 한국어를 공부하라는 거였어요. 이주 여성이 부유해서 일을 안 하면 모르겠지만 대부분 남편하고 같이 일해야 어느 정도 집안 경제를 유지할 수 있는데, 그 와중에 한국어 공부까지 하라니요. 이런 현실도 모르는 정책에 화가 났죠. '공부할 시간이 어디 있냐?' '국적 취득하지 말라는 말이냐'라고 외치며 설문조사도 하고 조사 결과도 발표했어요.

2009년에는 국제이주기구의 세미나가 베트남에서 열렸는데 사례를 발표하기도 했어요. 베트남 안장 지역과 동탑 지역까지 찾아가 국제결혼에 대해 사전 교육도 했고요. 결혼이주는 알선업체를 통해서 오는 경우가 대부분이거든요. 그런데 상업적인 알선업체가 많잖아요. 광고로 돈도 많이 받고 거짓 정보를 주는 업체들요. 부산에서 2010년 탓티황옥 씨가 한국에 온 지 일주일 만에 남편한테 살해당하는 사건이 있었어요. 정신질환을 가진 사람이면 국제결혼을 할 수 없다는 조항이 있었는데 알선업체가 돈을 많이 벌기 위해서 그 사실을 속인 거죠. 그때 알선업체를 통제하라는 운동도 했어요.

2012년 이주민과함께가 부산시 위탁사업으로 외국인근로자지원센터를 열면서 어울림센터의 활동까지 흡수하기로 하고 어울림센터는 문을 닫았어요. 그때 내부적으로 업무를 조정하게 되었고, 저에게 외국인근로자지원센터에서 노동 상담을 하면 어떻겠냐고 해서 저는 좋다고 했죠. 노동자로 일했기 때문에 이주노동자와 소통하는 것도 더 수월하겠다고 생각해서 노동 상담을 5년 정도 했어요. 상담도 한국인이 상담했을 때와 제가 상담했을 때가 다를 수 있거든요. 한국인이 상담할 때는 통역을 거쳐서 하는 거잖아요. 제가 직접 하면 감정도 바로 전해질 수 있고 서로 소통하는 데 더 원활하다고 해야 하나요. 감정을 나누면 상담도 수월해지거든요. 법적인 문제들을 잘 해결하기 어려울 땐 한국인 활동가들과 상의하면 되니까요.

상담한 지 5년이 됐는데도 현실은 바뀌지 않아 똑같은 이야기를 계속하다 보니 지치기도 하고, 이게 뭐 하는 건가 싶었던 것 같아요. 월급 안 주고 욕하는 게 나쁘다는 건 알지만 제가 어떻게 할 수 있는 문제가 아니더라고요. '하지 마라'라고 해도 똑같은 일들이 발생하죠. 고용허가제에서 여전히 해결 안 된 문제는 사업장 이전이에요. 사장이 'NO' 하면 어떻게 해도 안 돼요. 임금체불이나 폭행을 당했다 해도 안 되고요. 일단 서류상으로 노동부에 진정서나 확인서를 받아야 사업장 이전이 가능해요. 그런 과정에서 이주노동자는 너무 힘든 거예요. 이주노동자도 사업장에서 무작정 나가고 싶지는 않아요. 다른 곳으로 가면 다시 일을 배워야 하고. 쭉 일하면 월급이 계속 나오지만, 하루 이틀 쉬면 월급이 안 나오잖아요. 누가 손해 보면서까지 사업장 이전을 하겠어요. 회사가 도저히 나하고 안 맞으니까 나가는 거죠. 이 회사가 너무 열악하니까 더 좋은 환경에 가려는 건데 그 자유조차 막는 고용허가제에 대한 문제제기를 계속했죠. 사업주들은 사업장 이동 제한이 풀리면 노동자들이 더 많이 이전할 거라고 반대하는데 그렇지 않을 수도 있어요. 노동자에게 자유가 있다면 사업주도 조금 더 신경 쓰겠죠. 얼마 전에도 합헌이라고 판결이 나왔더라고요. 너무 화가 났어요. 대응해야 하지 않을까 싶어요.

부산외국인근로자지원센터에서 5년간 일하다 보니 이 이상 제가 할 수 있는 일이 있을까 싶어서 고민이 커졌어요. 일단 조금 쉬어야겠다는 생각이 들어서 쉬었죠. 그 뒤에 이주민통번역센터 링크에 와서 일하면 어떻겠냐는 제안이 들어와서 '뭐 쉬었으니까 일해야지' 그렇게 자연스럽게 링크에 와서 일한 거예요. 베트남 친구들이 언니 정도면 돈도 많이 벌 수 있는데 왜 이 일을 하냐고 물어보는 경우가 많아요. 제가 돈 벌 수 있는 게 뭐 있냐고, 장사하거나 사기 치는 거 정도 아니냐고 답하죠. 저는 베트남 사람들을 상대로 돈을 버는 건 하고 싶지 않기도 하고요. 한글교실 1기로 이주민과함께와 인연을 맺었고 제가 할 수 있는 일을 선택해서 지금까지 온 거예요.

소통할 수 있다는 것

2010년부터 이주민 통번역 체계 구축을 시작해서 2013년 이주민과함께의 부설기관으로 링크를 개소했어요. 링크는 소통을 통해 차별 없는 세상을 꿈꿉니다. 제가 겪어봐서 알잖아요. 저도 처음에 의사소통이 안 돼서 많이 힘들었거든요. 제 생각을 조금 더 정확하게 전달하려면 언어가 필요하고, 꼭 언어가 아니어도 표현들이 좀 더 정확할 필요가 있는데 한국어를 모르다 보니 그게 어려우니까요. 제가 산업연수생으로 일하던 당시에도 '표현을 강력히 했더라면 바꿀 수 있었을 텐데' 하는 것들이 있거든요. 지금 이주 여성들이 겪는 일이나 이주노동 상담도 마찬가지로 의사소통 문제로 인해 생기는 일들이 많잖아요. 한 이주민이 병원에 가서 맹장염 진단을 받았는데 의사소통이 안 되니까 당장 수술을 해야 하는데도 하지 못한 일이 있었어요. 일요일 무료 진료소에 와서 의사 진단서를 저희한테 보여준 거예요. 저희가 부랴부랴 부산의료원 응급실로 데려가서 다행히 수술했거든요. 조금 늦으면 생명까지 위협받는 일도 발생할 수 있죠.

특히 아플 때 서럽잖아요. 옆에 사람도 없고 친척도 없고, 아프냐 묻는 사람도 없으니까요. 이주민들에게 제일 서러운 게 뭐냐고 물으니, 아프기 전에는 회사에서도 서로 관계가 좋았대요. 근데 아프다고 하니 바로 사장 표정이 변한다는 거예요. 얼마나 아프냐고 걱정하며 물어주지 않은 게 제일 서럽대요. 10명 중 9명이 그렇게 답했어요. 아플 때 내가 어디 아프다고 표현할 수 있는 소통 체계를 제대로 만들면 좋겠다고 생각했죠. 그래서 이주민이라면 누구나 이용할 수 있는 통번역센터를 열었던 거예요.

링크에서 교육과 훈련을 받은 이주민들이 의사소통이 어려운 이주노동자와 입국 초기 결혼이주민들에게 무료로 통번역 지원을 해왔어요. 부산시나 부산 지역의 의료기관과 연계해 이주민 의료지원 사업을 견인하는 역할도 했고요. 2012년 부산시로부터 받은 500만 원으로 시작해서 지금(2022년)은 통번역 예산으로 1억 원을 받아 운영 중이에요. 1억은 고스란히 통역비로만 나가요. 통역 활동가 교육이나 인건비는 아무것도 지급하지 못하고 있어요. 어떤 사람은 '왜 그렇게 일해? 그러면 안 되지' 하는데요. 그렇다고 일을 안 하면 또 곤란하잖아요. 제가 하려고 했던 일을 손 놓으면 뭐 하나 하는 고민이 계속 있어요.

지금 링크에 상근 활동가는 두 명이에요. 베트남 출신 이하연 국장이 통역 신청이 들어오면 통역 활동가를 섭외하고 연결시켜주고, 모니터링과 사후관리도 해야 해요. 진행하다가 의료상담이 있으면 개입하고 월말이 되면 통역 활동가들이 했던 활동 자료를 수집해 작성해서 시에 청구하는데, 혼자 하기에는 일이 어마어마하게 많아요. 사람이 더 필요한데 정작 시에서는 인건비를 책정하지 않는 게 문제죠. 계속 이야기해도 근거가 부족하다고만 해요.

통번역 활동가 발굴이 중요해서 저희가 교육을 계속해왔어요. 작년에는 한국여성재단 프로젝트로 통번역 활동가들을

이주민 활동가가 주체가 되어
운영하는 이주민과함께 부설기관
이주민통번역센터 링크의 센터장으로
활동 중인 김나현.

위해 '마음 건강 워크숍'도 진행했고요. 2020년 상담 중에 유난히 자살 시도나 자살과 관련된 내용이 많았어요. 월례회의 때 통역 활동가들이 그 부분이 기억에 많이 남는다고 이야기하더라고요. 저도 상담하면 잘됐든 못 됐든 가슴속에 남는 케이스들이 있거든요. 그래서 활동가 치유 프로그램이 있으면 좋겠다는 생각을 계속해왔는데 여건이 안 돼서 못하다가 다행히 작년에 진행했거든요. 통번역 활동가 '맘 워크숍'이라고 무박 2일로 진행했는데 좋았어요. 한국여성재단 프로젝트로 여러 교육을 진행했는데 그 워크숍이 제일 뿌듯했죠. 활동하다 지쳐서 빠져나가는 활동가들도 있고, 통역하면서도 맨날 좋은 이야기만 듣는게 아니라 병원 가서 아픈 환자를 만나기도 하니까 꼭 필요한 활동이라고 생각해요. 올해도 하면 좋겠다 싶은데 아직 예산 때문에 정해지진 않았어요. 활동하는 데 예산 때문에 늘 어려움을 겪죠.

링크 활동을 기반으로 통역·번역·상담·다문화 사업에 대한 전문성을 갖춘 이주민 조합원들이 공동으로 출자하고 직접 운영하는 링크 이주민통번역협동조합도 2016년에 출범했어요. 협동조합이 만들어지니 센터와 협동조합이 같이 일하게 되더라고요. 저희가 협동조합 사업자등록증을 냈는데 재정이 부족해 사람을 고용할 수는 없었어요. 한국여성재단 지원과 조합비, 축하금 등으로 1년 넘게 활동가를 고용하기도 했는데, 그 뒤에는 재정이 여의치 않아 더는 고용할 수가 없어서 제가 링크 센터장을 맡으면서 협동조합 일을 병행하고 있어요.

협동조합에서는 공익과 관련한 일을 꾸준히 진행 중이에
요. 금속노조에서 발행하는 《이주노동자 바지락》이라는 신문
이 있어요. 그 신문 번역 작업을 꾸준히 해요. 산추련하고 함께
했던 이주민의 권리 책자 번역 작업을 진행하고, 작년에는 부산
노동권익센터에서 건강권 책자 번역도 했어요. 저희가 번역한
책이 나오면 조합원들과 "우리 아기 나왔다" 이러면서 같이 뿌
듯해요. 사실 이게 저한테 더 맞는 일인 것 같아요. 욕심 안 내
도 되는 비즈니스라고 해야 하나, 그런 거 좋아하거든요. 한 종
류의 책을 여러 번 발행하면, 처음 번역한 문장이나 단어가 달
라지면서 업그레이드되는 느낌이 들어서 좋아요. 한국에서 이
주민들도 이제 뿌리 내리고 살고 있다는 생각이 들어서요.

저희가 열심히 해서인지 전국에서 부산의 통역 시스템이
제일 잘 갖추어져 있다는 말을 들어요. 다른 사람이 평가해야
하는데(웃음). 통역 활동가들은 통역뿐만 아니라 옆에서 들어주
는 역할도 해요. 누군가가 들어주면 힘이 많이 되잖아요. 아픈
이주민과 이야기 나누고 묻는 거 있잖아요. 통역 활동가들이 그
런 역할까지 하고 있어요.

뿌리 깊은 차별과 편견

"나는 이주민이다. 베트남 사람이다"라고 말하면 항상 편견이
느껴져요. 한국에 온 이주민이 점점 늘어나는데도 지금 한국에

서는 F-6(결혼이민) 비자에만 집중 지원하고 있어요. 한국 정부는 결혼이주민의 경우 자기 국민이라고 생각하니까 지원하고, 유학생이나 다른 비자로 온 사람은 이방인으로 왔다 가는 사람들이라 생각하는 거죠. 코로나 시국 초반에 마스크 문제도 그렇고, 재난지원금도 국적 있는 사람만 받았죠. 코로나가 이주민은 피하고 한국 사람만 공격하는 게 아니잖아요. 세금을 동등하게 내는데 재난지원금 지급에 이주민을 빼는 것은 문제라고 생각해요.

이주노동자들이 한국 사람 일자리를 빼앗는다고들 하는데요. 그런 말을 들으면 정말 어이없고 답답해요. 왜 빼앗아요? 노동력이 부족하니까 와서 일하는 건데 빼앗는다니. 이주민 숫자가 얼마 안 됐을 때는 어딜 가든 일자리가 있었거든요. 결혼이주 여성은 갈수록 늘어나는데 여전히 일자리는 한정돼 있어요. 예를 들면 다문화가족지원센터 같은 곳에서 일하려면 경쟁을 뚫어야 해요. 쉽게 취직할 수 없거든요. 다문화가족지원센터에는 여러 부서가 있고 한국인이 일할 수 있는 자리가 많아요. 이주민이 일할 수 있는 건 통번역과 이중 언어 강사 두 자리뿐이에요. 베트남이나 중국 이외에 다른 국가 이주 여성들이 거기서 일하는 경우는 드물죠. 이주 여성이 컴퓨터나 문서 작성에 익숙하지 않다고 생각하지만 지금 결혼이주 역사가 20년이 됐잖아요. 대학 졸업하고 석사와 박사 과정을 밟는 이주 여성도 많아요. 그런데도 차별이 여전한 점은 문제라고 생각해요. 그리고 항상 임금과 월급에 차이가 있어요. 다문화가족지원센터는 여성가족부 소속이잖아요. 다른 사람들은 호봉으로 임금이 올라가거든요. 이주 여성은 항상 최저임금을 받아요. 게다가 통번역 업무라고 동등한 처우를 못 받게 돼 있어요. 옛날에는 더 잔인했던 게 이주 여성이 다문화가족지원센터나 산업인력공단에서 일할 때 9개월만 계약하고 3개월은 놀게 하고, 그다음 해에도 9개월만 계약했거든요. 퇴직금 안 주려고 그런 거죠. 한동안 그게 문제가 되어서 근로기준법이라든지 퇴직연금법 같은 걸 좀 더 엄격하게 만들었어요. 지금은 9개월 계약은 사라졌고 2년까지 일하면 무기계약직으로 고용되는 시스템이 적용 중이에요. 그런데 2021년 한국 이주여성인권센터에서 일하는 이주 여성을 대상으로 설문조사를 했는데 인건비 차별이 여전히 남아 있더라고요.

부산시청 다문화여성가족과에서 일하는 베트남 친구가 있어요. 10년째 파트타임으로 하루에 서너 시간 일하는 중이에요. 부산시에서는 왜 그런 방식으로 고용하는지 이해할 수 없어요. 예전부터 다문화가족지원센터에 일하는 통역사들 월급을 보면서 '분명히 뭔가 좀 이상한데 왜 아무 말을 안 하지? 내가 어떻게 말하지?' 그런 생각도 했거든요. 문제라고 생각해도 내가 할 수 있는 게 없는 것 같았어요. 내가 당사자는 아니니까요. 당사자들이 문제제기 하면 제가 연대할 수는 있지만 혼자서 목소리 내기가 좀 힘든 상황들이었어요. 다행히 작년에 이슈가 됐죠. 기자회견하고 여성가족부에 가서 면담도 하며 문제라고 막 떠들었어요. 지금은 조금 나아졌다고 이야기하는데 얼마나 나아졌는지, 어떻게 나아졌는지 모르겠네요.

이주민들이 와서 활동할 수 있는 공간이 그렇게 많지는 않고 모두에게 기회가 주어지는 것도 아니잖아요. 저는 사실 운이 좋았다고 생각해요. 맨 처음 이주민과함께에 한글을 공부하러 왔던 무렵 결혼이주 여성이 늘어나던 시기여서 선배로서 자연스럽게 들어와 일했는데 요즘은 한국에 오면 일자리 찾기가 쉽지 않아요. 여기서 일하면 제가 성장하는 게 뚜렷하게 보이거든요. 제가 할 수 있는 일을 찾아볼 기회도 많고요. 물론 저도 불편함을 느끼는 경우가 있어요. 제가 링크 센터장을 맡고 있잖아요. 센터장인 제가 의회든 시청이든 어디든 가서 문을 두드리는 게 당연한데 저하고 소통하지 않고 한국인 활동가와 소통해 버리는 경우가 간혹 있어요. 한국에 오랫동안 살아도 여전히 제 정체성은 베트남인이고 제 몸에 배어 있는 그 문화가 있잖아요. 일할 때 원래 있던 것들이 먼저 튀어나오거든요. 그런 것들이 상황과 안 맞을 수는 있겠지만 저와 직접 소통하지 않을 때는 불편하죠. 정부 예산을 받고 일하는 센터 같은 경우 주어지는 일만 충실히 하면 되고, 그 외 다른 일은 생각할 수 없어요. 대다수 상담 기관도 이주활동가는 상담원이 아니라 그냥 통역가일 뿐이거든요. 통역해주고 보조하는 역할만 요구하는 센터가 많아요.

언론도 양날의 칼이라고 해야 하나, 이주민들이 언론에 안 좋은 이미지로만 비춰지는 것 같아요. 얼마 전 건강보험에 대해서도 이주민들이 숟가락 없다고 이야기하더라고요. 이후 재난지원금도 이주민 모두에게 지급해야 한다는 목소리가 나오자마자, 세금도 안 내는 사람들인데 그게 말이 되냐고 바로 대응했죠. 왜 그렇게 근거 없는 말을 하는지 모르겠어요. 모두 세금을 내고 있잖아요. 특히 사회적 위치가 높은 사람들이 그런 말을 하면 더 믿는 것 같아요. 제 경우 여기서 일하니까 이주민 건강보험에서 흑자가 얼마나 나는지 알지만 일반 사람은 뉴스만 보고 그런가보다 생각하죠. 이주민이 낸 보험료보다 실제 지출된 비용이 훨씬 적거든요. 왜냐하면 이주민들이 젊으니까요. 또 아파도 마음대로 병원도 가지 못하죠. 일해야 하니까요. 20~30대 이주노동자들이 병원에 거의 가지 않으니 흑자가 날 수밖에요. 사회적 지위가 높은 사람일수록 인권 감수성을 좀 높이면 좋겠어요. 몰라서 그렇게 이야기한 거라면 감수성을 높여야 할 것 같고, 일부러 그랬다면 정말 나쁜 사람이겠죠. 법과 제도는 둘째고, 사람 인식이 무엇보다 중요하거든요. 이주민에 대한 정확한 이해나 교육이 정말 필요해요. 교육으로 모두 해결되는 건 아니지만 그렇게 조금씩 바뀌어야 하지 않을까 생각해요.

고무줄 같은 정책들

한국의 이주민 정책은 노예 제도라고 표현할 수 있을 정도로 사람을 기계로, 수단으로 취급하는 방식으로 진행 중이에요. 이주 제도의 변화 과정도 그래요. 머무를 수 있는 기간을 연장했다가 단속했다가 하는 식으로 자기네 필요에 의해 고무줄처럼 끊임없이 왔다 갔다 하죠. 노동력이 필요하면 연장하는 식으로요. 한국 정부는 저희를 인간으로 보지 않고 수단으로 취급해왔어요. 특히 고용허가제 같은 경우에는 사업자 이동의 자유나 가족결합권 같은 게 없어서 문제라고 생각해요.

얼마 전 《경향신문》에서 집담회가 있었는데요. 네팔 남성분이 '한국에서 일하는 이주민들이 많고 이주 비자도 많은 종류가 있다. E-9(비전문취업) 비자는 그중 하나일 뿐이다. 왜 E-9 비자는 업체 이전 횟수를 제한하냐'고 의문을 제기하더라고요. 공감이 갔어요. '업체 이전 횟수 제한은 사람의 이동권을 막는 차별'이라는 점에 대해 그분이 논리적으로 말씀해주셨거든요. 고용허가제를 통해 한국에 취업한 E-9 비자 이주노동자들은 본국 가족을 한국으로 초청하거나 함께 사는 게 불가능해요. E-9 비자 소지자들은 계약 연장이 가능한 경우 최장 9년 8개월간 한국에 취업해 거주해요. 그런데도 가족 동반을 금지하는 것은 비인도적인 처사죠. 또한 고용허가제는 20~30대 이주노동자만 입국을 허용해요. 한국 정부는 젊고 건강한 노동력만 활용하고 본국으로 돌려보내는 정책을 고수해오며 가족 동반과 정주를 금지해 사회적 부담을 지지 않으려고 하는 거예요. 노동력만 팔면 되지 가족이니 뭐니 왜 그렇게 말이 많냐고 모두를 차단해버리는 제도라는 점에서 문제라고 생각합니다. 한국에 와서 일하는 노동자를 수단으로만 생각하는 거죠.

고용허가제로 온 이주노동자 중에 남성도 있고 여성도 있잖아요. 여성의 경우 대개 여자로 봐요. 성추행도 일어나죠. 제가 일하던 회사에서도 팀장이 그물을 자로 한번씩 잡아주면서 속옷 부분을 문지르는 경우가 있었고, 같이 일하는 남성이 엉덩이를 때리는 일도 있었어요. 정색하며 '안 돼'라고 대응하는 방법 외에는 없었어요. 제조업에서 일하는 여성도 있지만 농업 쪽에서 일하는 친구들이 많아요. 캄보디아와 네팔 여성이 대부분 그래요. 고용허가제로 온 이주노동자 중 여성은 몇 퍼센트밖에 안 돼요. 부산외국인근로자지원센터에도 상담 오는 분들이 대부분 남성이거든요. 여성 노동자들이 겪는 문제는 잘 알려지지 않는 거죠. 고용허가제로 온 경우 모두 최저임금을 받으니까 임금 차별은 없지만 여성들에게 필요한 공간 같은 건 신경 안 쓰죠. 예를 들면 기숙사에서 남성과 여성이 구분 없이 지내야 하는 경우도 있어요. 대부분 열악한 3D 업종에서 일하니까 임신해도 제대로 모성 보호를 받기 어려워요. 힘든 일을 하니 조산하기도 하고요. 출산휴가를 가지 못해서 결국 일을 그만두는 친구들을 종종 보기도 해요. 남성보다 여성이 열 배 백 배 더 고통을 느끼는 거죠. 여성이기 때문에요. 특히나 미등록 여성이 아주 열악한 상황에 처해 있어요.

결혼이주 정책도 마찬가지로 문제가 많아요. 저출산을 막기 위해 이주 여성을 불러온 거죠. 시집오면 아기 키우는 역할, 엄마 역할, 며느리 역할, 아내 역할을 부여하잖아요. 결혼이주 역사가 거의 20년 됐는데, 이 사람들이 한국에서 어떻게 적응하고 어떻게 취직하는지 생각을 안 하는 것 같아요. 한국에서 잘 살 수 있는 여건은 하나도 제공하지 않은 채 경쟁 속에서 알아서 살라고 하는 것도 문제죠. 결혼해서 온 이주 여성 같은 경우에는 더 열악한 노동 환경에 놓여 있어요. 회사에서 남성과 똑같이 일하는데 집안일, 자녀 교육까지 혼자서 감당해야 하는 경우가 대부분이죠. 아이를 키워야 하니까 집 근처에 위치한 작은 미싱·신발·가죽 공장에서 일하는 친구들이 있는데, 아이를 어린이집이나 학교에 보내놓고 출근해서는 다섯 시에 퇴근하지만 그 대신 최저임금도 받지 못해요. 일단 아이 때문에 그냥 택하는 거죠. 호텔 청소도 많이 하더라고요. 요양보호사로 일하는 사람도 많아요. 특히 중국인이 요양보호사로 많이 일하고 있어요.

결혼해 살다가 안 맞으면 이혼하기도 하잖아요. 이혼한 경우 한부모 가정이 되면 더더욱 힘들게 생활해야 해요. 아이도 혼자 키워야 하고 돈도 벌어야 하고요. 회사에서도 만만하게 보고 차별하기도 해요. 이혼하기 전에 국적을 취득하면 국적은 가질 수 있죠. 국적을 취득하기 전에 이혼하면 아이 양육이나 면접 교섭권을 가지고 F-6 비자로 취직할 수 있는 여건을 갖긴 해요. 문제는 18세 이하의 자녀를 둔 사람한테만 그 비자를 준다는 거예요. 그 이후에는 나가라는 거죠. 말도 안 되는 시스템이잖아요. 귀화하거나 영주권을 취득하면 된다고 하지만 쉽지 않아요. 일도 해야 하고 아이도 키워야 하는데 공부를 언제 할 수 있겠어요. 국적 취득이 엄청 까다롭거든요.

그리고 모순적인 게 복지 혜택을 받으려면 재산이 없어야 해요. 반대로 국적 취득을 하려면 재산이 있어야 가능하고요. 지금 많은 사람이 울고불고 해요. 혼자 일하고 아이 키우려다 보니 너무 힘든 거예요. 한국의 복지 시스템 중에 제가 조금 마음에 안 드는 게 뭐냐면 보편적이 아니라 '절대적'이라는 점이에요. 내가 못 산다는 것을 증명해야 받는 거잖아요. 그러면 완전히 낙인찍히는 거니까요. 복지 혜택을 받고 있다는 게 노출만 되면 어디 가도 '그런 사람'이 되는 거예요. 베트남의 복지 시스템이 좋지는 않지만, 한국에 와서 살다 보니 뭐든 다 내가 못 살아야 누릴 수 있다는 게 너무 이해가 안 가더라고요. 아무것도 없다는 게 증명되고 낙인찍혀야 받는다니. 저는 보편적인 복지 시스템이 시행되면 좋겠다는 희망이 있어요. 누구나 동등하게 복지 혜택을 누리는 거요. 그러려면 세금을 많이 걷어야 하겠지만 당연히 제가 버는 만큼 내야 하는 거니까요. 한국 사람과 가족인 경우만 복지제도의 대상이 되고, 나머지는 완전히 배제되는 게 이주민이 처한 현실이라는 게 너무 슬픕니다.

다문화가족지원센터에 이주 여성 직업훈련이 있어요. 바리스타 등과 같은 전문적인 직업훈련을 마친 뒤에 일할 수 있는 여건을 만드는 게 필요하다고 계속 문제를 지적했는데 돌아오는 이야기는 한국 여성도 그렇다는 거였어요. 한국 여성이 그렇다고 이주 여성도 당연히 그래야 하나요. 제도 문제잖아요. 한국 여성에게 바리스타 훈련을 시켜놓고 그들이 일할 자리가 없다면 똑같은 상황인 거잖아요. 이주 여성이 처한 조건이 더 좋아야 한다고 요구하는 게 아니거든요. 직업훈련이 실제로 일할 수 있는 직업을 훈련하라는 의미인데 말이죠.

팜티안뚜엣 그리고 김나현

제가 한국에서 28년, 베트남에서 22년 살았거든요. 그런데 여전히 그냥 베트남 사람이에요. 내가 베트남 사람이라는 걸 늘 생각하지는 않지만 어떤 상황에 닥쳤을 때, 그것으로 인해 내가 차별과 배제를 당하는 순간 나의 정체성을 확인하게 되죠. 차별 없이 누구에게나 동등하고 평등하다면 굳이 '내가 어느 나라 사람이다, 나는 어느 조건에 있다, 나는 어떤 정체성이다' 하는 걸 생각하지 않고 살 수 있었겠죠. 지금 이 순간은 생각 안 하고 있어요(웃음). 그냥 이 순간만큼은……

제가 한국 국적을 취득하고 이름까지 개명했잖아요. 편하게 살기 위해 했던 거예요. 어떤 사람은 이렇게 하면 정체성이 혼란스럽지 않냐고 묻던데 그렇지는 않아요. 국적이 없는 제가 한국에서 사니까 너무 불편하더라고요. 제가 어디 가서 이름이 "팜티안뚜엣입니다"라고 답하면 "네?" 하며 다시 물어봐요. 한 번도 아니고 두세 번 묻고 나서야 제 이름을 정확하게 적어요. 그런 게 불편해서 개명한 거예요.

베트남도 여성과 남성에게 보편적으로 부여되는 역할이 한국사회와 비슷해요. 베트남도 가부장적인 사회고 아직도 엄청 차별적인 발언이 많이 오가거든요. 베트남에서 일상적이었

2022년 12월 신짜오 베트남어 교실에서 진행한
말하기 대회에 참가한 아이들과 엄마들.

던 말도 여기 살면서 다시 들으니 어찌나 싫던지. 베트남에 계
시는 저희 부모님은 맞벌이를 하시다 보니 집안일도 나눠서 하
셨어요. 엄마도 출장을 자주 가셨거든요. 출장 가면 한국처럼
곰국을 끓여놓고 가지 않아요. 돈을 식탁에 던져놓고 알아서 지
내라 하시고 일주일에서 12일 정도 일하다 오시는 거죠. 그동안
아빠가 살림했어요. 저는 그런 걸 아주 당연하게 여기며 자라
왔어요. 한국 와서 저도 그렇게 했고요. 곰국이고 뭐고 그냥 갔
어요. 남편은 거기에 불만이 있더라고요. 그래서 저희 부모님이
그렇게 하셔서 나도 그런 거라고 했죠. 생각해보면 남편이 자기
일을 하면서 아침·점심 밥을 지어서 챙기는 게 힘들었을 거예
요. 제가 와서 힘들었겠다고 말해주면 풀릴 텐데, 그냥 당연하

게 어겼네요(웃음). 문화 차이로 여겨야 하려나요.

엄마라는 역할에 매여 있는 삶이 저는 너무 싫거든요. 제 남편은 한국 엄마 상을 원해요. 엄마는 엄마답게, 아내는 아내답게. 저는 그건 못해요. 그래서 많이 싸우기도 했어요. 아이들 고등학교 졸업할 때가 제일 좋았어요. 자유로워지니까 제 스스로 뭔가 좀 할 수 있겠다고 생각했어요. 아이들이 어릴 때는 출장을 가야 하면, 안 간 적은 없지만 그래도 신경 쓰였거든요. 그런 부분에 대해 부담이 사라져서 제일 좋았어요. 저희 남편은 저를 엄청 자랑스러워해요. 자기가 할 수 없는 일을 제가 해서. 그리고 이주민과함께에 대해 좋은 이미지를 갖고 있고 정귀순 이사님을 엄청 좋아해요. 아이들도 말은 안 해도 저를 자랑스러워해요. 집에 남자가 세 명이잖아요. 제 사랑을 받으려고 치열하게 싸워요(웃음). 일하면서 한번씩 서명받을 일이 있잖아요. 가족 카톡방이 있어요. "서명 좀 해줘" 하고 보내면 세 명 모두한테서 '했음'이라고 답이 와요.

신짜오 베트남어 교실을 운영하고 있어요. 처음에는 베트남 엄마들 몇 명이 모여서 아이한테 베트남어를 가르쳐주자고 해서 2018년부터 시작했어요. 토요일마다 저희 사무실에서 하는데 자체로 조금씩 운영비를 모아 진행하고 있죠. 이주민과함께의 이름을 빌려 프로젝트도 했어요. 신짜오 베트남어 교실을 프로젝트로 지원해서 그때 강사비가 나왔는데 엄마들이 강사라 그 돈을 다시 후원했어요. 저희 아이들이 클 때 베트남어를 가르쳐주면 혹시 어떤 문제가 생길까봐 망설이는 바람에 몇 단어만 겨우 안 채로 그냥 커버렸거든요. 그러다 보니 아이들과 베트남에 가게 되면 제가 통역하게 되는 거예요. 너무 힘들어요. 뭐든 다 제가 통역해줘야 하니까 다들 저만 쳐다보죠. 그래서 외갓집과 대화할 수 있을 정도만 만들자 생각했어요. 방학 때 아이들만 둘이 보내서 거기서 생활하게 했더니 베트남 말이 엄청 늘었어요.

지금은 2세에게 베트남어를 가르쳐주는 게 중요하다고 생각해요. 2018년부터 수업을 운영했는데 코로나 때문에 2021년에 비대면과 대면을 번갈아 하다가 2022년부터는 아예 비대면으로 진행하고 있어요. 일주일 두 번, 토요일하고 목요일 저녁에요. 이렇게 하다 보면 아이들이 자부심 가질 수 있고 혹시 그중에 외교관 나올지도 모르잖아요. 그런 희망도 가져보는 거죠. 언어라는 것이 당장 필요한 것뿐만은 아니라고 생각해요. 엄마를 이해하거나 진정한 우리를 이해하는 과정이 되는 것 같아요.

이주 28년, 무엇을 할 수 있을까?

제가 한국에서 28년을 살았잖아요. 리더가 돼서 이주민들한테 많은 이야기를 해줘야 하는 시기라고 생각하는데요. 리더십 발휘를 어떻게 할 것인지 고민이에요. 제가 말하면 사람들이 따라올지 걱정도 되고요. 이주민도 여러 계층이 있어요. 2022년 대통령 선거 때도 1번 찍고 싶은 사람 있고, 2번 찍고 싶은 사람이 있고. '아이고 모르겠다. 우리 남편이 몇 번 찍으라 하면 내가 찍으면 되지.' 이런 사람도 있고. 얼굴 딱 보고 착한 사람이니 찍어야겠다고 하는 사람도 있고요. 이주민 중에도 노동하는 사람도 있고 저 같은 활동가도 있고 장사하는 사람도 있죠.

요즘 페이스북 활동이 활발하잖아요. 선거 기간에 사람들이 페이스북에 자신의 생각을 올리거든요. 딱 보면 느껴져요. 그런 거 보면서 내가 아니어도 누군가가 리더가 돼서 이야기했을 때 사람들이 백 프로 공감해주려나 하는 두려운 마음도 들어요. 이주민 숫자도 얼마 안 돼서 좀 고민이거든요. 부산뿐만 아니라 다른 곳에도 20년 넘게 살아온 사람들이 많은데, 연대가 안 되는 이유가 무엇인지가 저의 의문이었어요. 고민만 있네요, 실천해야 하는데. 20년 넘게 살아온 주민들도 다 저와 같은 생각하고 있을까 싶죠.

산업연수생 제도도 처음에는 최저임금이 적용되지 않았잖아요. 고용허가제로 바뀌면서 무조건 최저임금을 받을 수 있게 된 점이 엄청 큰 발전이라고 생각했거든요. 이주노동자들이 좋아하고 즐거워했어요. 제가 산업연수생으로 일할 때 한국 아주머니나 나이 많은 아저씨와 같이 일했는데, 저희가 훨씬 일을 많이 했거든요. 비교를 안 하고 싶었지만 월급은 항상 적게 받았어요. 너무 속상했죠. 최저임금 적용이 안 됐기 때문에 그게 항상 억울했어요. 고용허가제 도입으로 최저임금이 적용되니까 엄청 좋아졌어요. 그거 하나는 분명해요. 옛날에 너무 열악했다가 1994년 경제정의실천시민연합(경실련) 강당에서 산재

2020년 3월 15일 부산이주민포럼은 대구 의료진 및 시민들의 코로나19 회복을 기원하며 대구 적십자회관에 모금을 전달했다.

당한 이주노동자들의 농성투쟁으로 산재보험이 적용되었잖아요. 요즘 한국에 온 사람에게 그런 이야기하면 안 먹힐 거예요. 예전에는 이주민과함께에서 노동절이나 집회 때 많은 이주민이 함께했는데 지금은 힘들 거예요.

　이주민도 자기와 관련이 있으면 움직이는 것 같아요. 전에 익산 시장이 다문화가정 아이들한테 막말한 일이 있었잖아요. 심지어 다문화가정을 위한 행사 자리에서요. 이야기 중에 다문화가정 아이들을 '혼혈아, 튀기'라고 표현했거든요. 그 사실이 기사로 알려지면서 서울에 있는 이주 여성 단체에서 먼저 집회를 시작했죠. 익산 시장 물러가라, 사과하라면서요. 부산에서도 중국·네팔·베트남·필리핀 이주 여성 몇백 명이 부산시청에 모여 기자회견을 했어요. 내 문제가 아니었을 때 발언하라고 하면 사람들이 꺼리지만 이때는 자발적으로 나서서 발언했어요. 자기 자신의 문제로 여기고 이주 여성들이 일어난 거죠. 나의 이야기라면 이렇게 힘이 모인다는 걸 경험했어요.

한국 이주운동에서 이주노동이 첫 번째 이슈였고, 국제결혼이 그다음 이슈였죠. 이주 역사가 꽤 길어지면서 각자의 위치나 관심사 등이 다양해졌어요. 이주운동도 영역이 좀 더 확장되었고요. 이주운동 단체 활동도 세분화되었다고 할까요? 지금 농업 이주노동자 문제는 지구인의정류장에서, 어업 이주노동자 문제에 대해서는 부산 이주와인권연구소가 주로 활동을 펼치고 있어요. 그런데 컨트롤타워라고 해야 하나? 이주 정책에 대한 통합적인 활동과 고민이 필요한 시점 같아요. 각자 너무 바빠져서 쉽지 않지만요. 예전에는 자주 모여서 공부도 하고 이주민 권리 이슈도 공유했는데 지금은 없어요.

상담할 때 어떤 케이스가 잘 해결되면 기분이 좋잖아요. 노동자가 아무리 말해도 월급을 안 주던 사업주가 상담소를 통해 노동부에 진정하니 월급을 주더라는 소식을 들으면 뿌듯하죠. 그런 게 분명히 있어요. 한 케이스가 해결될 때마다 기쁨이 있죠. 근데 잠시뿐이에요. 그 제도는 변하지 않고 고스란히 남아 있으니 한 케이스 한 케이스씩 해결해야 하는 게 짜증나거든요. 지난 대선 때 한국이주여성인권센터에서 개최하는 자리에 이주 여성 유권자의 목소리를 내기 위해 참석했어요. 제가 이주 여성 파트에서 활동했을 때 했던 이야기가 똑같이 나오는데 '그동안 내가 뭐 했지. 10년이면 강산이 변한다는데 이게 뭐야' 싶

어서 너무 화가 나더라고요. 어쩌면 좋을까요. 아직은 갈 길이
멀다고 느껴요.

카메라의
빨간 빛이
켜질 때

구술: 섹 알 마문
글: 박희정

섹 알 마문(সেখ আল মামুন). '알'은 '깨끗함'과 '순수함'을, '마문'은 '돌'을 뜻한다. 1974년 방글라데시에서 태어나 1998년 한국에 왔다. 그때는 산업연수생 제도가 있던 시절이지만, 그는 브로커에게 돈을 주고 관광비자로 입국해 미등록 노동자가 되었다. 이러한 방식으로 이주노동을 시작하는 일이 당시 드물지 않았다. 그들을 받아들일 노동시장이 두텁게 형성되어 있었기 때문이다. 산업연수생 제도는 노예에 비유될 정도로 노동착취가 심각해서 이탈하는 노동자들이 늘어났다. 한국사회는 그렇게 미등록이 된 이주노동자들의 존재를 알면서도 묵인했다. 그들의 노동력을 원했기 때문이다.

마문이 방글라데시에서 한국으로 이주하게 된 경로는 통상적이었으나 이주 이유는 남들과 조금 달랐다. 마문은 한국 사람들이 흔히 상상하듯 잘사는 나라에서 돈을 벌어 가족을 부양하기 위해 이곳에 온 것이 아니다. 그는 '알'이라는 이름처럼 순수한 호기심과 열정으로 다른 세계를 동경했다. '마문'이라는 이름처럼 굳은 의지로 가고 싶은 곳으로 거침없이 나아갔다.

그러나 모험은 그가 예상하지 못한 방향으로 흘러갔다. 마석 가구공단의 미등록 이주노동자가 된 마문은 노동운동에 접속했고, 명동 성당 농성투쟁단에 합류해 곡기를 끊으며 싸웠다. 강제 출국 당할 뻔한 위기를 겪은 뒤 한동안 투쟁의 일선에서 물러났지만, 다시 이주노동자 노동조합의 수석부위원장을 맡아 노조 활동에 매진했다. 그사이 비영리 이주민문화예술단체인 아시아미디어컬처팩토리(AMC팩토리)에서 활동하며 독립영화 감독으로서의 삶도 시작했다. 한국사회에서 살아가는 이주노동자의 삶과 경계인의 시선에서 바라본 한국사회의 현실이 담긴 작품을 쉴 새 없이 만들어왔다. 그렇게 지금까지 모두 12편을 세상에 내놓았다.

더 좋은 삶을 향해

저는 방글라데시 수도인 다카에서 태어났어요. 다카에 떼즈가온이라는 지역이 있는데 한국 오기 전까지 그곳에 쭉 있었어요. 방글라데시도 수도권과 시골의 분위기가 완전히 달라요. 방글라데시는 가난한 나라지만 저희 아버지는 백화점에서 원단 사업을 해서 대단한 부자는 아니었지만 먹고살 만했어요. 저는 4남매 중 둘째예요. 형 있고, 남동생 하나, 여동생 하나 있어요.

형은 공부하느라 집을 떠나 있어서 집에서는 제가 큰아들이나 마찬가지였어요. 아버지는 사업 때문에 바빴어요. 공부하라고 서포트를 많이 해주셨지만 장래 문제 같은 걸 상담하기는 어려웠어요. 저는 모든 일을 혼자 결정해야 했어요.

어렸을 때는 공부를 조금 잘했는데 열두 살쯤부터 공부가 재미없어졌어요. 그냥 남들이 해야 한다고 하니까 했어요. 방글라데시는 학제가 프라이머리스쿨(primary school) 다음에 하이스쿨(high school)이 있고, 그다음에 칼리지(college) 2년 다니다 대학교에 들어가는 수순이에요. 한국은 고등학교까지 12년이잖아요. 방글라데시는 칼리지까지 해서 12년이에요. 대학 가기 전 시험을 두 번 치러야 해요. 고등학교 때 한 번 치러요. 거기서 통과해야 칼리지에 갈 수 있고, 칼리지에서 또 한 번 시험을 치러 합격해야 대학교에 갈 수 있어요. 시험 보고 A등급 받았냐 B등급 받았냐 따지는 게 제게 항상 스트레스였어요. 그래서 공부가 재미없었는지도 몰라요. 공부하기가 너무 싫었어요. 어릴 때부터 외국에 나가서 살겠다는 생각을 했어요. 로망이었다고나 할까요. 외국행이 자유롭게 살 수 있는 수단처럼 보였어요.

부모님이 저를 딱히 괴롭히신 건 아니에요. 방글라데시 사회가 저를 괴롭힌 것도 아니었고요. 그런데 이상하게 떠나고 싶었어요. 뭔지 모를 답답한 마음이 가득했어요. 하이스쿨 3학년 때 외국에 간다고 난리를 한번 피웠어요. 그때가 1993년 즈음이었죠. 방글라데시에서 말레이시아로 이주노동을 많이 갔거든요. 사우디아라비아로도 많이 갔지만 거기는 힘들다고 들었어요. 그래서 우선 말레이시아로 가서, 거기서 다시 싱가폴로, 거기서 또 다른 나라로 그렇게 떠나보자고 했던 거예요.

제가 고집을 한번 부리면 대단하거든요. 아버지가 체념하시고 여권을 만들어 브로커한테 줬어요. 브로커가 아버지 친구였거든요. 친구한테 마문 여권 그냥 받아만 놓으라고 말한 거예요. 그때 외국에 이주노동 가려고 하면 3~4년은 걸렸어요. 그동안 저를 설득할 작정이셨던 거겠죠. 1년쯤 지나고 브로커를 계속 찾아갔어요. "어떻게 됐어요? 비자 발급됐어요?" 하고 물었죠. 어느 날은 열 받아서 아저씨한테 반말로 협박도 했어요. 돈을 줬는데 왜 비자 발급이 안 되냐고. 아저씨가 겁이 나서 그랬는지 솔직하게 이야기하는 거예요. "네 아버지가 그냥 여권만 주고 돈 안 줬어. 아무것도 하지 말라 그랬어."

아버지는 원래 문시간지라는 지역에 살았어요. 다카에서 20킬로 정도 떨어진 곳이에요. 할아버지가 일찍 돌아가셨대요. 그래서 공부를 못하고 다카에서 장사하던 친척 집으로 가서 일을 배우셨어요. 고생을 많이 하셨겠죠. 성인이 되어서 자기 가게를 차리셨고, 저희가 태어났어요. 방글라데시에서 장사하면 월급쟁이보다 네 배는 많이 벌 수 있었어요. 그런데도 아버지는 제가 공부해야 자기보다 더 좋은 삶을 살 거라고 생각하셨어요. 아버지 고집도 대단했어요. 할 수 없이 칼리지를 끝까지 마쳤어요. 그래야 부모님이 우리 아들 칼리지 다닌다고 사람들한테 말할 수 있으니까요. 삶이 재미없더라고요.

대학에서는 경제학을 전공했는데 반년쯤 지나니 공부가

너무 하기 싫었어요. 공부가 힘들다기보다 그냥 대학에 다니는 거 자체가 힘들었어요. 장사하면 좋겠다는 생각이 들었어요. 아버지가 가게를 비우실 때 가서 장사를 좀 해봤죠. 제가 공부를 안 하겠다고 하니까 아버지가 가게를 하나 내주시겠대요. 그런데 그건 또 싫은 거예요. 제 가게를 열어도 어차피 아버지 사업이잖아요. 형이 저보다 먼저 사업을 시작했는데 계속 아버지 간섭을 받았거든요. 가족들과 떨어져 살면 좋겠다는 마음이 가득했어요. 저는 독립적으로 살고 싶었어요. 제 스스로 일해서 돈을 벌고 싶었어요.

아버지와 형이 장사하던 가게가 집에서 도보로 10분 거리예요. 어느 날 형 가게에 갔어요. 마침 형수님의 삼촌이 형을 만나러 왔더라고요. 삼촌께 잘 지내시냐고 인사했더니 한국에 간다는 거예요. 한국? 한국이라고? 텔레비전에서 본 한국의 모습이 떠올랐어요. 그때가 1998년도로 한국이 IMF에서 벗어나는 시기였어요.

다카, 안녕

삼촌이 원래 한국에서 몇 년 일하다가 IMF 때 상황이 안 좋아져서 돌아온 상황이었거든요. 그런데 한국 상황이 좀 괜찮아져서 다시 간다는 거예요. 바로 물었죠.

"한국에는 어떻게 가요?"

"관광비자로 가. 3개월 비자 받고 그냥 있으면 돼. 아무 문제 없어."

"나 따라가면 일자리 소개해줄 수 있어요?"

"뭐…… 난 3~4년 살았고 아는 사람도 있으니 문제없어."

이 정도면 갈 만하겠다는 생각이 들었어요.

"누구 통해서 가면 돼요?"

브로커 전화번호를 주더라고요.

"내 친척인데 다른 사람보다 싸게 해줄 거야. 가고 싶으면 가."

그날 밤에 아버지께 말씀드렸죠.

"아버지, 삼촌이 한국 가는데 저도 가면 일자리뿐 아니라 소개도 다 해주겠대요."

"안 돼. 브로커한테 줘야 하는 돈이 700만 원이야. 난 그 돈 없어. 네가 모을 수 있으면 모아서 가라."

아버지가 거짓말하고 있다는 걸 알았어요. 며칠 동안 아버지하고 얼굴만 부딪히면 소리 지르고 싸웠어요. 어머니는 가정의 평화를 위해서 저를 도와 아버지를 설득했고요. "순례 가기 위해서 몇 년 동안 모아둔 돈이 있어. 그 돈을 가지고 싶으면 가져가." 이슬람교 사람들은 평생에 한 번 꼭 사우디아라비아로 성지순례를 가거든요. 그게 딱 700만 원쯤 들어요. 아버지는 아무리 한국에 가고 싶어도 그 돈으로 가는 건 아닌 것 같다고 제가 말할 줄 아셨나봐요. 그런데 저는 이렇게 답했어요. "돈 있다고? 그거 나 줘! 아직 성지순례 가려면 6개월 남았으니까 내가 한국 가서 3개월 안에 다 보내줄게!"

　아버지도 말실수를 했다고 생각이 드셨는지 결국 그 돈을 내어주셨어요. 돈을 받아서 삼촌이 소개해준 브로커 사무실에 여권을 제출하러 갔어요. 브로커가 저더러 왜 한국에 가려느냐고 묻더라고요. 1000만 원 정도 주면 유럽도 가능하다고 하고요. 이탈리아에 보내주고 영주권까지 해주겠다고요.

　"마문 씨는 대학 다니니까 영어도 잘하잖아. 한국은 재미없을 것 같은데."

　"저는 이탈리아에 아는 사람 없어요. 삼촌이 한국에 다시 들어갔는데 일자리 알아봐준다고 했어요."

　"나중에 후회할 텐데."

　"돈도 없어요. 아버지가 700만 원 이상은 더 안 주신대요."

　"그러면 내가 700만 원만 받을게. 나중에 이탈리아 가서 300만 원 보내줘."

　브로커가 그렇게 말한 이유가 정말 제가 한국에 가는 게 아까워서 그랬는지 다른 이유가 있어서였는지는 모르겠어요. 아무튼 저는 한국에 가겠다고 했어요. 며칠 뒤 브로커한테 전화가 왔어요. 서류 준비가 다 됐고 비행기표도 끊었고 일주일 뒤 출발이라고 하더라고요. 신났죠! 어머니는 계속 우셨어요. 아버지도 기분이 안 좋으셨고요. 아버지는 늘 제가 자신의 사업을 물려받으면 좋겠다고 생각하셨거든요. 형이 사업을 잘 못했어요. 아버지는 저를 항상 아꼈어요. 제가 곁에 있으면 자기가 힘을 받는다고 생각하셨던 것 같아요. 그런 제가 한국에 간다니 정말 마음이 아프셨겠지요. 한국으로 떠나는 날 부모님께 공항에 오지 말라고 말씀드렸어요.

환상 속 나라

11월 5일, 한국으로 가는 날 형과 오토 릭샤를 타고 공항에 도착했어요. 내려서 돌아보니까 부모님이 따라오셨더라고요. 어머니는 눈물 범벅이셨죠. 그런데도 무뚝뚝하게 "엄마 왜 울어"라고밖에 못했어요. 그 정도로 방글라데시가 싫었었나 싶어요.

브로커를 만나서 비행기 티켓을 받았어요. 다른 서류는 필요 없대요. 한국 도착하면 출입국으로 가서 '나는 비즈니스 하러 왔다'라고 말하라고 했죠. 무슨 비즈니스냐 물으면 '티셔츠와 글래스(안경) 사러 왔다'고만 이야기하면 되고, 돈을 보여달라고 하면 3000불을 보여주면 아무 문제 없이 비자를 준다고 하더라고요. 한국에 오니 브로커 말대로였어요. 출입국에서는 제게 3000불이 있는지 없는지만 확인했어요. 있다고 하니까 눈앞에서 세어보라고 하더군요. 브로커가 김포공항에서 나오면 택시를 타라고 했어요. 그때 검정 택시는 타지 말라고 했고요. 이유가 뭘까 싶었는데, 나중에 보니까 모범 택시더라고요. 택시 이용료를 브로커가 내야 하니까 그렇게 말했던 거예요. 이태원에 있는 해밀턴 호텔에 내리니 방글라데시 브로커가 서 있었어요. 내리자마자 마문이냐기에 맞다고 했죠. 빌라 같은 곳으로 절 데리고 갔어요. 거기에는 이미 저 같은 사람 네다섯 명이 더 있었어요. 그곳에서 각자 한국에 있는 친척한테 전화했어요. 그 친척한테 데려다주면 브로커 역할은 끝이에요. 그때는 거의 다 유선전화로만 통화했잖아요. 공장 사무실이나 기숙사로 연락해야 하는데 이주노동자들은 열 시가 넘도록 일하다 보니 기숙사에 사람이 없어요. 아무리 전화해도 안 받아요. 연락이 안 돼서 기다리고 있는 사람들을 보니까 약간 겁이 났어요. 처음에 사촌 형한테 전화했어요. 형이 안 받고 사무실에 계시던 사모님이 받으셨어요. 형이 바빠서 저녁 때나 전화가 가능하대요. 저녁 때 사모님이 형에게 전달하셨나봐요.

제가 오기 바로 전날 사촌 형 친동생이 한국에 오려다 뭐 때문인지 비자를 받지 못하고 공항으로 돌아갔거든요. 다음 날 제가 출발하는 걸 형은 몰랐고요. 동생이 이미 돌아갔으니 엉뚱한 전화 같다고 여겼나봐요. 결국 형과 연결이 닿지 않아 삼촌에게 전화했어요. 통화해보니 삼촌은 이미 2주 전에 도착했는데, 그때까지도 아직 일자리를 못 찾고 집에 있더라고요. 삼촌과 서울역에서 만나기로 해서 브로커가 저를 서울역에 데려갔어요. 바나나우유를 사줘서 마시는데 서울역에 홈리스가 많은 게 보이더라고요. 갑자기 한 사람이 오더니 제게 돈을 달래요. 마시고 있던 바나나우유도 가지고 갔어요. 아니, 도대체 내가 어디에 왔나 의심스러운 거예요. 여기는 잘 사는 나라라고 들었는데 말이죠. 한국에 대한 환상이 깨지기 시작했어요. 삼촌을 만나 인천으로 갔어요. 부평역에 내려서 버스 타고 또 안으로 들어갔어요. 삼촌이 아는 사람의 집인데 오래된 곳이더라고요. 들어가니까 너무 어지러운 거예요. 저희가 방글라데시에서 큰 부자는 아니었지만 그래도 이런 집에서 살아본 적은 없었으니 많이 놀랐죠. 밥을 먹자길래 반찬을 보니, 저희 집은 반찬을 다섯 가지는 해서 먹는데 여기는 딱 두 개더라고요. 그 와중에도 제가 이걸로 투정 부리면 안 된다는 건 알았어요. 화장실에 가겠다니까 휴지를 가져가라고 하기에 가보니, 글쎄 화장실이 푸세식, 그 나무를 얹어 놓은 방식인 거예요. 방글라데시 시골에도 이런 화장실은 없는데 말이에요. 손을 씻으려는데 물도 없어요. 주방도 엄청 지저분하고. 그렇게 하루 지나고 사촌 형한테 다시 전화했어요. 그날은 형이 전화를 받아서 다음 날 남양주 마석에 갔어요. 마석 가구단지 말고 평내 호평동으로요.

눈물만큼 살다가

미등록 노동자들은 출입국 직원에게 단속당할 수 있으니까 주로 밤에 움직여요. 지하철 타고 청량리까지 가서 버스를 탔어요. 남양주에 들어가기 전 금곡이라는 곳이 있어요. 거기까지는 불빛도 있고 괜찮았어요. 금곡 지나서 마석 가까이 가면 어두워요. 평내로 들어가니 양쪽이 다 논밭이에요. 버스정류장 옆에 가게가 두세 개 있고요. 점점 무섭고 실망스러웠어요.

형이 일하는 공장에 찾아갔는데 공장 앞에 컨테이너가 하나 있고 거기 다섯 명이 살았어요. 컨테이너 옆에 주방 시설이 하나 있고, 샤워실은 따로 없더라고요. 바깥에 플라스틱 간이 화장실 있었고요. 형들이 일하고 돌아오는 모습을 보니 완전 시커먼 거예요. 그들은 페인트 파트였으니까요. '아, 이제 어떻게 해야 하지?' 하는 질문이 머릿속을 떠나지 않았어요. 삼촌이 인천으로 돌아가려고 버스정류장으로 가는데 슈퍼마켓에 있던 아저씨가 삼촌을 불렀대요. 거기 일하러 온 사람인 줄 알았나봐요. "지금 일 안 해? 여기 사람 필요한 데 있어." 삼촌이 저를 소개해줬어요. 가봤더니 서울에서 옷 만들고 남은 자투리 천을 수거하는 일이었어요. 마대자루 하나에 얼마씩 받고 치워주는 거예요. 평내에 옷감에다가 색깔 먹이는 회사가 있는데, 쓰레기를 태운 열로 기계를 돌려요. 서울에서 수거해온 자투리 천을 여기에 파는 거예요. 사장은 다리 한쪽을 잃은 사람이었고 그 아내도 다리 한쪽이 안 좋더라고요. 아내 분이 운전하고 제가 같이 가서 짐을 싣고 내리는 걸 도왔어요. 이삼 일은 괜찮았어요. 일주일 지나니 울음이 터졌어요. 그때 추워지기 시작했거든요.

방글라데시는 더운 나라예요. 여름에 38도까지 올라가요. 겨울에도 영상 13도 정도인데 그것도 방글라데시 사람들은 굉장히 춥다고 느껴요. 한국에는 집마다 난방 시설이 다 돼 있잖아요. 방글라데시는 난방 시설이 없어요. 겨울에는 두꺼운 이불을 덮고 자요. 컨테이너 기숙사는 바닥을 연탄으로 따뜻하게 하는데 밤 열두 시나 한 시쯤에 갈아줘야 해요. 저는 그런 걸 몰랐으니 연탄을 안 갈고 그냥 잤거든요. 원래 이가 좀 아팠는데 추운 데서 자니까 완전히 부은 거예요. 근데 제가 이가 아프다고 말을 못했어요. 한 20분 걸어가면 형이 일하는 공장이 있는데 거기도 못 간 채 밤새 끙끙 앓았어요. 한국 어르신들은 아침 일찍 식사를 하시잖아요. 사장이 아침 여섯 시에 저를 부르더라고요. 저는 한숨도 못 잤는데 말이죠. 그렇게 참다 보니 이삼 주가 지났어요.

사장 아내 분과 물건 가지러 서울에 가기도 했어요. 옷 만드는 회사들은 거의 지하에 있어요. 제가 키가 작아서 마대자루가 저보다 커요. 지하에서 마대자루를 어깨에 걸치고 계단을 올라가는데 제가 키도 작고 노하우도 없다 보니 중간에 떨어트린 적이 있어요. 거기 그대로 주저 앉아서 한참 울었어요. '여기에 온 건 정말 내 큰 실수다. 돌아가야 한다' 싶었죠. 숙소에 돌아와서 집에 전화했어요. 어머니께 저 여기 있으면 죽는다고, 어떻게든 방글라데시로 돌아가야 한다고 했죠. 어머니는 울고불고, 아버지는 사촌 형에게 전화해서 바로 표를 끊어서 애를 보내주라고 하시더라고요. 그러고는 제게 이렇게 말씀하셨어요. "괜찮아, 괜찮아. 700만 원은 방글라데시에서도 금방 벌어."

사촌 형한테 저녁을 같이 먹자는 전화가 왔어요. 걸어서 형 기숙사로 갔죠. 형은 다섯 명과 같이 일하고 있었는데 그중 네 명이 저희 친척이에요. 그중 한 사람이 저를 좀 비하하는 식으로 말했어요. "너는 무슨 왕자냐? 좀 힘들다고 부모한테 전화나 하고." 너무 화가 나는데 뭐라고 대꾸는 못하고 계속 울었어요. 다른 분은 이런 말씀도 하시더라고요. 방글라데시에 그런 속담

곁을 만드는 사람

이 있다고요. '외국 가서 울면 그 눈물만큼 거기 살다 간다. 울지 마라.' 사촌 형이 마석 가구단지에 방글라데시 사람이 많이 있으니까 거기 데려다주겠다고 하더라고요. 거기는 살기가 좀 괜찮을 거라고요. 지금 간다고 브로커가 돈 돌려주는 것도 아니니 돌아가더라도 좀 살다 가라고요.

가구공단의 미등록 노동자

마석 가구단지에서 두 번째 삶이 시작됐어요. 가니까 저처럼 처음 이곳에 온 사람이 100명 정도 있었는데 일자리가 없었어요. 지금은 그렇지 않지만 예전에 가구 공장에는 겨울에 일이 별로 없었어요. 양력 설 지나면 다시 많이 들어오고요. 설까지 있어보고 마음에 안 들면 돌아가려고 했어요. 그런데 방글라데시 사람들이 많으니까 외국에 있다는 느낌이 덜 들더라고요. 또래도 몇 명 있었고, 일주일이 지나니 친구가 생겼어요. 저보다 여섯 살 많은데, 저도 나이보다 약간 어른스러운 부분이 있는 터라 친구가 됐죠. 일 없는 날에는 둘이 슈퍼에서 파는 1800원짜리 샴페인을 사서 밤새도록 먹기도 했고요. 샴페인은 고급 술이라고 책에서 읽어서 저희가 고급 술을 먹는다고 생각했어요. 샴페인이면 다 똑같은 줄 알았죠.

친구가 생기니까 한국에 살아볼 수 있겠다는 생각이 들었어요. 그러다 삼촌 소개로 김포에 있는 공장에서 일하게 됐죠.

일은 괜찮았어요. 근데 마석에서 친구들과 같이 재밌게 지내다 온 터라 너무 따분한 거예요. 삼촌한테는 마석에 좋은 일자리를 찾았다고 거짓말하고 도망쳤어요. 마석으로 돌아가보니 같이 살던 사람들은 그사이에 다 떠나고 사촌 형 혼자 있더라고요. 형이 많이 반겨주셨어요. 나흘쯤 지나 새로 방글라데시 노동자 한 명이 왔는데, 길 가다가 어느 한국 사람이 일 필요하지 않냐며 전화번호를 줬대요. 거기 연락해보라고 저한테 연락처를 줬어요. 전화해서 뭐라고 말할지 고민되더라고요. 그동안 제가 직접 일자리를 알아본 적이 없었던 거잖아요. 아는 형에게 물으니, '월급 얼마냐, 밥은 어떻게 주냐'고 물어보면 된대요. 형이 알려준 대로 했더니 75만 원을 준다고 하더라고요. 그전에 65만 원을 받았으니 월급이 많은 편이었어요. 그런데 형들한테 이야기하니 거기 가봤자 돈 받기는 어렵다고, 꼬셔서 그냥 데려가는 거라고 하는 거예요. 저는 그런 느낌을 받지 않았는데 말이죠.

　다음 날 전화하니까 어디 있느냐고 묻더니 곧 한국 사람이 차를 끌고 오더라고요. 형들 말이 생각나서 불안했어요. 이대로 마석을 벗어나게 되는 걸까? 그런데 차가 휭 돌아서 가니 제가 평소에 자주 가서 드러눕는 언덕이 나왔어요. 마석에 소 목장이 있거든요. 목장 바로 옆이 공장이었어요. 차로는 바로 못 가니까 돌아서 간 거예요. 일단 가서 일했어요. 저를 차로 데리고 온 한국 사람과 같이 일했는데, 가끔 어떤 아주머니가 와요. 사장이 누군지 모르겠어요. 늘 불안했어요. 그 한국 사람한테 "형, 사장님이 어디 있어요?"라고 물었는데 대답을 안 해요. 일한 지

25일쯤 됐을 때 형들이 가불을 받으라고 하더라고요. 이주노동자들은 무조건 2주 지나면 가불받았어요. 한 달 일했는데 월급 못 받으면 많이 손해니까 받을 만큼 미리 받아놓자는 거죠.

"아이 뭘 그렇게까지 해. 그건 아닌 것 같아. 안 주면 안 주는 거지 괜찮아요." 그러자 "아이구, 니가 정신 못 차렸구나." 그러시더라고요.

그곳은 원목으로 나전칠기인 옛날 가구를 만드는 곳이었어요. 한국 사람이 가르쳐주면 제가 따라 했는데 열심히 하니까 되게 좋아하는 거예요. 손에는 물집이 생겨서 난리 났죠. 통나무는 딱딱해서 세게 밀어야 하거든요. 일한 지 딱 30일 되는 날 저녁 때 한국 사람이 치킨을 사 와서 같이 먹으면서 월급봉투를 받았어요. 세어보니 딱 75만 원이었어요. 그 사람한테 사장 어디 있냐고, 왜 형이 돈 주냐고 물었어요. 옆에 있던 칠 파트 반장이 답하더라고요.

"야 이 새끼야, 너 바보냐? 여기 이 사람이 니 사장이야."

나중에 들어보니까 이 사람이 사장은 맞지만 공장 사장은 아니었던 거예요. 자기도 공장에서 일을 받아서 저를 데리고 했던 거예요. 일을 굉장히 잘하는 사람인데 현장에 다니기 힘들어져서 하청받아 일하는 거였어요. 기계는 다 공장 거고 인건비 받아서 저 주고 자기 챙기고 그런 거죠. 그 사람과 되게 친해졌는데 1년쯤 있다가 서로 작은 오해가 생겨서 일을 그만뒀어요. 새로 소개받아 일하게 된 곳은 마석 가구단지에서 제일 욕을 많이 하는 공장이었어요.

부모 자식 같은 사이

욕은 많이 먹었지만 월급을 잘 주고, 일을 잘하면 그렇게 뭐라고는 안 한다고 알려진 곳이었어요. 저는 앞서 1년 정도 일을 배워서 간 거잖아요. 조립이나 재단도 할 줄 알았고요. 타카나 피스 박는 일도 엄청 잘했어요.

처음에 이주노동자 네 명에 한국인 네 명이 함께 일했어요. 근데 제가 보기에 작업 방식이 이상했어요. 가구 하나 만들고 또 다음 거 만드니까 시간이 엄청 오래 걸리는 거예요. 두 사람이 조립하고 있으면 두 사람은 그냥 가만히 기다려요. 똑같은 가구 100개를 만드는 거면 같은 일끼리 한꺼번에 해버리면 편하잖아요. 한 사람은 셋팅해주고, 한 사람은 타카 박고, 한 사람은 옮기고요. 일하는 방식을 바꾸니까 시간이 엄청 줄어들었어요. 여덟 명이 야간 작업까지 해야 끝난 일을 나중에는 야간 작업 안 하고도 방글라데시 사람 넷이 다 했어요. 총무님이 너무 좋아하더라고요. 3층짜리 건물이라 회사에 무전기가 있었어요. '용달차 왔다. 3층에서 물건 내려라. 물건 몇 개 나가야 한다' 같은 이야기를 사무실에서 무전기로 다 해요. 이후 총무님이 그 무전기를 제게 주시더라고요

같이 일하는 한국인 아저씨가 한 사람 있었는데 그걸로 스트레스 받았어요. 저는 외국인이고 자기는 한국인인데 제게 지시가 내려오니까요. 그래도 웃으면서 저를 아들 같다고 챙겨주고 그랬어요. 그렇게 2년 반 일했어요. 한국에서는 사람들이 돈

을 많이 벌기 위해 야간에도 일하고, 밤낮 교대도 격주로 해요. 그런데 저는 격주 교대하는 데는 애초에 안 들어갔어요. 제 삶의 원칙이 '일 조금 하고 오래 산다. 1년 안에 하기 어려운 건 3년간 한다'거든요. 야간 작업을 하기 싫으니 낮에 부지런히 일했어요. 어느 날 한국인 아저씨가 "너는 월급봉투 두 개 받냐"면서 시비를 거는 거예요. 그 아저씨도 지쳐서 그랬겠죠. 외국 사람 지시에 따라 움직여야 하는데다 자기는 직책도 없으니까요. 사무실에서 받는 스트레스와 집에서 받는 스트레스 모두 해소가 안 되는 상황이었을 테니까요. 그런데 그 말이 제게 상처로 남았어요. 저는 그때 113만 원 정도 받았거든요. 그 아저씨는 135만 원 받았고요. 그 사람보다 제가 일은 두 배나 더 많이 했어요. 한국 온 지 3년 넘어서 한국말에 익숙해져서인지 말다툼을 하다가 저도 모르게 욕이 나왔어요.

"아이 씨발, 더러워서 못 해먹겠네."

아저씨가 망치를 들고 나와 내 머리를 깨부순다고 위협했어요. 그걸 보고 놀란 거예요. '이 사람이 나한테 이렇게 할 수 있나? 나를 자기 아들처럼 생각한다고 말했고 나도 가족처럼 대했는데.' 여기서는 더 일을 못하겠다는 생각이 들었어요.

그 공장에서 일하다가 저보다 먼저 그만둔 친구가 있어요. 저와 이름이 똑같아요. 마문. 그 친구는 한국말을 잘 이해하지 못했어요. 그래서인지 1층에 한국인 반장이 있었고, 3층에도 다른 반장이 또 있었는데 둘 다 이 친구를 함부로 대했어요. 1층 반장은 툭하면 손이 올라가요. 3층 반장은 손은 안 올라가는데 욕을 해요. 어느 날 1층 반장과 3층 반장이 둘 다 지시를 내렸는데 이 친구가 제게 묻더라고요. 자신이 무얼 해야 하느냐고요. 저는 친구에게 '너는 3층에 있으니까 3층 반장 말을 들으라'라고 했어요. 근데 1층 반장이 와서 그 친구를 철봉으로 때린 거예요. 팔을 맞아서 부었더라고요. 친구를 데리고 가서 사장한테 이야기했어요. 1층 반장이 오더니 "너 이 새끼야 지금 뭐하는 거야" 하면서 저도 한 대 때리더라고요. 화가 나서 그만두려는데 회사에서는 저 대신 1층 반장을 그만두게 했어요. 맞은 친구는 며칠 쉬고 다른 인테리어 회사에 들어갔어요. 제가 그만뒀다는 말을 듣고 그 친구가 자기가 일하는 곳으로 오라고 하더라고요. 그때가 2001년 말이었어요.

단 하루를 살아도

그만둔 공장에서 제가 오래 일했잖아요. 퇴직금을 받을 수 있다고 어떤 친구가 이야기해줬어요. 사무실에 가서 퇴직금 이야기를 하니까 사장이 난리 치는 거예요.

"너 이 새끼 불법체류자가 뭔 퇴직금이냐? 출입국에다 신고할 거다! 가! 가라고!"

총무님은 아무 말씀이 없으세요. 제가 열심히 일한 걸 아시니까요. 퇴직금을 받을 수 있다고 말해준 친구한테 다시 갔어요. 그랬더니 평등노조에 가서 이야기하래요. 민주노총 서울지역 본부 평등노조는 비정규직 노조인데 2001년 5월 26일에 이주노동자 지부(이주지부)가 생겼어요. 당시 지부장이 이윤주라는 한국 분이었어요. 조합원들이 대부분 미등록 체류자 신분이라 앞에 나서기 어려웠으니까요. 서울 본부가 그때 동대문 쪽에 있었어요. 일요일에 찾아가서 이야기했죠. 그랬더니 '알았다고, 우리가 해보겠다'라고 하시더라고요.

이 지부장이 월요일 아침에 회사에 전화했어요. 오후쯤 사장이 저한테 전화해서 막 욕을 하더니 "너 와서 돈 받아가라"라고 했어요. 퇴직금 240만 원을 받았죠. 평등노조 덕분에 퇴직금을 받았으니까 감사 인사를 하고 오자는 생각이 들었어요. 방글라데시에 그런 문화가 있거든요. 내가 도움받았으면 보답하자. 그래서 다음 일요일에 다시 노조 사무실에 찾아갔어요. 이윤주 지부장께 돈을 드리고 싶은데 얼마가 적당한지 여쭸죠. 이 지부장은 제게 "마문 씨는 돈을 줄 필요 없어요. 우리가 지금 산업연수생 제도 폐지, 미등록 이주노동자 합법화를 위한 투쟁을 하고 있으니까 집회 한번 오면 돼요." 그러시더라고요. 그래서 생각했죠. '오, 20만 원 아꼈다!'

국회 앞에서 집회한다길래 친구를 꼬셔서 같이 갔어요. 마석에서 국회까지 오는 길도 잘 몰라서 집회가 막 시작할 무렵에 도착했어요. 〈철의 노동자〉를 부르는 중이더라고요. 가사를 몰랐는데 이상하게 한 구절이 귀에 들어왔어요. "하루를 살아도 인간답게 살고 싶다." 그리고 그 순간 깨달았어요. '나는 한국에서 인간답게 살지 못하고 있구나.' 거기서 바로 노조에 가입했어요. 6개월쯤 활동하다가 2003년에 평등노조 이주지부 마석 분회장이 됐어요. 그리고 본격적으로 활동을 시작했어요. 2003 년도에 상황이 되게 안 좋아졌거든요. 고용허가제가 통과되면 이주노동자를 다 쫓아낸다고 할 때였어요. 2002년도에 미등록 이주노동자들에게 비자를 한 번 줬어요. 1년 뒤에 자진출국을 약속한 사람에게만요. 평등노조 이주지부는 그걸 거부했어요. 일할 수 있도록 허가해줘야 한다는 게 저희 입장이었죠.

그 당시 많은 공장에서 미등록 이주노동자를 잘랐어요. 제가 일했던 공장은 반장님이 저를 아껴주셔서 계속 일을 시키고 싶어 하셨어요. 사장이 운영하는 모텔이 춘천에 있었는데, 사장에게 마문 거기서 일 시키면 되지 않냐고 부탁하기도 했고요. 그쪽에는 출입국이 안 갈 테니, 그렇게 하라고 하더라고요. 그런데 저는 방글라데시로 돌아가겠다며 일을 접었어요. 명동성당 농성단에 들어가기 위해 거짓말한 거예요. 어차피 간부들은 무조건 들어가야 하는 상황이었거든요. 명동성당에 들어오고 다음 날 오후에 기자회견을 했어요. 제가 앞에 있으니까 사진에 크게 찍혀 신문에 나왔나보더라고요. 반장한테 전화가 왔어요.

"야! 방글라데시 간다는 놈이 거기 왜 있어!"

"아 저 못 돌아갑니다. 제가 여기 노조 간부입니다."

한국인 형들은 제가 노조한다는 건 알았지만 간부인지는 몰랐어요. 그냥 한국 아가씨 만나러 거기에 다닌다고 생각하는 정도였을 거예요. 노조에 가면 젊은 친구들이 있으니까 그 매력 때문에 간다고요. 사람은 자기가 머무는 자리 이상으로 생각하는 게 무척 어려워요. 그래도 반장님이 나중에 명동에 한 번 오셔서는 밥을 사주고 가셨어요.

잡혀가면, 땡

그렇게 명동에서의 삶이 시작됐어요. 처음에 들어올 때는 분회장으로 참여했고 넉 달쯤 뒤에 투쟁국장이 됐어요. 샤말 타파가 평등노조 이주지부 2기 지부장과 명동농성단 대표를 하다가 추방됐어요. 투쟁국장이었던 아노아르가 대표가 되고 제가 투쟁국장을 맡았죠. 그러면서 다양한 활동을 했어요. 380일 동안 농성이 이어졌는데, 저는 끝까지는 못했어요. 제게 뜻하지 않은 일이 벌어졌거든요. 마석에 연대하던 대학생 조직이 있었는데, 그 학생 중 한 사람과 서로 좋아하게 된 거예요. 그 학생이 바로 지금 제 아내예요.

    저는 지금도 원칙을 중시하지만 그때는 정말 더 딱딱했어요. 학생 동지들한테 조금만 잘못해도 전체 이주노동자를 보는 눈이 달라질 거라고 여기며, 그들을 동지가 아닌 다른 눈으로 보면 안 된다고 다짐하며 항상 조심스럽게 대했어요. 아내와도 처음에 그렇게 지내다가 어렵게 서로의 마음을 확인했어요. 농성장에는 알리지 않고 사귀기로 했죠. 농성 시작한 지 10개월쯤 들어가니 농성을 접는 분위기였어요. 단식을 끝냈더니 몸도 지치더라고요. 사흘쯤 쉬고 농성장에 돌아왔는데, 다 어디 집회가고 자리를 비운 거예요. 아내에게 같이 명동에 물건 사러 가자고 했죠. 명동에 사람이 많잖아요. 그때는 저희 관계를 들키면 안 되니까 누가 볼까봐 아내는 앞에 걷고 저는 그 뒤를 따라갔어요. 그런데 갑자기 한 사람이 제 앞을 딱 가로막는 거예요.

"네가 마문이냐?"

그 순간 아내가 돌아봤는데 이미 옆에서 출입국 직원 두 사람이 저를 잡은 상황이었어요. 아내는 놀라서 제 앞에 있는 사람을 잡았고요. 제가 그때 힘이 좀 세서 버티고 있었거든요. 저희 농성장 옆에 건설노조 경기중서부지부 동지들도 농성 중이었고요. 마침 거기 텐트에 오려던 학생 동지가 저희를 본 거죠.

"지금 뭐 하는 거야!"

지나가던 사람들이 겁에 질려 쳐다봤어요. 출입국 직원이 테러리스트 잡고 있다고 이야기하더라고요. 그사이에 건설노조 동지 하나가 와서 이 상황을 보고 건설노조 텐트에 전화했어요. 이주노동자 동지가 단속되어서 잡혀가고 있다고요. 그래서 건설노조 사람들이 다 우르르 몰려왔어요. 그때는 명동에 차가 못 들어갔잖아요. 출입국 직원 두 사람이 제 팔을 잡고 두 사람은 제 다리를 잡아서 끌고 갔어요. 한 사람은 아내를 잡았고 또 한 사람은 학생 동지를 잡아놨고 건설노조 동지는 놓으라고 소리소리 지르고 있고요. 그런데 갑자기 출입국 직원들이 저를 바닥에 내던졌어요. 그러더니 "때리지 마! 때리지 마!" 그러는 거예요. 정신 차리고 보니까 건설노조 동지들한테 출입국 직원이 맞고 있어요.

출입국 직원이 할 수 없이 제 수갑을 풀어줬어요. 어떤 동지가 "마문 동지 농성장으로 도망가"라고 외치더라고요. 슬리퍼를 신고 있었는데 벗어버리고 달렸어요. 어떻게 농성장에 돌아왔는지 기억이 안 나요. 농성장에 들어와서 명동성당 계단 앞에 앉으니까 주위가 다 하얗게 보였어요. 눈을 감았어요, 무서워서. 그런데 누군가 저를 안고 울고 있어요. 눈을 떠보니 아내였어요. 그렇게 농성장 사람들이 저희 사이를 다 알게 됐어요. 아내가 하루 정도 연락이 없더니 다음 날 이렇게 말하더라고요.

"우리 결혼하자. 혼인신고 해."

"무슨 소리야? 혼인신고 하면 너희 가족은 어떡하려고?"

"상관없어. 일단 혼인신고만 해. 내가 너를 그렇게까지 믿는다고 생각하지는 않지만 지금 내가 너를 위해서 할 수 있는 게 이거 말고는 없다. 누군가 너를 내 앞에서 잡아가는 걸 나는 보기 싫다."

그날 밤 상황실에 이야기했어요. 이런 상황이다. 결혼하려면 귀국해야 한다. 상황실 동지들은 다 난리 났죠. 지금 마문 동지 결혼하면 안 된다고. 결혼해서 방글라데시 가면 투쟁은 어떻게 하냐고요. 그래서 사흘 동안 밤마다 토론했어요. 다들 말렸어요. 결혼하지 말라고요. 그때 방글라데시 동지 두 명만 결혼하라고 말해줬어요. 두 동지는 내가 좋아하는 형이자 나를 많이 챙겨주는 사람이었어요.

"너 결혼해서 한국 오면 투쟁할 수 있어. 지금 샤말 타파도 쫓겨났는데, 다 쫓겨나면 누가 투쟁하냐. 이 사람들(한국인 노동자들)이랑 우리는 투쟁 방식이 달라. 이 사람들은 감옥 갔다가도 다시 돌아와. 한국에서 쫓겨나지 않아. 우리는 출입국이 잡아가면 땡이야. 우리는 쫓겨나."

그래서 결혼하기로 했어요.

국경 위의 연인

아내는 혼인신고를 하고 인천공항에 도착해서까지는 되게 씩씩했어요. 그런데 싱가폴에서 경유하는 세 시간 동안 두 시간을 울더라고요. 처음 외국에 가본 거였어요. 부모님께 말씀도 안 드리고 결혼해서는 방글라데시에 가려니 서러움이 밀려왔나봐요. 방글라데시에 가면 믿을 수 있는 사람이 아무도 없고, 게다가 학생이잖아요. 겁이 낫겠죠. 부모님께도 죄송하고요.

그렇게 방글라데시에 갔는데, 비자 신청을 하니까 한국 대사관에서 1년 동안 비자 발급이 안 될 거라고 그랬어요. 왜 그러냐 물으니, 블랙리스트에 내 이름이 올라 있대요. 노조 활동을 해서 이름이 올라 있는 줄 알았는데 미등록으로 살았기 때문이래요. 원래 원칙적으로 결혼해서 출국하면 혼인신고 서류를 공항에 제출하고 가야 한대요. 그걸 보고 면제를 해준대요. 아내가 인천 출입국에 몇 번 물어봤는데도 그냥 가면 된다고 했다는데 이상했어요.

"'방글라데시 가서 비자 신청해서 와.' 저는 그렇게 들었어요. 두 번이나 물었어요. 당신들 잘못인데 제가 왜 이런 불편을 겪어야 합니까. 대사 만나서 이야기하겠습니다. 아니면 여기서 한발도 안 움직일 겁니다."

아내가 세게 나갔어요. 대사는 못 만나고 부대사를 만났는데 할 수 있는 게 없다고 했다더라고요. 아내가 "그렇다면 할 수 있는 게 뭐가 있나 생각해보시라"라고 했고요. "내가 남편을 여기 두고 갔다가 사고가 나거나 무슨 일이 생기면 대사관에서 책임지신다고 각서 써주시면 한국 가겠습니다"라고 말했죠.

골치 아프다고 생각한 건지 저희에게 방법을 알려줬어요. 법무부에 탄원서를 넣으라고 하더라고요. 우편으로 보내면 된대요. 그 자리에서 종이를 받아서 바로 쓰겠다고 했죠. 대사관에서 본국으로 보내면 좀 더 빠르지 않겠냐고요. 사흘 뒤 전화가 왔어요. 아내더러 일단 한국 와서 조사받아야 한다고 했어요. 조사하고 판단하겠다고. 아내가 한국에 조사받으러 가니까 조사관이 심하게 말을 했어요. '둘이 혼인하고 애를 낳으면 애가 피부색이 까만데 어떻게 키울 거냐. 어차피 사귄 지 얼마 안 됐는데 여기서 포기하는 게 낫다' 같은 말을 아무렇지 않게 하더라고요. 아내는 너무 마음 아파했죠. 조사받고 나와서 다니던 대학교에 갔는데 거기에 제가 투쟁하는 사진이 포스터로 크게 붙어 있는 걸 보니 또 서러움이 몰려왔대요. '난리 났구나. 출입국에서 이거 알면 비자 안 줄 거다.'

운이 좋았는지 일주일 뒤에 한국 대사관에서 비자가 발급됐다고 전화가 왔어요. 바로 다음 날 비행기표를 끊었어요. 빨리 한국에 가고 싶었어요. 아내가 너무 힘들 거라고 생각이 들어서요. 빨리 가서 제가 앞에 있음을 보여주고 싶었어요. 비행기표를 끊어서 출발하기로 했다고 전화하니까 아내가 말했어요.

"우리 집을 얻어야 해. 집이 있어야 여기 와서 다시 비자 신청을 할 수 있대."

누구를 위해서

돌아와서 집부터 얻었어요. 결혼하고 나니까 둘이 같이 생활하는 데 돈이 많이 필요했어요. 한국에서 계속 살아가려면 일을 배워서 인정받아야 한다는 생각도 들었고요. 가구 공장으로 돌아갔어요. 마석에서 처음에 만났던 사장님이 제가 결혼했다는 이야기를 듣고 저를 다시 스카웃했어요. 전통가구 공장에서 월급 75만 원을 주셨던 그 하청 사장님이요. 그런데 문제가 있었어요. 사장님은 제가 4년 사이에 실력이 많이 늘었을 거라 생각했대요. 그때는 열심히 일을 배우려는 모습만 보셨으니까요. 근데 저는 가구 만드는 일에 욕심이 별로 없었어요. 여기 있는 시간 동안 돈만 벌고 가면 된다고 생각했으니까요. 공장을 옮긴 후에는 다치면 안 된다는 생각에 단순 작업만 하려고 했고요.

사장이 서랍을 짜라고 하는데 어떻게 짜야 하는지도 모르고 기계도 다룰 줄 몰랐어요. 사장도 당황스러웠겠죠. 일주일이 지나 제가 왼손 엄지를 조금 다쳤어요. 근데 누구한테 말도 못했어요. 불이익당할까봐요. 혼자 수습하고 나중에 약국에서 약을 사서 발랐어요. 원래는 병원 가서 꿰매야 했는데 참고 일했어요. 공장장 형한테 계속 물어가며 배웠어요. 서랍장을 하나 짠다고 하면 도면을 보여주면서 어떻게 해야 하는지 이야기해주더라고요. 처음에는 몇 번 형이 재단해주고 제가 만들고요. 열심히 연습해서 석 달 만에 다른 사람들을 다 따라잡을 수 있게 됐어요.

혼자 침대를 처음 짜본 날이 기억나요. 어느 순간부터 제 스스로 판단하고 새로운 걸 시도해보면서 가구 만드는 일이 재밌어졌어요. 그 공장에서 3년 동안 같이 일했어요. 석 달 뒤에 사장님이 따로 공장을 차렸어요. 일하는 사람을 4명에서 10명까지 늘려갔고요. 2년쯤 지나서 제가 공장장을 맡게 됐어요. 목수로서는 인정받았죠. 보통 20년 일한 형들이 250만 원 정도 월급을 받았는데 제가 270만 원을 받았으니까요.

그러다 2011년 말에 어머니가 돌아가셨다는 소식이 왔어요. 공장 일이 바쁠 때라 방글라데시에 가는 걸 고민했어요. 아내가 가구 일에만 집중하는 저를 보고 제가 변했다고 생각했어요. 저는 운동하는 사람이었고 다른 사람을 생각하는 사람이었잖아요. 제가 공장에서 일만 하니까 새로운 걸 생각하지 못한다고 여겼나봐요. 그냥 집에 돈만 가져다주면 된다고 본다고요. 그러면서 저한테 가구 공장을 그만두고 의미 있는 일을 하라고 했어요. 그렇지 않으면 이혼하자고요. 처음에 그 말을 들었을 때 화가 났어요. 6개월 동안 거의 매일 싸웠어요. 억울했죠. '내가 뭘 잘못했다는 거야? 내가 술을 먹어? 한국인 형들처럼 도박을 해? 월급 받으면 바로바로 아내 통장에 다 입금해주잖아. 이때까지 내가 누구를 위해서……' 그 '누구를 위해서'라는 생각이 아내에게 폭력이 될 수 있다는 걸 그때는 생각하지 못했어요. 그래도 아내 말을 무시할 수 없었어요. 저를 위해 많은 걸 참아준 사람이잖아요. 아내가 오랫동안 공무원 시험을 준비했는데 그때 마침 합격했어요. 그래서 제가 일을 그만두고 활동하겠다고 했죠. 사장한테 공장을 그만둔다고 말했어요.

막상 일을 그만둔다고 하니까 마음이 안 좋았어요. 앞으로 저는 무얼 할 수 있을지 막막했거든요. 사장이 그만두지 말라고 계속 전화하니까 한동안 전화기를 꺼놓기도 했어요. 그러다 전화기를 딱 켰는데, 바로 친구에게 전화가 온 거예요. 마석에서 함께 활동했던 마붑 알 엄이었어요.

영화라는 말을 찾다

AMC팩토리는 2012년도에 만들어졌어요. 그때는 문래동이 아니라 서교동에 사무실이 있었어요. 처음에는 한국인 몇 명이랑 이주민 몇 명이 조그만 프로젝트를 따고 뮤직비디오도 만들고 영화도 같이 보러 가는 모임이었어요. 거기에 제 친구 마붑도 있었어요. AMC팩토리 사무실이 있으면 좋겠다 생각할 때 아름다운재단에서 비영리단체 인큐베이팅 사업을 시작했고, 거기

첫 지원 단체로 선정됐어요. 2012년 초에 마붑이 사무실 인테리어를 좀 해달라고 연락을 해왔어요. 그때는 너무 바빠서 못하겠다고 했는데, 한 달 뒤에 다시 연락이 온 거였어요.

"일을 못하더라도 와서 조언이라도 좀 해주라. 우리가 돈도 없고 뭔가 정리를 못하겠다."

"그럼 내가 오늘 갈게."

"어? 너 일 안 해?"

"그만뒀어."

운명이라는 말이 있잖아요. 사무실 그만두고 전화기 꺼놨다가 다시 켠 후에 온 첫 전화가 이 친구였다는 게 진짜 신기해요. 그렇게 AMC팩토리에서 활동을 시작했어요. 2012년도에 〈카페 랑길라〉라는 연극을 올렸는데 그때 제가 무대감독이자 메인 배우로 참여했어요. 어떤 식당 안에서 벌어지는 일을 담은 것으로, 저는 하림이라는 식당 주인 역할이었어요. 연극을 같이 준비한 한국인 친구가 저더러 영화를 만들어보면 어떻겠냐고 제안하더라고요. 한국에서 미등록 노동자로 공장 생활도 했고 방글라데시 역사도 알고 있어 할 말이 많을 테니 그걸 대본으로 써보라는 거죠. 막상 대본을 써서 친구를 줬는데 반응이 별로였어요. 쉽지 않을 거라는 생각에 접었어요.

그런데 2013년 AMC팩토리에서 이주민 독립영화 프로젝트를 진행하면서 정말로 영화를 만들게 됐어요. 첫 작품이 〈파키〉라는 단편 극영화입니다. '파키'는 방글라데시 말로 '새'를 뜻해요. 내용은 이러해요. 한 공장에서 일하는 미등록 이주노동자

셱 알 마문은 AMC팩토리의 활동가로
선주민과 이주민이 연결된 문화예술의 장을
만들고 있다. ⓒ 노동과세계

와 한국인 청년이 친구가 됐어요. 미등록 이주노동자는 미등록자라는 이유로, 한국인 청년은 돈이 없다는 이유로 꿈을 좇아가지 못하고 좌절하는 이야기예요. 그때만 해도 제가 본격 영화감독으로 활동할 수 있을 거라는 생각은 못했어요. 그런데 지금까지 9년 동안 12편을 만들었어요. 타이밍이 좋았다고 생각해요. AMC팩토리가 없었으면 저라는 사람이 일을 그만두고 1년 안에 삶의 패턴을 바꿀 수 있었을까요? 제가 뭔가를 하고 싶을 때 할 수 있는 바탕이 되어줬어요. 다른 사람보다는 좀 더 기회가 많았다고 생각해요.

제 영화는 이주자들에 대한 스토리가 많아요. 제가 〈파키〉를 연출하고 그 뒤에 〈머신〉(2014)이라는 영화를 찍었어요. 〈머신〉은 한국인에 대한 이야기예요. 기계처럼 똑같은 삶을 살아가는 한국 사람들의 삶을 이주민 시선에서 보여준 거예요. 그런데 이 영화는 찍으면서 제가 정말 하고 싶은 이야기가 아니라고 느꼈어요. 그냥 좀 특별한 소재에 중심을 두고 접근했다 싶었죠. 이어서 〈굿바이〉(2014)라는 작품을 찍었는데, 〈굿바이〉는 이주노동자로 한국에 왔다가, 15년 만에 본국으로 들어가는 '슈먼'의 이야기예요. 슈먼은 제 친구예요. 2주 동안 촬영해서 만들었는데요. 평가도 되게 좋았고 저도 만족스러웠어요. 제 삶을 담은 작품이라 그랬던 것 같아요. 그래서 제가 알고 있는 내용, 제 가까이 있는 사람들의 이야기를 하면 좋겠다는 생각이 들었어요. 다큐멘터리 영화에는 감독의 생각이나 가치관이 드러나거든요. 제가 고민하는 부분을 표현하기가 더 쉬우니까요.

〈굿바이〉이후 작품인 〈하루 또 하루〉(2016)도 '샤인'이라는 미등록 이주노동자 이야기인데, 저와 같은 공장에서 일한 친구가 주인공이에요. 샤인은 출입국 단속반에게 쫓겨서 도망치다 다리를 크게 다쳐요. 그런데 출입국 단속반이 샤인을 데려간 곳은 병원이 아니라 출입국관리소였어요. 그들은 샤인을 '테러리스트'라고 불렀어요. 이 친구를 제가 누구보다도 잘 알고 있기 때문에 한국사회에 당당하게 말할 수 있었어요. 테러리스트가 아니라고요.

카메라의 힘, 카메라의 한숨

영화를 찍으면서 한국사회에서 이주민으로 산다는 게 무엇인지 더 알아가게 됐어요. 〈비닐하우스는 집이 아니다〉는 정소희 감독과 공동 연출한 작품이에요. 제 영화 중 유일하게 유튜브에 공개했어요. 시민방송의 제작 지원을 받아서 2018년에 만들었어요. 이 영화가 나오고 2년 뒤에 캄보디아에서 온 속헹 씨가 비닐하우스에서 사망한 사건이 벌어졌어요. 도대체 그사이 뭐가 바뀌었나 싶어 분노가 치밀었어요. 이제 우리가 뭘 할 수 있을까 고민하다가 사람들에게 현실을 더 많이 알리자는 생각에 이 영화를 공개하기로 했어요.

〈비닐하우스는 집이 아니다〉를 찍으면서 되게 마음이 아팠어요. 저는 농장에서 일하는 노동자들을 만날 수 있는 기회가 없었어요. 방글라데시 사람들은 농업이 아니라 거의 다 제조업에서 일하고 있었거든요. 영화에는 나오지 않았는데 어떤 집에 갔더니 비닐이 너무 찢어져서 비가 내리면 전부 샐 것 같더라고요. 컨테이너 하나를 반으로 나눠서 반은 사장이 쓰고 나머지 반에는 여자 셋이 살아요. 그러니 얼마나 불안했겠어요. 남자 사장도 있고 화장실은 바깥으로 가야 하는 상황이니, 그 친구들은 밤에는 화장실에 가고 싶어도 안 가요. 그냥 참아요. 화장실도 여기가 한국인지 믿기지 않는 수준이었어요. 지금 공사 현장에도 그런 화장실을 쓰지 않거든요. 심지어 그곳은 이주노동자들이 4년 10개월을 지내야 하는 공간이잖아요. 영화에서 한 여성이 일을 그만두고 짐을 가지러 갔는데 사장이 문을 자물쇠로 잠궈 버리는 장면이 나와요. 어떻게 할 수가 없더라고요. 때릴까봐 말도 못했어요. 사장을 만나러 갈 때 혼자 갔거든요. '때리면 경찰 불러야지'라고 생각은 했지만 제가 남의 땅에 들어가는 것부터 불법이라고 할 테니까요. 저는 이주자라서 알잖아요. 저희가 할 수 있는 게 얼마나 있는지를요.

저는 2009년에 한국 국적을 취득했어요. 한국인과 결혼한 이주민은 혼인 후 3년이 지나면 귀화 신청을 할 수 있어요. 결혼이주민으로 2007년에 귀화 신청을 했고, 2009년에 대한민국 국적을 취득한 거죠. 이주민 출신 한국인으로 살다 보니, 법과 제도를 운영하는 사람들이 아시아계에 던지는 시선을 접하게 돼요. 잊을 수 없어요. 그걸 많이 알려야 한다는 생각으로 영화 작업을 시작했어요. 영화감독으로서는 더 다양한 주제를 다룰

이주노동자의 열악한 주거 실태를 고발한 작품인
〈비닐하우스는 집이 아니다〉의 한 장면.

수 있으면 좋겠다는 욕심이 있어요. 영화를 찍으면서 공부도 많
이 하게 되니까 다른 것도 눈에 들어왔거든요. 이전에 제가 생
각지도 못한 일들. 그걸 영상으로 표현하고 싶은 마음이 생겼
어요.

　　2015년도에 위안부 문제와 관련해 박근혜 정부가 일본 정
부와 최종합의를 해버린 일이 있었잖아요. 그때부터 일본군 '위
안부' 문제에 대해 관심을 가지게 됐어요. 방글라데시에서도 비
슷한 일이 있었거든요. 1971년에 방글라데시가 파키스탄에서
독립하기 위한 전쟁이 벌어져요. 방글라데시 해방전쟁 동안 파
키스탄 군인에게 성폭력을 당한 여성들을 '비롱고나'라고 불러
요. '위안부' 피해자들과 '비롱고나' 이야기를 함께 다큐멘터리
로 만들었어요. 그게 〈기다림〉(2020)이에요.

전쟁 범죄가 제대로 재판받지 못해 곳곳에서 이렇게 피해자들의 목소리가 계속 나오고 있잖아요. 전쟁 피해 여성들의 문제는 오늘만의 이야기도 아니고 내일은 없을 이야기도 아니에요. 그에 대해 저희가 함께 생각하지 못하면 아픔의 역사로만 남을 텐데. 저는 비슷한 경험을 가진 나라들이 연대해서 그런 역사가 다시 발생하지 않게 해야 하지 않나 생각했어요. 〈기다림〉은 2021년에 방글라데시 리버레이션 다큐멘터리 페스티벌에서 상을 받았어요. 국제 영화제인데 방글라데시(국내) 부분의 베스트 필름상이었어요.

그전까지는 제가 캠코더로 영화를 찍었는데, 〈기다림〉은 사진처럼 찍고 싶어서 한국인 촬영 감독을 두 명이나 섭외해 어렵게 방글라데시까지 갔어요. 비싼 장비도 빌리고요. 그런데 피해자가 갑자기 인터뷰를 못한다고 해서 그냥 돌아온 일이 있었어요. 같이 갔던 스태프들은 한번 더 설득하자고 했지만 저는 그러지 않았어요. 이 영화를 찍는 건 제 욕심이지 지금 그 사람이 원하는 게 아니잖아요. 나중에 영화가 나오고 이 문제를 알리면 그 사람 삶에 도움이 될 수도 있고 아픔이 조금 줄어들 수도 있겠지만, 사실 그건 나중 일이니까요.

많은 사람이 〈하루 또 하루〉를 왜 그렇게 끝냈는지 궁금해했어요. 다리를 다친 샤인이 치료를 받으면서 산재 인정을 받기 위해 싸울 때였어요. 끝이 보이지 않는 기다림 속에서 샤인이 많이 힘들어했어요. 샤인이 이제 자기 다리 어떻게 하냐고 저를 붙잡고 울었어요. 저는 영화를 거기서 멈출 수밖에 없었어요.

마문의 다큐멘터리 〈하루 또 하루〉의 한 장면. 검은 피부를 가진 미등록 노동자라는 이유로 폭력적 단속을 당해 다리를 크게 다친 샤인을 출입국 직원들은 병원 대신 출입국관리소로 데려갔다.

영화만 생각하고 욕심을 낸다면 우는 장면도 찍었겠죠. 그런데 샤인이 그렇게 이야기하니까 더 이상 찍으면 안 된다고 생각이 들어서 멈췄어요. 제게는 답이 없잖아요. 이주 친구들에 대한 다큐를 찍으러 가면 제가 자신의 문제를 해결해줄 수 있을 거라고 여겨요. 제가 카메라를 잡고 있기 때문에 되게 대단한 힘을 갖고 있다고 생각하나봐요. 저는 사장도 안 무서워하니까요. 근데 사장을 안 무서워하는 거랑 제도에서 싸우는 건 또 다른 문제잖아요. 저는 영화감독으로 거기 가는 것이기에 이 문제를 해결해줄 수 있다고 장담 못해요. 제가 뭔가 해주길 바라는 그 눈빛을 보면 마음이 되게 아파요.

이주노조 수석부위원장으로

이주노조 사무차장으로 있는 박진우라는 친구가 2012년 AMC 팩토리에 찾아왔어요. 제 이야기를 많이 들었다며 며칠 있다 총회를 하니까 오라고요. 2005년도에 처음 이주노조 만들 때 총회를 갔는데 제게 투표권이 없는 거예요. 한국인과 결혼한 사람이니까 한국인이 될 테니 노조 규약상 조합원으로 받아들일 수 없다고 했어요. 화가 나서 나와버렸어요. 그 뒤에 어떤 일들이 벌어지는지 관심을 기울이지 않았죠. 2010년에 규약을 변경했더라고요. 명동성당 투쟁에 참여한 이주 동지들에게 조합원 자격을 줘야 한다고 해서 제게도 자격이 생긴 거예요.

진우 연락을 받고 총회에 참석했는데 현장에 힘이 필요해 보였어요. 제가 할 수 있는 일은 하고 싶다는 생각이 들더라고요. 진우 혼자 이주노조 사무실 상근을 했고, 우다야 라이 위원장이 민주노총에서 상근했어요. 운동이라는 건 자신 가까이에 있는 동지를 믿고 가는 거거든요. 진우 동지를 보자 제가 뭐라도 할 수 있을 것 같다는 생각이 들었던 것처럼요. 1년쯤 일반 조합원으로 활동하다가 2013년에 수석부위원장으로 임명받았어요. 직책을 받고 진우, 우다야 셋이 함께 우리가 지금 뭘 해야 좋을지 이야기했어요. 다른 일은 못하더라도 이주노조 합법화를 이뤄보자고 결의했죠.

많은 분이 연대해주셔서 2015년 6월 25일, 대법원에서 이주노조가 합법이라는 판결이 났어요. 끝났나 싶었는데 서울 고용노동청에서 필증을 안 내주는 거예요. 노조 규약에 포함된 미등록 이주노동자 합법화 그리고 고용허가제 폐지와 노동허가제 실시가 노조법상 결격 사유인 정치운동에 해당한다는 게 이유였어요. 그래서 서울 고용노동청 앞에서 25일 동안 노숙 농성을 했어요. 문제가 된 규약을 '사회적·경제적 지위 향상 등' 포괄적인 내용으로 일부 수정했어요. 어렵게 필증을 받아냈죠.

명동성당 투쟁부터 이주노조 합법화를 이끌어내기까지 단속되고 추방된 동지 이야기를 수도 없이 들었어요. 그 동지들의 희생을 생각했어요. 앞날을 생각하면 기쁨이 반이었고 두려움이 반이었어요. 합법화되고 할 수 있는 일이 많아져서 좋은데 이걸 어떻게 다 할지 좀 암담하기도 했죠. 노조 상근자가 진우 한 사람밖에 없었거든요. 한 달 조합비로 50만 원이 걷히는데 진우 한 명 월급 주기도 부족한 돈이었어요. 1년에 한 번 일일호프 해서 돈을 모아야 하는 상황이었죠. 그래도 한번 해보자고 했어요. 이제 사업장 이동의 자유, 노동허가제 쟁취로 가야 한다고 했어요.

일하는 곳을 바꾸고 싶다는 상담이 이주노조로 자주 들어와요. 고용허가제는 사장이 허락해주지 않으면 이주노동자에게 사업장을 바꿀 권리를 주지 않아요. 사업장 이동의 자유는 아주 기본적인 권리죠. 노동자한테는 일을 그만둔다는 게 기본적으로 쉬운 일이 아니에요. 고민 끝에 일을 바꾸는 거거든요. 이주노동자들한테 그 고민할 권리조차 주지 않고 있어요.

한 사업장에서 있었던 일인데, 여성 노동자들 샤워실에 구

**8년 만에 이주노동자 노동조합 합법화 판결 소식을 접한
이주노조 조합원들이 기뻐하고 있다.** ⓒ 노동과세계

멍이 뚫려 있더래요. 처음에는 다들 별 생각 없었어요. 원래부
터 그냥 구멍이 있었나 보다 했죠. 근데 어느 날 보니 사장이 그
구멍에 눈을 대고 보고 있었다네요. 그걸 본 노동자들이 "사장
님 여기서 뭐 해요!" 그러니까 그냥 가버리더래요. 나중에 경찰
에 신고하니 발뺌하고요. 노동자들끼리 짠 거라고 주장했다더
라고요. 노동자들 증언 말고는 다른 증거가 없잖아요. 결국 사
장을 처벌할 수 없었어요. 성희롱을 당했어도 사업주가 법을 위
반한 게 아닌 게 되어버리니 노동자는 사업장 변경을 할 수 없
는 거죠. 결국 그 여성 노동자들은 일을 그만둬야 했어요.

　　반대로 사장은 이주노동자를 손쉽게 해고할 수 있어요. 최
근 방글라데시 노동자가 겪은 일인데요. 이 사람이 몸이 아파서
일을 천천히 했어요. 어느 날 아침 출근했는데 회사에서 집으

로 바로 가서 쉬라고 했대요. 그리고 아홉 시가 다 될 무렵 회사에서 이런 문자를 보내더래요. '너는 무단결근을 했다. 이런 식으로 하면 어떻게 하냐' 집으로 돌아가는 길에 이 문자를 받았는데 한국말을 모르니까 저한테 전달했더라고요. "형 이거 무슨 뜻이야?" 이런 식으로 말 없이 출근 안 했다는 증거자료를 만드는 거죠. 무단결근을 5일 하면 출입국에 이탈 신고를 할 수 있거든요. 그러면 그 사람은 미등록이 되는 거예요.

이 분은 몸이 아파서 지금 사업장에서 계속 일하는 게 어려웠어요. 그래서 사업장 변경을 위해 고용센터에 진단서를 제출했죠. 고용센터는 고용허가제 이주노동자의 사업장 변경을 관할하는 정부 기관이에요. 의사가 진단서를 써주면 일반적으로는 맞다고 생각하잖아요. 고용센터에서는 의사 진단서가 있는데도 사업주한테 다시 물어요. 사업주가 아프다고 하면 아픈 거고, 아니라고 하면 안 아픈 사람이 되는 거죠. 우다야 위원장은 "고용허가제가 사업주를 의사로까지 만들고 있다"고 말해요. 고용주도 한국 사람이고 고용센터 직원들도 한국 사람이잖아요. 고용주는 힘이 있고, 고용센터에 전화해서 욕하거나 아니면 손해배상하라고 난리를 치기도 해요. 이주노동자들은 그러지 못하거든요. 혼자서 남의 나라 법정에 가서 누군가를 고소하고 고발할 힘이 없어요. 그걸 노린 거죠. 고용센터 직원들도 어떤 그림인지 딱 보면 알 텐데요. 알면서도 그냥 사장 눈치만 봐요.

그런 사례들이 되게 많아요. 노동자들에게 협상할 수 있는 힘을 줘야 하는데 아무런 힘도 없어요. 사업장 이동의 자유 하나만 있어도 굉장히 많은 문제가 해결돼요. 노동자들이 회사를 바꾸기 위해 법정까지 갈 필요가 있을까요?

'노동력' 아니라 '사람'

고용허가제 E-9 비자를 받고 온 노동자는 한국에서 4년 10개월이 지나고 같은 사업장에서 재고용하겠다는 의사를 밝히면, 1개월간 출국한 뒤 재입국해서 또 4년 10개월까지 일할 수 있어요. 총 일한 기간이 5년이 지나면 장기체류와 가족 초청이 가능한 전문인력 비자를 신청해볼 수 있는데요. 5년 동안 한 공장에서 일했다면 문제가 없어요. 근데 내가 어떤 이유 때문에 공장을 바꿨단 말이에요. 바꾼 공장이랑 나랑 잘 맞아요. 그 공장도 나를 E7-4(특정 활동)로 바꿔줬으면 좋겠다고 생각하고요. 그래서 출입국에 비자 변경을 신청하러 가려면 이전에 일했던 공장에서 경력증명서를 떼줘야 해요. 이때 이전에 일했던 사업장 사장과 관계가 안 좋아요. 그러면 이 사람이 나한테 경력증명서를 안 줄 수도 있는 거예요. 현재 시스템으로는 모든 게 사장 뜻에 달려 있으니까 사장의 노예가 될 수밖에 없어요. 내 노동력이나 내 기술력이나 내 한국말 실력 그런 건 전혀 중요하지 않고 결국 사장한테 복종할 수밖에 없다는 거죠.

제가 만든 영화 〈빠마〉(2022)의 주인공 역할을 했던 '니샤'는 3년 동안 합법적으로 회사에 다니다가 사장이 재계약을 해

마문의 다큐멘터리 〈노 웨이 아웃〉(2022)의 한 장면. 폭력적이고 억압적인
고용관계에 갇힌 '출구 없는' 이주노동자의 삶을 그린다.

주지 않아서 그만뒀어요. 그런데 코로나 때문에 본국에 바로 못
가게 됐거든요. 니샤가 연기 공부를 하고 싶어서 한국어능력시
험을 보고 대학교 입학 서류를 준비해서 비자 신청을 했어요.
비자가 안 나오길래 출입국에 이유를 물어보니 니샤가 한국에
서 법 위반을 했다는 거예요. 무슨 법을 위반했냐고요?

니샤가 회사를 옮긴 적이 있어요. 이직해서 새로운 회사와
계약하고 일을 시작했을 때 원칙적으로 15일 안에 출입국에 주
소지 변경신고를 해야 한대요. 니샤가 회사에 몇 번이나 주소
지 변경신고를 해야 한다고 이야기했고, 회사에서는 그렇게 하
겠다고 했어요. 그런데 한 달이 지나 과태료가 100만 원이 나온
거예요. 사장이 잘못한 거니까 벌금을 내줬어요. 그런데 니샤의
이름으로 내는 거잖아요. 그러니 법적으로는 니샤의 잘못이 된

거죠. 네가 한국에서 불법을 저질러 과태료를 100만 원을 냈으니까 출입국법상 너한테 비자를 줄 수 없다는 게 출입국의 입장인 거예요. 니샤가 애써서 준비한 한국어능력시험 성적, 대학교 합격증, 방글라데시에서 영어과 나온 증명 서류. 다 아무 소용 없는 거예요.

출입국은 주소지 변경이 노동 당사자의 의무라고 이야기해요. 그런데 출입국 직원이 일하는 시간에 이주노동자들도 일하고 있어요. 이주노동자들은 사장이 시키면 주말에도 일해요. 자기 선택권이 없거든요. 사장이 평일 낮에 출입국에 데려가 줘야 이주노동자가 주소지 변경 신고를 할 수 있어요. 이걸 출입국도 알고 있어요.

일리아스 시물이라는 방글라데시 친구가 있어요. 원칙적으로 한 공장에서 4년 10개월 일했고 큰 문제가 없으면 재고용되어 일할 수 있는 상황이었거든요. 물론 사업주가 원해야 하지만요. 그런데 비자 연장을 안 해주겠다는 거예요. 시물이 주말에 시간 나면 AMC팩토리에 와서 연극하며 보냈는데 사장이 그게 못마땅했던 거예요. 사장에게 전화했더니 이렇게 말하더라고요.

"얘는 한국에 일하러 온 거 아니잖아. 연극이나 영화에 출연하고 싶은 거니까 그런 걸로 비자 받아."

그래서 물어봤어요.

"사장님, 이 사람이 일하는 시간에 서울로 올라왔나요?"

그러지는 않았대요.

"자기 쉬는 시간에 취미생활을 한 게 잘못된 거예요?"

잘못된 거라고 이야기하지는 못해요.

"그래도 일하러 왔으면 계속 일 생각을 해야지 다른 걸 하면 어떡해?"

이런 말을 들으면 되게 화가 나요. 노동자는 다른 기회도 없고 다른 거 생각할 수도 없다고 말하는 게요. 고용허가제 E-9 비자를 받은 사람이 다른 비자를 받기가 쉽지 않아요. 시물도 니샤처럼 한국에서 대학을 다니고 싶어 했는데, 비자가 안 나왔어요. 출입국은 고용허가제 E-9 비자를 소지한 사람이 비자 변경을 하려면 일단 출국 후 본국에서 비자를 바꿔 받은 후 다시 한국에 오도록 하고 있어요. 고용허가제로 들어온 노동자가 학생이 되려는 건 비자를 연장하려는 꼼수라고 보는 거예요.

시물이 OCN 드라마에 출연할 기회가 있었거든요. 에이전시에서 예술 비자 신청을 했는데, 출입국에서는 이번에도 거부했어요. 고용허가제 노동자로 살았던 사람이 무슨 예술을 하냐는 시선으로 봐요. 그래서 결국 방글라데시로 돌아갔죠. 어떻게 비자를 보고 이 사람을 판단하나요? 출입국이 의심하는 것처럼 의도적으로 학생 비자 받고 일하는 사람도 있을 수 있어요. 그렇다고 이주민을 다 하나로 묶을 수 있나요? 출입국 사람들은 아시아계를 사람으로 안 본다는 느낌을 받을 때가 많아요.

이 투쟁의 미래는

이주노조에는 여성들이 거의 없어요. 이주노동자 중에는 남성 노동자 비율이 높고, 남성 중심 사회다 보니 여성들이 목소리를 내기 힘들어요. 안타까운 현실이에요. 그런데 노동자 출신 이주민 활동가 중에는 남자도 찾기 힘들어요. 우다야 동지와 제가 이주운동을 한 지 한 20년 되고 있는데, 저희 다음 세대가 없어요. 이게 이주노동자들의 목소리가 우리 사회에 들리기 힘든 가장 큰 이유라고 생각을 하거든요. 2004년에 고용허가제가 시행되고 이후 2006년부터 본격적으로 노동자들이 들어왔잖아요. 그 노동자들의 꿈을 우리가 못 키워줬어요.

명동성당 농성으로 이주노동자 권리 문제가 한국사회에 많이 이슈화됐어요. 많은 사람이 그것만으로도 충분하다고 하지만, 거기 있는 이주노동자에게 무엇이 돌아갔을까요. 명동성당 농성에 100여 명이 함께했지만 지금 한국에 남아 있는 사람은 다섯밖에 없어요. 많은 이주노조 간부들이 잡혀갔어요. '이주노조 하면 잡아간다'는 인식을 이주노동자들에게 남겼어요. 명동성당 농성을 돌아보면 이주 동지를 보호하는 투쟁 시스템으로 가야 했다는 아쉬움이 들어요. 사람이 남아야 투쟁을 하든 뭘 하든 할 수 있는데, 사람이 못 남게 한 부분은 명동성당 투쟁에서 크게 평가받아야 한다고 생각해요.

민주노총 금속노조에 많은 이주노동자가 가입돼 있어요. 그런데 이주노조가 독자적으로 집회를 하면 그 사람들이 결합을 안 하거든요. 사업장 이동의 자유, 노동허가제 쟁취 등 다 자기 문제인데도 말이죠. 고용허가제로 들어온 노동자들은 자기 회사 바깥에 나가서 활동하는 게 쉽지 않아요. 그 사람들은 4년 10개월 뒤에 사장이 재고용 안 하면 자기 나라로 돌아가야 해요. 그리고 보통 이 사람들이 태어난 나라는 노조를 신뢰하지 않아요. 그 나라에서 노조는 간부들이 어마어마한 부자가 되는 그런 곳이에요. 그런 곳에서 온 사람들이 한국에 와서 노조를 하겠어요? 여기가 자기 나라도 아니고 비자 기간도 4년 10개월 밖에 안 되는데 힘도 없는 사람들이? 자기에게 문제가 딱 일어나면 그때 겨우 목소리 내는 거예요.

정부에서 돈을 받는 외국인노동자지원센터가 있어요. 거기서 이주노동자들에게 한국어를 가르쳐줘요. 한국어능력시험을 준비할 수 있도록 도와줘요. 비자를 어떻게 바꿀 수 있는지도 가이드해주고요. 이런 내용을 16개 언어로 상담받을 수 있어요. 그런데 이주노조는 방글라데시, 네팔 말고는 없어요. 노조는 이주노동자들에게 메리트가 없는 거예요.

될 수 있으면 간부들을 어떻게든 한국에 있으면서 활동하게끔 하고 싶어요. 하루 이틀만에 활동가가 될 수 있는 건 아니거든요. 활동가는 자기 조직뿐만 아니라 이 사회에 대해서도 고민해야 하고 다른 노동자들에 대해서도 고민해야 해요. 저만해도 한국에 산 지 15년이 넘어가면서 한국사회에 대해 조금 더 알게 됐어요. 그러면서 다른 사회운동에도 내가 같이 참여해야 한다는 생각이 진심으로 들었어요. 언어 문제도 큰 장벽이에요.

한국말을 잘하려면 10년쯤 살아야 해요. 공장에만 있으면 한국말 배우는 데 한계가 있어요. 말을 배울 틈이 없거든요. 이주노동자 출신 노조 간부들이 그런 시간도 갖지 못한다는 게 안타까워요.

　　노조는 운동 단체지만 이주노동자를 조직하기 위해서는 복지가 동시에 필요해요. 한국인 노동자를 조직하는 방식으로 이주노동자를 조직하기는 어려워요. 한국인 노동자들은 자기 회사에 문제가 생기면 자기 집에서 지내며 투쟁할 수 있지만 이주노동자들은 생활 공간을 잃어요. 지금 지구인의정류장에 사람들 많이 모여 있는 이유는 쉼터가 있어서예요. 아프면 자기 집처럼 와서 있을 수 있거든요. AMC팩토리도 마찬가지예요. 방글라데시 조합원들이 많이 오는 이유는 휴일에 쉴 수 있는 공간이 있어서죠. 사람은 서로 가깝고 친해져야 같이 투쟁을 하든 뭘 하든 할 수 있어요.

　　세상이 나를 싫어해도 내가 갈 데가 있고 나를 믿어주는 공간이 있으면 사람이 달라지거든요. 이주노조를 이주노동자들에게 그런 공간으로 만들고 싶다는 생각이 있어요. 그러니 이주노조가 그걸 못했다면 평가받아야 해요. 이 부분에서는 민주노총에도 할 말이 있어요. 이주노동자를 조직하기 위해서는 재정이 필요해요. 지원이 있어야 뭐라도 해볼 수 있어요. 노조는 노동자들의 우산이잖아요. 민주노총이라는 큰 우산 아래 있는 이주노동자들에 대해 민주노총이 목소리를 내야 해요. 이주노동자들끼리 목소리를 내도 소수자니까 소리가 크지 않아요. 함께

하는 동지, 연대 단체가 같이 목소리를 내야 커지고, 사회적으로도 이슈가 되거든요. 그런데 사업장 이동의 자유를 보장하라고 우리가 요구하고 싸워도 이런 이주노동자의 이런 요구는 민주노총 주요 요구사항에 잘 반영이 안 돼요. 물론 우리가 민주노총에 제대로 요구를 못한 탓도 있을 거예요.

미래 세대를 어떻게 만들고 이주운동을 누가 일궈갈지가 큰 고민이에요. 물은 고여 있으면 썩는 게 당연하니 환기가 필요하죠. 이주노조도 젊은 친구들이 와서 다른 방식으로 투쟁할 필요가 있어요. 현장에 있는 노동자들이 간부가 되면 잘할 수 있다고 생각하거든요. 저희는 현장과 계속 이야기하지만 우다야 동지나 제가 전체 이주노동자를 대변할 수는 없어요. 젊은 친구들한테 기회를 많이 줘야 해요. 그런 환경을 만들어야죠.

바깥에서 볼 때는 제 욕심 때문에 제가 이주노조를 안 떠난다고 생각할 수도 있어요. 그렇지 않아요. 도망가고 싶은 마음이 있는데 구멍을 못 찾아서 못 도망가는 거예요. 고용허가제로 온 노동자라고 해도 회사에서 노조 활동을 보장할 수 있도록 현실을 바꿔야 해요.

뿌리 내린 곳에 머물 권리

미등록 이주노동자 문제도 이주노조가 해결해야 할 과제입니다. 한국 정부가 2002년도에 한 번 비자를 줬지만 1년짜리였고,

곁을 만드는 사람

이후 아무 대책이 없어요. 고용허가제가 만들어지기 전에 이 사람들을 어떻게 등록시킬지 해결했어야 했는데 때를 놓쳤죠. 미등록 이주노동자가 미등록이 될 수밖에 없었던 그 근본 원인에 대해 한국사회가 고민을 해야 해요. 5년 이상 한국에서 살아온 사람들은 합법화를 해줘야 한다고 생각해요. 한국에 온 지 5년이 지나면 그 사람에게는 한국사회가 너무나 익숙한 자기의 삶터가 되거든요. 한국사회가 그 사람을 필요로 했기 때문에 5년이나 있었던 거기도 하잖아요.

2018년도에 찍은 〈세컨드 홈〉은 주인공이 제 사촌동생이에요. '까우살'은 오래전 한국에 산업연수생으로 왔어요. 비자가 만료된 후에 미등록 이주노동자로 17년을 살았죠. 방글라데시에 아내가 있는데, 돌아가지 않겠다고 했어요. 그 영화를 찍기 전에는 저도 까우살한테 방글라데시로 빨리 가라고 말했어요. 사촌동생이 자기 아내를 한국에 데려다주면 같이 좀 있다가 방글라데시로 둘이 돌아가겠다고 약속했어요.

처음에는 영화를 찍을 생각이 없었어요. 어떻게든 사촌동생을 방글라데시에 돌려보내려고 시작한 거예요. 기록하는 게 나쁘지 않을 것 같아서요. 그런데 중간에 포기하려고 했어요. 사촌동생을 인터뷰하니까 별 내용이 없는 거예요. 처음에는 방글라데시어로 인터뷰를 시도했어요. 자기표현을 잘 못하더라고요. 무슨 말을 했는지 이해도 안 되고 감동도 없고. 세 번 시도하다가 결국 포기했어요. 그러다 한국말로 한번 해볼까 해서 한국말로 했는데 어? 애가 어떤 생각을 하는지 그 말에 다 드러나

2022년 4월 25일 서울 여의도 국회 앞에서 열린 차별금지법 제정 촉구 민주노총 기자회견에서 섹 알 마문이 이주노조 부위원장으로서 발언하고 있다. ⓒ 노동과세계

는 거예요. '이 친구는 방글라데시에서 태어났지만 몸 속은 한국인으로 살고 있구나. 그래서 얘가 한국을 떠나기 싫구나' 싶었죠. 그 후로 방글라데시로 돌아가라고 이야기하지 않았어요. 오랫동안 살아온 곳에서 하루아침에 모든 걸 뺏긴 채 내쫓기는 건 잔인한 일 아닌가요.

　제가 한국에 오래 살았잖아요. 이제 제가 방글라데시어를 하면 방글라데시 친구들은 그게 이상하게 들린대요. 제가 말을 정리하지 못한대요. 무슨 소리지? 이해가 안 됐어요. 까우살을 인터뷰하면서 그게 뭔지 알았어요. 한국 사람들이 저보고 나이 들면 방글라데시에 다시 갈 거냐고 물어봐요. 방글라데시보다 여기서 산 시간이 더 긴데 돌아가서 무슨 일을 할 수 있겠어요.

여기에 더 많은 커넥트(연결)가 있잖아요.

AMC팩토리 예술가 중에 이주노동자 출신이 많아요. 이주노조와 활동은 약간 연결성이 있지만 다른 조직이죠. AMC팩토리는 비영리단체로 문화예술을 통해 처음에는 단순히 이주민 예술가들의 플랫폼 역할을 해보자며 시작했어요. 지금은 관점을 바꿔 이주민 예술가들이 어떻게 한국사회에서 함께 살아갈 수 있을지 고민해요. 이주민들이 아무리 대단한 사람이라고 해도 한국사회에서 살기 위해서는 이곳에 친구가 있어야 해요. AMC팩토리를 이주민 예술가와 한국인 예술가가 친구가 되는 곳, 함께 작업하는 곳으로 만들어가고 싶어요. 단순히 플랫폼의 역할을 벗어나 인권 문제를 적극적으로 고민하고 있어요.

제가 한국에 온 지 25년이 됐어요. 처음에는 잘못 왔다는 생각도 했어요. 미등록 노동자일 때는 제 목소리를 내기 어려웠는데 그때 제 권리를 함께 주장해준 사람들이 있어요. 한국 국적이 생긴 후에는 제가 누군가를 위해 그런 역할을 해야겠다는 생각이 들었어요. 노동운동도 영화도 그렇게 시작한 거예요. 언젠가 노조 간부로서 활동을 그만두더라도 영화로 한국사회에 질문을 던지는 일은 계속할 것 같아요. 한국사회는 집회에 거부감을 느끼는 사람들도 있고, 저희가 소수 집단이기 때문에 부정적으로 보는 사람도 있어요. 문화예술은 그런 사람에게 다가갈 수 있는 힘을 지녔다고 생각해요.

추방된 곳에서
세계를
연결하다

구술: 샤말 타파
기록: 박희정

샤말 타파(समर थापा)는 평등노조 이주노동자 지부 2기 지부장이다. 또한 그는 2003년 11월 15일부터 380일간 이어진 명동성당 농성투쟁단의 대표였다. 정부의 대대적 강제 추방에 맞서 '미등록 이주노동자 전면합법화'를 요구한 이 투쟁은 처음부터 장기 농성을 결의했다. 험난할 게 분명한 길에 나서는 샤말은 두려움이 컸던 만큼이나 투지도 불탔다. 한국 생활 10년 차에 들어선 그는 이곳에서 보낸 시간의 무게를 느꼈다. 먼저 있던 자로서 나중에 올 사람들을 위해 가만히 있을 수 없었다. 그런데 고심과 결의 끝에 나선 싸움에서 샤말은 고작 석 달 만에 물러나야 했다. 자신의 뜻과는 전혀 상관없이.

　샤말은 출입국에 붙잡혀 여수 외국인보호소에 갇혔다가 강제 출국당했다. 이런 식의 추방은 단순히 한 명의 미등록 이주노동자를 단속하는 행위 그 이상이었다. 샤말을 포함해 이주노동자 노동조합 집행부는 대부분 강제 출국의 방식으로 이 땅을 떠나야 했다. 강제 출국은 한국 정부가 이주노조를 부수기 위해 가장 편하고 가장 흔하게 휘두르는 무기였다. 아노아르 초대위원장은 2005년 5월 14일 표적단속을 당해 1년여 동안 보호소에 구금되었고, 건강이 악화되어 '일시보호해제'로 석방된 후 2007년 8월 귀국했다. 2007년 11월 27일에는 이주노조 까지만 위원장과 라쥬 수석부위원장, 마숨 사무국장이 동시에 표적단속을 당해 강제로 출국되는 일도 있었다. 그 뒤 새롭게 들어선 이주노조 집행부에게도 표적단속이 이루어졌다. 법무부와 출입국이 추는 칼춤 앞에서 이주노동자들은 큰 두려움을 느꼈다.

　　그러나 두려움은 사람을 영원히 가두지 못한다. 사람을 기쁘게 할 수 없기 때문이다. 한국 정부는 샤말의 존재를 이 사회에서 지웠다고 생각했겠지만, 샤말의 싸움은 끝나지 않았다. 샤말은 한국에서 노동운동에 뛰어들 때 이미 긴 싸움을 준비했다. 한국 정부가 스스로 높게 둘러친 벽을 보며 권능감을 느낄 때, 샤말은 그 벽 바깥의 세상으로 시선을 보냈다. 벽 바깥에서 본 한국은 그저 우물에 불과했다. 그는 추방당한 곳에서 굴하지 않고 더 넓은 싸움의 장을 열어젖혔다. 네팔노조총연맹(General Federation of Nepalese Trade Union, GEFONT, 네팔노총)에 들어가 이주노동을 떠나는 네팔 노동자들의 권리를 위해 투쟁하기 시작한 것이다.

차라리 한국

여기 네팔 지도를 보시겠어요? 네팔은 동서로 긴 네모꼴이며 일곱 개의 연방 주로 나뉘어요. 중간쯤에 간다키주가 있는데요. 간다키의 중심 도시가 포카라예요. 네팔에서 두 번째로 큰 도시죠. 포카라 근처에는 안나푸르나, 마나슬루 같은 해발 8000미터가 넘는 유명한 산들이 있어서 한국 관광객들도 많이 찾아요. 관광 산업은 잘 아시다시피 네팔의 중요한 외화 수입원이죠. 관광객 대부분은 카트만두 밸리와 포카라 밸리를 중심으로 히말라야 산맥을 오르기 위해 찾아와요. 에베레스트가 있는 히말라야는 지구상에서 가장 해발고도가 높은 곳이에요. 히말라야에서 내려오면 평평한 땅이 넓게 펼쳐지죠. 히말라야 쪽은 눈이 많이 내리고 춥지만, 평야 쪽은 더워요.

저는 네팔 생자 지역에서 태어났어요. 한국으로 치면 '생자 동(洞)'이에요. '생자 동'은 앞서 말씀드린 간다키주에 속해 있습니다. 저희 아버지는 군인이셨어요. 네팔 국군이 아니라 '구르카'라고 불리는 용병이요. 네팔 말로는 '고르카'라고 해요. 고르카는 간다키주에 있는 한 지역 이름이기도 해요. 네팔에는 민족이 엄청나게 많아요. 한 100개쯤 될 거예요. 수만 많은 게 아니라 각기 쓰는 말도 다르고 문화도 달라요. 이렇게 다양한 민족을 통일해 네팔 왕국을 세운 사람이 있어요. 프리트비 나라얀 샤라는 왕이에요. 이 사람은 고르카 지역에서 왔어요. 고르카 지역은 높은 산들로 이루어져 있고, 이곳 전사들이 날렵하고 아

샤말 타파(가운데)와 그의 가족들.

주 용맹하게 싸웠다고 전해지죠. 1814년 네팔과 영국 사이에 큰 전쟁이 일어났는데, 영국 군인들이 고르카 지역에 들어왔다가 고전을 면치 못했대요. 고르카 전사들 때문에 힘들었지만, 그만 큼 깊은 인상도 받았다고 합니다. 1816년에 두 나라가 평화협정 을 맺었는데, 영국이 고르카 전사를 용병으로 고용했어요. 영국 이 이 사람들을 '구르카'라고 불렀고요. 나중에는 영국 군대에 '구르카 여단'이 따로 생길 정도로 네팔 용병들의 활약이 대단 했다고 해요.

　저는 영국 군인이었던 아버지를 따라서 일곱 살 때 홍콩에 갔어요. 1년 정도 있다가 아버지가 퇴역해서 다시 네팔로 돌아 와 룸비니 지역으로 갔어요. 룸비니는 석가모니가 태어난 지역이에요. 더운 지방이라 쌀농사를 많이 짓죠. 아버지가 룸비니에 땅을 사서 집도 짓고 쌀농사를 지었는데요. 여덟 살부터 한국 가기 전까지 그곳에 계속 살았어요.

저는 네팔에서 학생이었어요. 오전에는 칼리지(한국으로 치면 고등학교 2~3학년에 해당)에서 경영학을 공부하고, 오후에는 초등학교에서 수학과 과학을 가르쳤어요. 나중에 네팔 정부에 들어가서 일하는 게 꿈이었거든요. 공무원이 되는 거요. 특별히 공부를 잘하는 학생은 아니었지만, 리더십이 있었어요. 클래스 안에서 친구들과 친하게 지냈고요. 좋은 사람이 되고 싶다는 꿈이 항상 있었어요. 사회에 기여하는 사람, 내 가족을 잘 돌보는 사람이요. 이외에 다른 특별한 꿈은 없었어요.

형이 하나 있어요. 아버지는 저희 형제에게 군인이 돼야 한다고 말씀하셨어요. 영국 군대나 인도 군대에 들어가면 네팔에서 일하는 것보다 훨씬 많은 돈을 벌 수 있거든요. 영국의 구르카 여단은 매년 네팔에서 200명 정도를 새로 뽑는데 경쟁률이 엄청 높아요. 열일곱 살부터 스물한 살까지만 시험을 볼 수 있고요. 인도 군대에서도 구르카 용병을 뽑는데, 영국군보다 급료가 낮지만 거기에 가려는 사람도 많아요. 인도 군대에만 들어가도 안정적인 생활이 보장되니까요. 퇴역하고 나면 연금도 나오고, 가족을 부양할 수 있으니까 군인이 되라고 하신 거예요. 아버지 말씀대로 시험을 봤는데 떨어졌어요. 아버지는 실망하셨지만, 저는 다행이라고 생각했어요. 원래부터 군대에 가고 싶지 않았거든요. 군인들은 대개 성격이 너무 강하잖아요. 아버지의 그런 모습을 어린 시절부터 별로 좋아하지 않았어요.

구르카 모집 시험에 떨어진 때가 1993년도쯤이었는데, 한국으로 갈 산업연수생을 모집한다는 광고가 나왔어요. 3년까지 일할 수 있고, 한 달에 250불 정도 벌 수 있다고 했어요. 네팔에서는 큰돈이었죠. '그 정도면 괜찮네' 싶었어요. 한국은 발전한 나라라고 들어왔으니까요. 군대에 가는 것보다 차라리 한국에 가는 게 낫지 않을까 생각했던 거예요. '나도 한국에 가면 돈도 벌고 좋은 것도 볼 수 있겠다. 그러니 한국에서 3년만 고생하고 다시 네팔에 돌아와서 공부하자.' 그런 꿈이 생겼던 거예요. 그래서 아버지께 한국에 가겠다고 말했어요. 아버지가 보시기에도 나쁘지 않았던 것 같아요.

아버지가 아는 사람들을 통해 정보를 알아봤어요. 저는 산업연수생에 좀 쉽게 선발된 편이었어요. 인터뷰 거쳐서 패스되고, 네팔에서 연수생 제도를 통해 한국에 가는 첫 번째 그룹에 뽑혔어요. 저를 포함해서 29명이 함께 갔어요. 가족과 떨어지는 게 마음 아프기도 했지만, 제가 꿈꿨던 나라인 한국에 가게 됐으니 기쁘기도 했죠. 1994년 3월 28일 출발해서, 방콕을 경유하고 3월 29일 한국에 도착했어요.

누군가 싸워야 할 일이라면

한국에 들어와 곧바로 산업연수생 트레이닝 센터에 가서 일주일 정도 교육을 받았어요. 우리가 무엇을 하러 왔는지 들었죠. 교육받고 나서 서울에 있는 사출 회사에 들어갔어요. 주야간으로 교대하는 일이었어요.

네팔에서도 일을 했으니까 일 자체가 어렵지는 않았어요. 야간 작업도 처음에는 힘들었지만 나중에는 그럭저럭 익숙해졌어요. 월급은 인력 회사에서 절반 정도를 가져갔어요. 보증금처럼 가지고 있다가 나중에 한꺼번에 주겠다고 하더라고요. 그때는 그냥 그런가보다 했어요. 그런데 일한 지 넉 달쯤 됐을 때 제가 급히 돈이 필요한 상황이 생겼어요. 네팔 집에 돈을 보내줘야 했거든요. 사장님께 부탁했어요. 이번 달에는 월급을 다 받고 다음 달에 한꺼번에 가져가시면 안 되겠냐고요. 그런데 그건 인력 회사에 허락받아야 가능하다는 거예요. 사장님과 인력 회사에 같이 가서 부탁했는데 그건 절대 안 된다고 하더라고요.

'이건 아니다.' 그런 생각이 처음 들었어요. 화가 많이 났어요. 네팔에서 돈 벌러 한국에 왔는데 이게 뭔가 싶었죠. 한국은 저녁 여섯 시면 밥을 먹으니까 야간 작업을 할 때는 아홉 시가 되면 배가 고픈 거예요. 그러면 제 돈으로 간식도 사 먹어야 해요. 월급 절반 정도는 그렇게 생활하는 데 쓰면서 거의 없어졌거든요. 그런데 나머지 반은 받지도 못하고, 나중에도 받지 못할 수 있겠다는 부정적인 생각이 머릿속을 꽉 채웠어요. '아이고, 이런 식으로 하면 나는 돈을 모을 수 없겠구나' 싶었죠.

월급이 너무 적으니까 도망가는 연수생이 생기기 시작했어요. 산업연수생 제도가 생기기 전에도 이미 한국에서 일하던 네팔인들이 있었거든요. 그 사람들은 미등록으로 일하는데도 연수생보다 월급이 나았어요. 연수생들은 한 달에 30~40만 원 정도를 받는데, 미등록 노동자들 월급은 그보다 두세 배 많았으니까요. 연수생들이 그 사실을 알게 된 거죠. 그러면서 차라리 미등록 체류를 하면서 빨리 돈을 벌어야겠다고 생각이 바뀐 거예요. 저도 7개월쯤 되었을 때 회사에서 도망 나왔어요.

친구들 주선으로 여러 곳을 전전했어요. 처음에는 의정부에 있는 돌 공장에 들어갔어요. 아프리카나 인도 등에서 아주 큰 사이즈의 돌이 들어오거든요. 돌 하나 크기가 어지간한 방 하나만 해요. 그걸 자르는 일이었어요. 일은 할 만했는데 6개월 정도 하다 그만뒀어요. 그 무렵 갈 곳 없는 친구들이 제 방에 자꾸 드나들었어요. 벌어놓은 돈을 친구들을 챙기는 데 다 썼죠. 점점 부담이 커지더라고요. 그렇다고 가라고 말할 수도 없잖아요. 때마침 한 친구가 다른 일자리를 소개해줬어요. 양계장인데 거기는 일하는 사람 이외에는 아무나 들어갈 수 없고, 친구들이 올 수도 없으니 돈을 모을 수 있을 거라고 하는 거예요. 양계장에서 조금 일하다가 이번에는 대문 칠하는 회사를 소개받아서 갔어요. 월급이 좀 더 많았거든요. 거기는 일이 정말 많았어요. 쉬는 날도 많이 없어서 힘들었어요. 2년쯤 일했는데, 같이 일하던 친구가 회사랑 싸워서 분위기가 안 좋아졌어요. 네팔 사람들이 여섯 명 있었는데 다 도망갔어요.

새 일을 찾느라 친구 방에서 석 달 정도 머물렀어요. 그러다 한 친구 소개로 인천에 있는 식품 회사에 들어갔어요. 그때가 1997년 8월인가 9월 같아요. 가자마자 바로 IMF가 터지면서 일이 뚝 끊겼어요. 한 달에 2주 정도만 회사에 갔고, 나머지 2주는 방에서 쉬었어요. 아르바이트라도 해야 먹고살 것 같아서 신문배달을 시작했어요. 1년 정도 했는데, 어느 날 아침에 교통사고가 나서 다리가 부러진 거예요. 신문배달이고 뭐고 아무것도 할 수 없게 된 거죠. 회사에서 치료비도 못 받았고요. 몸도 아프고 살기가 너무 힘들었어요. 그러다 안양에 있는 이주노동자의집(국제 가톨릭형제회에서 설립한 전진상복지관이 운영하는 곳)을 알게 됐습니다. 종교단체에서 이주노동자를 위해 운영하는 센터들이 있었는데, 그런 곳 중 하나였어요. 안양 이주노동자의집에서 제가 산재보험을 받을 수 있는지 알아봐주셨어요. 그렇게 겨우 병원에서 치료받을 수 있었어요.

5개월 정도 쉬다가 어느 정도 걸을 수 있게 되자 안양에 있는 전자 회사에 들어갔어요. 그때부터 한국에 있는 네팔 사람들을 하나로 모으는 활동을 시작했어요. 네팔에는 여러 민족이 있다고 했잖아요. 한국에 와서도 그 민족별로 단체를 꾸렸죠. 그런데 한국에서 어려움을 겪고 있는 네팔 사람들이 하나의 우산 아래 모여서 함께 힘을 내야 한다는 생각이 들었어요. 각 단체 대표들과 회의해서 UNMA(United Nepalese Migrant Worker's Association)를 만들었어요. 그리고 이주노동자의집에서 저를 성공회대학교 리더십 교육 프로그램에 보내주셔서 1년 동안 일요일마다 교육을 받았죠. 그런 교육은 태어나서 처음이었어요. 한국 노동운동의 역사를 배운 게 가장 큰 도움이 되었어요. 한국 동지들에게도 많은 배움을 얻었고요.

　이주노동자의집에서 다른 이주노동자들을 많이 만났어요. 그리고 월급을 못 받거나, 일하다 다쳐서 치료를 못 받거나, 성폭력을 당하는 등 여러 가지 문제가 벌어지고 있다는 걸 알게 됐죠. '나만 이렇게 어려운 게 아니라 많은 이주노동자가 어렵게 살고 있구나. 나만의 문제가 아니니 이건 꼭 해결해야겠다'라는 생각이 들었어요. 누군가 이런 문제에 목소리 내야 할 텐데 그게 저라면 어떨까 싶었어요. 한국에 온 지 9년이 된 시점이었으니 선배로서 후배들에게 좋은 자리를 만들어줘야 하지 않을까 했던 거예요. '우리가 싸워야 새로 이곳에 오는 이주노동자에게도 좋은 기회와 좋은 미래가 오지 않을까. 내가 피해를 입더라도 나서서 투쟁해보자.' 그런 생각으로 민주노총 평등노조 이주지부에 가입했어요. 그리고 안양분회 분회장으로 활동했죠.

명동성당에서의 뜨거운 투쟁

한국에서 2002년도에 월드컵이 열렸잖아요. 월드컵 때문에 2001년 정부에서는 모든 미등록 노동자들에게 1년짜리 비자를 주기로 했어요. 출입국에 가서 자진신고 하면 1년 비자를 받을 수 있는데 대신 1년 후에는 본국에 돌아가야 한다는 거였죠. 평등노조 이주지부에서는 그걸 반대했어요. 그걸 받지 말고 이주노동자가 한국에 있을 수 있는 권리에 대해 이야기해야 한다고 했어요. 그런데 일부 종교단체에서 운영하는 이주노동자 지원 단체들은 생각이 달랐어요. 정부가 1년이라도 시간을 주는 거니 그 비자를 받아야 한다고 했어요. 결국 많은 이주노동자가 1년짜리 비자를 받았어요.

월드컵이 끝나고 2003년이 되자 한국 정부는 4년 이상 체류한 미등록 이주노동자들에게 강제 추방 명령을 내렸어요. 업체마다 공문을 보내서 미등록 이주노동자를 고용하는 사업주를 처벌할 수 있다고 경고했고요. 단속이 심하지 않은 곳을 찾아 도망치거나 절망감에 스스로 목숨을 끊는 사람이 여럿 생겨났어요. 가만히 있을 수 없었어요. 평등노조 이주지부는 정부의 방침에 반대하고 미등록 이주노동자 전면합법화를 요구하면서 2003년 11월 15일부터 명동성당에서 농성을 시작했어요. 이주노동자 100여 명과 한국 활동가 20명 정도가 함께 농성에 들어갔죠. 제가 그 농성단 대표를 맡았고요.

명동성당은 처음에 농성을 못하게 했어요. 신부님을 만나 간절히 부탁했죠. 여기에서도 안 된다고 하면 저희가 어디로 갈 수 있겠냐고요. 신부님께서 명동성당 들머리에 자리를 주셨어요. 감사했죠. 그런데 투쟁 첫날부터 누가 투쟁의 리더가 될 것이냐 문제로 농성에 함께한 사람들이 갈라졌어요. 노조와 종교단체에 베이스를 둔 단체가 서로 갈린 거예요. 평등노조 이주지부는 명동성당에 있기로 했고, 외국인 노동자 공동대책위는 17일부터 성공회대 성당으로 옮겼어요. 그쪽에는 60명 정도의 이주노동자가 있었어요. 한국기독교연합회관, 기독교백주년기념

2004년 2월 10일 자진출국 거부선언 기자회견에서 발언하는 샤말 타파. ⓒ 참세상뉴스

관, 감리교회관에도 농성장이 생겨났고요. 며칠 뒤면 정부에서 단속을 강하게 시작할 텐데, 이러다 농성의 힘이 약해지는 건 아닐지 저는 조금 걱정됐어요.

농성장에서는 정말 바쁘게 생활했어요. 낮에는 투쟁하고, 저녁 때는 회의하고요. 학생·인권단체·신부님·목사님·수녀님 등 많은 분을 만났어요. 저는 네팔에 있을 때 이런 운동을 해본 경험이 없었거든요. 처음 며칠은 괜찮았는데, 시간이 지나면서 조금씩 지치더라고요. '계속 농성을 해야 하나, 법이 정말 바뀔 수 있을까, 우리의 요구를 정부에서 들어줄까'와 같은 의문이 저뿐 아니라 거기에 있는 이주노동자들에게 들었을 거예요. 그런 생각 때문에 지쳐서 서로 싸우는 일도 생기는 것 같아 일부러 스케줄을 바쁘게 짰어요. 오늘은 어디 집회 가고 내일은 어

곁을 만드는 사람

디 현장에 방문하고요. 그렇게 움직이니까 재미있었어요. 배우는 것도 많고요.

농성이 석 달쯤 됐을 무렵이었어요. 2004년 2월 15일 제가 출입국 직원들에게 연행되었습니다. 연행이 아니라 납치라고 하는 게 정확하겠죠. 법무부가 2월 말까지 단속하지 않겠다고 발표한 상황이었거든요. 그래 놓고 저를 잡기 위해 감시하고 미행한 거예요. 저는 그때 자진출국 거부 서명 운동을 제안하려고 필리핀 공동체 카사마코를 만나러 가던 중이었어요. 혜화동 대로변에서 길을 건너는데 갑자기 여기저기서 출입국 직원들이 뛰어오면서 저를 잡아 수용차에 집어넣었어요. 거기서 바로 여수 출입국관리소에 있는 외국인보호소로 데려갔고요.

보호소에서 중국 사람 몇 명과 한 방에 같이 있었어요. 투쟁 현장에 있다가 좁은 방에 갇히니 이상했어요. 꼭 이루고 싶은 목표가 있어서 농성을 시작했는데 갑자기 잡힌 거잖아요. 너무 안타깝고 억울했어요. 제가 잡혀 오기 40일 전에 네팔 사람 깨비와 방글라데시 사람 헉이 잡혀서 화성 보호소에 들어갔거든요. 방글라데시 대사관 앞에서 집회하고 돌아오는 길에 연행된 거예요. 2월 15일에 제가 그렇게 잡혀가고 나자 명동성당 농성투쟁단은 화가 많이 났어요. 이주노동자들의 투쟁을 무너뜨리려는 목적이 너무 분명히 보였으니까요. 전면투쟁이 필요하다고 판단했던 거죠. 그래서 2월 17일 서울 출입국관리소 앞에서 집회를 열었어요. 농성 중인 이주노동자들을 표적단속 하는 걸 규탄하는 집회였는데, 거기서 또 표적단속이 이루어져서 네팔 사람 굽타가 연행됐어요.

농성투쟁단이 하나씩 잡히면서 명동성당에 남아 있는 동지들 마음에서 희망이 사라질까봐 걱정이 많았어요. 서로에게 힘을 주기 위해서 같이 단식농성을 하자고 결의했죠. 굽타가 연행된 2월 17일부터 보호소에 수감된 노동자들이 단식에 들어갔어요. 명동 농성투쟁단에서도 마숨(방글라데시), 마문(방글라데시), 라디카(네팔), 카지만(네팔)이 단식에 참여했고요. 화성 보호소에서는 몽골·러시아·카자흐스탄에서 온 다른 수감자들에게로 단식투쟁이 번져나갔어요. 단식하면서 식사 시간이 오면 구호를 외치거나 노래를 불렀어요.

"단속 추방 박살 내고 노동 비자 쟁취하자!"

조용히 하라고, 독방에 넣겠다는 말도 들었죠. 그래도 멈추지 않았어요. 출입국은 CCTV로 저를 24시간 감시했어요. 중간에 제 건강이 나빠지니까 보호소에서 저를 병원에 데려갔어요. 잠깐 치료를 받았는데 치료비가 55000원이 나왔더라고요. 보호소에서는 그걸 저더러 내라고 하더군요. 제 의사도 묻지 않은 채 멋대로 치료받게 하더니 치료비도 저더러 내라고 해서 너무 화가 났어요. 규정에도 없는 일이었어요. 여수 보호소에는 방이 아홉 개 정도 있었는데, 제가 들어가 있는 동안 정부가 계속 단속하면서 이주노동자들이 줄줄이 들어와 꽉 찼어요.

제 소식이 네팔에 보도되면서 네팔에 있던 가족에게도 전해졌어요. 그때 네팔은 정부군과 반군 간의 내전이 격화되는 중이었거든요. 제가 강제 출국 당해서 네팔로 돌아갔을 때 혹시 위험해지지 않을까 주변에서 걱정이 많았습니다. 제게 힘을 주러 동지들이 보호소로 찾아왔어요. 민주노총에서 집회도 해주고 연대하러 와주신 분들도 많았어요. 저도 동지들에게 힘을 주고 싶었어요. 안에서도 제가 열심히 투쟁하고 있으니 밖에 계신 여러분들도 열심히 하시길 바라는 마음이었어요. 이런 편지도 보냈죠.

동지 여러분들, 안녕하십니까!!

여수 외국인보호소에서 샤말 타파, 투쟁으로 인사드리겠습니다.

동지 여러분들, 저는 지난 2월 15일 서울 대학로(혜화동)에서 출입국 직원들에게 납치되면서 바로 여수 보호소로 끌려왔습니다.

그동안 평등노조 이주지부의 지부장을 맡았고, 또 2003년 11월 15일부터 '강제 추방 저지·미등록 이주노동자 전면 합법화'를 목적으로 서울 명동성당 들머리에 렌트 치며 농성하고 있는 '명동 이주노동자 농성단'의 이주노동자 대표를 맡으면서 열심히 투쟁해왔습니다.

여수 보호소에 처음 왔을 때 걱정이 많이 있었습니다. 그런데 민주노동당 여수 지구당, 민주노총 여수지부를 비롯한 많은 동지의 따뜻한 연대와 사랑 덕분에 요즘 아무 걱정 없습니다. 정말 얼굴 한 번 보지 않았던 동지들도 지난 27일과 28일 여수 보호소 앞 집회에 참가했습니다.

동지들의 지지와 연대에 제가 더 많이 힘을 받았습니다. 서울에서도 같이 참가했습니다. 정말 우리가 어디 있든 노동자이고, 어떤 어려움에도 같이 연대하면서 끝까지 투쟁할 수 있다는 것을 배웠습니다. 동지들, 정말 감사드리고 싶습니다. 그리고 앞으로 더 많은 지지와 연대 바랍니다.

이 지역에 있는 동지들에게 짧게나마 우리 이주노동자의 현실을 알려주고 싶습니다. 저희는 오래전부터 많은 인권침해, 탄압과 차별을 받으면서도 한국 경제를 위해 열심히 일해왔습니다. 1992년 시작되었던 현지 법인연수생 제도, 1994년 시작되었던 산업연수생 제도에 얼마나 많은 문제가 있는지 아마 여러분들도 잘 아시리라 생각합니다.

14~15시간씩 일을 시키면서도 낮은 임금조차 제대로 주지 않고, 사업장에서 조금만 못해도 맞아야 하고, 강제로 일을 시키는 데다 도망조차 가지 못하게 하는 것이 바로 연수생들이 처한 현실입니다. 이 문제를 두고 많은 인권단체, 시민단체, 종교단체들이 오랫동안 열심히 싸웠습니다. 하루 빨리 이러한 비인간적 제도가 없어져야 한다고 애써왔습니다. 그런데 한국 정부는 아무것도 모른다는 듯 우리의 현실을 외면하고 있습니다.

한국에 여러 비자로 들어오면서 일하고 있는 불법체류자 이주노동자들의 생활이 갈수록 나쁜 상태에 처하고 있습니다. 불법체류자라는 이유로 제대로 임금 받지 못하고, 일하다가 다쳐도 산재 처리가 안 되고, 일하는 현장에서 폭행당하고 차별받고, 어디 갈 때 누구한테 맞아도 입 닫아야 하고. 이게 바로 우리

결을 만드는 사람

의 한국 삶입니다.

합법화되면서 일해도, 아니면 불법체류자가 되면서 일해도, 우리들은 많은 고통 속에서 노예처럼 일할 수밖에 없습니다. 그래도 우리들의 가족 생존권 때문에 모두 아픔을 참고 일해왔습니다. 언젠가 한국 정부도 우리들의 아픔을 알고 좋은 제도를 만들 거라는 기대감이 항상 있었죠.

지난 2003년 7월 31일 국회에서 새 제도인 '고용허가제'를 통과시켰습니다. 많은 이주노동자가 기뻐하며 박수도 쳤습니다. '이제 우리들도 합법화될 수 있겠구나!'라는 기대감 가져서요.

그러나 새 제도인 고용허가제도 역시 산업연수생 제도와 달라진 게 없었습니다.

· 사업장 이동의 자유가 없고
· 3년 동안 있으면서 1년씩 계약해야 하고
· 그리고 이 제도는 현재 한국에 온 지 3년 미만인 사람들과 새로 온 사람들에게만 허용될 것이다.

그동안 사업장 이동의 자유가 없어서 산업연수생들은 어쩔 수 없이 불법체류자가 되었습니다. 1년씩 계약하면서 일했을 때 이주노동자는 또다시 인권침해와 탄압을 받는 처지에 내몰릴 것입니다! 또 한국에 온 지 4년 이상이 된 모두가 2003년 11월 15일까지 한국에서 나가야 한다는 한국 정부의 제도와 발표가 얼마나 무책임한지 알 수 있습니다.

그동안 한국에 있으면서 많은 어려움 속에서도 한국 경제를 위해 일해왔던 우리 4년 이상 된 이주노동자를 이렇게 아무 책임 없이 나가라고 말하는 한국 정부. 이제야 우리가 알게 되었습니다. 10만 명 넘는 우리 4년 이상 된 이주노동자들은 일하다가 많이 희생되고 장애인이 되면서도 이 나라 경제를 위해 많은 피땀 흘렸습니다.

그런데 한국 정부가 어떻게 이러한 결정할 수 있을까요? 이렇게 피해받았던, 죽어가던 가족을 위해 한국 정부가 보상금을 주셨나요? 아닙니다. 지금까지 한 번도 그렇게 해본 적이 없었습니다. 그것도 모자라서 나가라고 말하다니 정말 너무한 거 아닙니까? 아무리 그래도 오래된 이주노동자가 먼저 그 제도의 주인공 돼야 하는 것 아닙니까?

동지들, 오랫동안 진실하게 일했던 우리 이주노동자들, 이제야 깨달았습니다. 정말 말하지 않으면, 앞서서 싸우지 않으면, 우리를 위해주는 누구도 없다고 배웠습니다. 그래서 이번에 우리들 스스로 앞서서 명동성당, 안산, 대구에서 100일 넘게 농성투쟁 하고 있습니다. 우리의 문제를 지지하시면서 많은 인권단체, 시민단체, 종교단체, 학생, 노조, 그리고 성직자와 함께 있습니다.

아직도 한국 정부는 우리를 모른 척하고 있습니다. 한국 정부가 우리를 이렇게 집회하게 만들었고, 투쟁하게 만들면서 "왜 집회하냐?"라고 질문하고! "왜 활동하냐?"라고 연행합니다. 한국 정부! 정말 민주주의인가요?

우리를 강제 연행하고, 강제 단속추방해 죽어가게 만드는 한국 정부! 지난 2003년 11월 17일부터 두 달 동안 강제 추방 때문에 이주노동자 아홉 명이 자살한 걸 알면서도 모른 척하는 한국 정부를 어떻게 평가해야 할까요? 그걸로도 부족해 3월 2일부터 다시 시작한 단속 때문에 더 얼마나 이주노동자가 죽어갈지 벌써부터 걱정이 됩니다.

동지들, 이러한 우리들의 코리안 드림, 어떻게 생각하세요? 그런데 이러한 어려움, 우리만 겪는 게 아닙니다. 많은 한국 동지도 참 알 수 없는 탄압, 차별 때문에 분신하고 자살했습니다.

그런데 한국 정부와 자본은 아무런 아픔이 없습니다. 아무 변화가 없습니다. 이게 바로 한국 땅에서 우리 노동자, 농민, 빈민과 힘 없는 사람들이 처한 현실입니다.

이제 우리 모두가 단결하여서, 모두 탄압에서 벗어날 필요 있다고 생각합니다. 우리 이주노동자들도 같은 인간이고 노동자입니다. 더 이상 서로를 모른 척하거나 흩어지고 갈라지지 맙시다. 노동자가 하나되면, 세계 노동자도 하나 될 수 있습니다. 우리 이주노동자들은 아직 예비 활동가입니다. 동지들의 연대가 정말 필요합니다. 동지들의 연대로 우리들의 한국 삶이 더 좋아질 수 있습니다. 우리들은 노동 비자를 쟁취할 수 있습니다.

마지막으로 언제나 같이 투쟁하는 노동자의 힘이 되고 싶습니다.

2004년 3월 3일

샤말 타파

추방, 절망과 전환

2004년 4월 1일, 저는 추방됐어요. 여수 보호소에 들어온 지 두 달 반쯤 되었을 때였죠. 추방되는 날까지 저는 아무것도 몰랐어요. 갑자기 새벽 두 시에 어디로 가야 한다며 저와 몇몇을 깨우더라고요. 어디로 가는지 물었는데, 이동할 거라는 답만 들었어요. 차를 타고 출발했는데 아주 오랫동안 이동하는 거예요. 이상하다 싶어서 표지판을 보니 인천으로 가고 있었어요. 그때 알았죠. 추방이구나.

차에서 내려 인천공항으로 갔어요. 출입국 직원들에게 말했어요. '여권도 없는데 어떻게 나를 네팔에 보낼 거냐. 아무 서류 없이 보내면 네팔에 갔을 때 문제가 될 수 있으니 나는 안 가겠다.' 그러자 출입국에서는 다 준비했으니 그런 걱정은 안 해도 된다고 하더군요. 그러고는 저를 공항에 있는 보호소에 넣었어요. 누군가에게 이 상황을 전하지도 못하고 그냥 추방당하는 건가 싶어서 보호소에 있던 젊은 경찰에게 부탁했어요. 제가 지금 바로 네팔에 갈 것 같은데 지인들에게 알려야 한다고요. 간신히 핸드폰을 빌렸어요. 먼저 제가 의지하고 있던 안양의 전진상복지관 이금연 관장님께 전화를 걸었는데 안 받으시더라고요. 다음으로 가깝게 지냈던 동지이자 명동성당 농성투쟁단에서 함께했던 인도네시아 출신 소하나에게 전화했어요. "나 네팔 갈 것 같아. 인천공항 보호소에 있는데, 나를 추방할 것 같아." 그 정도 말했는데 경찰이 전화를 빼앗았어요. 한 시간 정도 후인 오전 아홉 시쯤 출입국 직원 세 명과 함께 비행기를 탔어요.

저는 그때 임금체불 문제로 소송 중이었어요. 보호소의 인권 탄압에 대해 인권위에 진정도 내놓은 상태였지요. 법무부는 미등록 노동자라고 해도 임금체불이나 산업재해를 당한 경우 출국을 유예하겠다고 했어요. 인권위의 구제 조치가 종결되기 전까지는 강제퇴거 명령을 집행해서는 안 된다는 지침도 있었고요. 그런데 아무것도 지켜지지 않았어요. 원칙대로라면 제가 강제 출국되기 전에 인권위에 먼저 알려야 하는데 법무부는 그것조차 하지 않았어요.

네팔에는 새벽 한두 시쯤 도착했어요. 한국 출입국 직원들은 네팔 경찰에 저를 넘기고 떠났어요. 바로 네팔 보호소로 보내졌어요. 그곳은 너무 무서웠어요. 예전에 보호소에 있었던 사람들이 벽에 써놓고 간 낙서가 눈에 띄었어요.

"여기 있으면 난 죽을 것이다." "여기 너무 더럽다." "네팔 경찰들 너무 나쁘다." "여기서 언제 나갈까."

잠도 안 오길래 그걸 쭉 읽어갔어요. 여기서 영원히 나가지 못할 것만 같아 속상했어요. 너무 속상했어요. 생각할 겨를도 없이 네팔에 들어오게 된 것이니까요. 출입국에서 저희 가족에게도 연락했나봐요. 공항에 아버지가 와 계셨거든요. 공항에서 아버지를 보긴 했는데 말도 못 붙였어요. 아버지 마음도 궁금하고, 머릿속이 여러 질문과 생각으로 가득 찼어요.

저보다 먼저 한국에서 네팔로 돌아가 네팔노조총연맹에서 활동하던 사람이 있었어요. 버즈라 라이요. 버즈라를 통해 네팔

노총도 제 사정을 이미 다 파악하고 있더라고요. 다음 날 아침 아홉 시쯤 네팔노총의 국외 파트를 담당하는 국장이 보호소로 저를 만나러 왔어요. 이제 저는 어떻게 되는 거냐고 물으니 걱정하지 말라고 안심시키더라고요. 어떻게 하면 빨리 나올 수 있는지 알아봤다고요. 열 시면 여기 사무실이 열리는데, 네팔노총에서 보석금을 낼 거고 그러면 바로 나올 수 있다는 거예요. 정말 열한 시쯤 나왔어요. 너무 기뻤죠. 네팔노총이 아니었다면 저는 보호소에 오랫동안 갇혀 있었을 겁니다.

네팔노총에 가니 위원장님께서 노총 지도부를 소개해주셨어요. 제가 오래 단식하다가 추방된 터라 건강하지 않았거든요. 위원장님은 우선 집에 가서 몇 달 쉬다가 회복 후 네팔노총에서 활동하고 싶으면 언제든 오라고 하시더라고요. 밖에서 저를 기다리던 아버지를 만나서 시골집으로 돌아왔어요.

제가 한국에서 이주노동자의 권리를 위해 마지막까지 싸우겠다고 결의하고 고작 석 달도 되지 않아서 잡힌 거였잖아요. 동지들에게 너무 미안했어요. 네팔 동지들이 저를 믿고 농성장에 온 거니까요. 제가 좀 더 조심스럽게 움직였다면 잡히지 않았을 거라는 자책을 많이 했어요. 농성 들어갈 때 언제든 잡힐 수 있다고 각오했고, 만약 추방되면 네팔로 돌아가 그곳에서 이주노동자를 위해 노동운동을 하겠다는 결심도 했거든요. 석 달 정도 쉬니 몸이 조금 좋아지는 것 같아서 카트만두로 왔어요. 네팔노총에서 빨리 활동하고 싶었어요.

귀환 이주노동자들이 만든 변화

평등노조에서 활동하면서 여러 국적의 친구들을 만났는데, 그 중 필리핀 친구들도 있었어요. 필리핀 사람들이 조직이 잘 되는 모습을 보고 부러웠거든요. 필리핀 정부가 필리핀 노동자들에게 어떤 문제가 생기면 바로바로 해결해주려고 노력하는 모습을 보면서 저도 네팔노총에서 네팔 정부를 압박하는 일을 해야겠다고 생각했어요. 네팔노총은 이주노동을 떠나는 네팔 노동자들의 권리를 보호하는 데 적극적이었어요. 1995년쯤부터 산업재해를 당한 노동자들이 네팔로 돌아오기 시작했는데 네팔노총은 이주노동을 담당하는 부서를 설치했어요. 그 부서의 책임자가 먼주 타파 씨예요.

먼주 씨는 가족을 먹여 살리려고 열여섯 살에 한국에 갔어요. 가죽 공장에서 힘들게 일하다가 프레스 기계에 세 손가락이 잘렸어요. 그런데 아무런 보상도 받지 못했고요. 먼주 씨 같은 처지의 이주노동자들이 가리봉동에 있는 외국인노동자피난처(삶 속에서 실천되는 것이 진정한 하나님의 사랑이라는 인식 아래 활동하는 바닥교회공동체가 1992년부터 설립한 이주노동자 지원 공간)에 모였어요. 13명의 이주노동자들이 1994년 1월 9일 서울에 있는 경제정의실천시민연합(경실련) 강당에서 농성을 시작했어요. 이주노동자도 노동자로 인정하고 한국의 노동법을 적용하라고 외쳤어요. 한국에서 처음으로 이주노동자들이 집단으로 목소리를 낸 역사적 사건이었어요. 농성은 한 달 동안 계속됐어요.

뉴스에서도 많이 보도하고 한국의 시민사회에서도 연대를 많이 해줬어요. 그 목소리에 밀린 한국 정부가 미등록 이주노동자에게도 산업재해보상보험법에 따라 보상하겠다고 발표했고요. 이미 추방당한 이주노동자에 대해서도 보상하기로 약속했습니다. 산재 보상은 3년이 소급 적용되는데 본국으로 돌아간 노동자들은 그 사실을 모르는 경우가 대부분이었어요. 그래서 네팔노총이 네팔에 귀향한 노동자들이 산재 보상금을 받을 수 있도록 지원했어요.

네팔노총은 2004년에 '이주노동자위원회(Migrant Committee)'를 설치했어요. 위원회는 'GEFONT Support Group'(GSG)이라는 이름으로 네팔 노동자들이 이주노동하러 간 국가에서 네팔 노동자들을 조직해요. 먼주, 버즈라, 그리고 저까지 세 사람이 여기서 활동했어요. 그때 명동성당에서 농성투쟁이 계속되고 있었잖아요. 한국에 있는 투쟁에 연대하기 위해 다른 나라에 연대 요청하는 메시지를 보내는 일을 했습니다. 한국 대사관 앞에 가서 집회도 하고요. 한국만이 아니라 네팔 노동자들이 가 있는 나라에서 노동자들을 다 조직해야 한다고 뜻을 모았어요. 그때 홍콩에 있던 네팔 노동자들이 조직되어 있었고, 중동과 말레이시아에서도 조직을 시작한 상황이었어요.

말레이시아가 먼저 조직에 집중했어요. 말레이시아는 한국에서 이주노동자들이 민주노총에 가입된 것처럼 말레이시아노총(MTUC)에 가입시키는 식으로 조직이 시작됐습니다. 처음에 조직할 때는 네팔 노동자들이 많이 무서워했죠. 말레이시아에서는 네팔 노동자들이 노조 활동을 할 수 있지만, 국가안전법 (Internal Security Act)에 걸리면 처벌될 수 있거든요. 그래도 말레이시아 노총과 연결되니까 네팔 노동자들이 조금 안전하다고 느꼈어요. 그래서 말레이시아에서는 어느 정도 조직화에 성공할 수 있었어요.

바레인에도 노총이 있어서 비슷한 방식으로 조직했어요. 레바논, 사우디아라비아, 카타르, UAE 같은 나라는 노조도 없고 조직 활동을 할 수 있도록 허용해주는 법도 없어서 너무 힘들었어요. 인권단체들과 연대해 활동할 수밖에 없었죠. 2022년 월드컵이 열렸던 카타르에서도 저희가 아주 크게 활동했어요. 2013년에 영국 《가디언》의 기자가 카타르 이주노동자가 처한 상황에 대해 기사를 쓰고 싶다고 연락을 해왔어요. 카타르는 월드컵을 앞두고 1000억 달러를 들여서 경기장과 호텔을 짓는 중이었거든요. 거기에 150만 명의 이주노동자를 투입했는데, 그중 40퍼센트 정도가 네팔 노동자였어요. 카타르의 네팔 대사관 자료를 보면 2013년 6월부터 8월까지 두 달 동안 카타르에서 죽은 네팔 노동자가 최소 44명이었어요. 네팔노총도 《가디언》 기자와 카타르에 같이 갔어요. 며칠 동안 네팔 노동자들 숙소에 가서 함께 지내며 인터뷰했죠.

젊은 사람들이 왜 이렇게 많이 죽어가고 있는지에 대해 많이 토론했어요. 건설 쪽에서 일하는 사람들은 낮에 고온에서 일하다 저녁에 식사하러 방에 들어와 에어컨을 틀잖아요. 노동자들 이야기를 들어보니 그렇게 찬 곳에서 자면 혈압이 안 좋은 사람의 경우 문제가 생길 수 있다고 하더라고요. 카타르 노동법에 따르면 한낮 기온이 50도까지 치솟는 여름에는 오전 열한 시 반부터 오후 세 시까지는 일을 시키면 안 되거든요. 하루에 10시간을 넘겨서 일을 시킬 수도 없고요. 그런데 이 법이 이주노동자에게는 해당이 안 됐던 거예요.

게다가 그렇게 일하다 죽으면 보상금을 줘야 하잖아요. 그걸 주기 싫어 카타르 당국에서 그냥 '자연사'라고 진단서를 꾸민 사례가 너무나 많았어요. 네팔노총은 네팔에서라도 사인을 정확히 밝혀야 한다는 생각에 네팔 정부에 요청했어요. 그런데 네팔 정부는 카타르 정부에 강하게 목소리를 내기를 주저했어요. 너무 많은 노동자가 카타르에서 일하고 있고, 앞으로 그곳에 가야 할 노동자들도 많은 상황이었으니까요. 카타르 정부가 혹여나 비자를 주지 않을까 걱정했던 거죠.

네팔과 방글라데시 노동자가 가장 심하게 차별대우를 받았어요. 숙소도 월급도 너무 형편없었는데 《가디언》에서 보도가 나간 이후 카타르 정부의 태도가 바뀌었어요. 법을 이렇게 바꾸겠다는 정부 입장도 발표했고요. 《가디언》도 계속 기사를 내보냈어요. 그 덕분에 국제 인권단체들도 카타르에서 일하는 이주노동자에 대해 관심를 갖기 시작했고요. 그러면서 네팔노총의 이름도 전 세계 곳곳에 언급됐어요. 월드컵이 열리기 전까지 많은 법이 바뀌었습니다.

네팔노총은 네팔 정부도 압박했어요. 정부가 앞서서 노동자들을 지원하고 책임져야 한다고 하자 일정 부분 변화가 생겼어요. 네팔에서는 원래 12월 18일 세계이주노동자의 날을 기념하지 않았어요. 네팔노총에서 먼저 기념 활동을 시작했지만 정부 사람들을 계속 만나 세미나를 하며 정부도 참여하게 했죠. 이전에 네팔 정부는 네팔 노동자들이 타국에서 피해를 입어도 아무런 조치를 취하지 않았거든요. 그런데 이제는 어느 인력 회사에서 피해가 발생했다고 하면 그 인력 회사에 압박을 가하죠. 어떤 노동자가 외국에서 일하다 죽으면 보상으로 100만 루피(한화로 약 950만 원)를 지급하고요. 네팔에서 남은 가족이 살아갈 만큼의 돈입니다. 외국에 있는 노동자가 도움이 필요하다고 하면 정부가 직접 지원도 해요. 네팔 노동자의 안전을 위해 해당 국가 정부와 교류협정서를 맺기도 하고요. 사우디아라비아·카타르·UAE·말레이시아에서 많은 것이 바뀌었어요. 이게 바로 이 긴 시간 우리가 투쟁으로 만들어낸 변화죠.

하는 만큼 알게 된다

네팔노총에 활동하러 가면서 지도부에게 다짐한 게 있어요. '딱 2년만 여기서 활동하겠다.' 그런데 2년 뒤 먼주가 먼저 공부하러 한국으로 떠났어요. 버즈라도 여행 가이드 일을 하러 떠나서 저 혼자 남았어요. 제가 네팔노총 이주노동자위원회를 책임져야 하는 상황이 된 거죠. 지도부에서도 저를 믿기 시작할 무렵이라 제가 성장할 수 있도록 세미나나 리더십 트레이닝 기회가 있을 때마다 여기저기 보내줬어요. 책임감이 커졌어요. 네팔의 많은 노동자가 여러 나라로 가 있으니 정부가 그 노동자들을 어느 정도 책임질 때까지는 내가 활동해야 한다는 생각이 들었죠. 2004년부터 2014년까지 이주노동자위원회 담당으로 활동했어요. 네팔 노동자들이 외국에서 피해받고 들어오면 그 노동자를 상담하고, 그 노동자를 외국에 보냈던 인력 회사에 컴플레인 하고, 노동부에 가고요. 네팔에서는 주로 그런 활동을 했어요.

그리고 네팔로 돌아와 네팔노총에서 활동하며 그제야 노조가 뭔지 제대로 알게 됐던 것 같아요. 노동운동 지도부들이 어떤 생각으로 어떻게 행동해야 하는지에 대해서요. 이런 경험을 진작 했더라면 한국에서 농성할 때 좀 더 잘했을 텐데 싶어요. 이렇게 말하면 한국에서 함께 투쟁했던 선배들이 섭섭해할 수도 있겠지만, 명동성당에서 투쟁할 때 제가 너무 무지한 채 투쟁했다는 후회와 아쉬움이 많이 들었어요.

명동성당 투쟁은 민주노총을 중심으로 진행했거든요. 이주노동자들은 밖에 나가면 송환된다는 두려움 속에서 농성장에 있었고요. 밤마다 회의했는데 후배들이 저희에게 궁금한 점을 물어보면 저희는 민주노총 선배님들께 다시 물었어요. 저희는 계속 투쟁하고 있는데 정부에서 어떻게 반응을 보이고 있는지, 민주노총은 정부와 협상을 잘 진행하는지에 대해서요. 민주노총과 정부 사이에 어떤 말이 오갔는지 그때는 사실 잘 몰랐어요. 정부가 어떻게 나오느냐에 따라 저희도 어떻게 투쟁할지 판단하는 거잖아요. 그런데 그때 너무 아무 생각 없이 그냥 '투쟁!

노동절에 네팔노조총연맹의 동지들과 행진하고 있는 샤말 타파(가운데 흰색 셔츠).

투쟁!'만 외쳤던 게 아닐까 싶었던 거죠. 저희가 명동에서 한 투쟁이 정부의 대응을 살피고 전략을 세우며 나아갔던 것인지, 그냥 밀어붙이기만 한 것인지 여전히 잘 모르겠어요. 투쟁이 어떤 길로 가는지도 명확히 모른 채 1년 넘게 이어졌던 거니까요. 마지막에 정말 그렇게 마무리하는 방법밖에 없었던 걸까 여전히 답을 내리지 못하고 있고요. 그때 저희는 40만 명이 넘는 미등록 체류 노동자를 합법으로 바꾸겠다는 하나의 목적이 있었지만 사실 끝까지 가지는 못했거든요. 그래도 몇 가지는 바뀌었죠. 이주노조도 생겼고, 고용허가제로 바뀌었고요.

한국 민주노총에서는 제가 리더십을 배울 수 있는 기회가 없었거든요. 만약 그런 기회가 있었다면 그곳 지도부가 일하는 모습을 보며 배웠을 텐데 말이죠. 반면 네팔에서는 직접 보고 배운 터라 더 잘 알게 된 것 같아요. 네팔노총에서 저를 다른 나라로도 많이 보냈는데 그곳에서도 리더십 교육을 받았거든요. 네팔 이주노동자를 어떻게 조직해야 하는가에 대해 제가 교육하기도 하고 교육받기도 하니까 저도 모르게 크게 성장했던 것 같아요. 그래서 저 또한 네팔 노동자들의 리더십 트레이닝에 더 애를 쓰려고 했어요. 앞으로 한국의 이주노조가 더 발전하려면 위원장뿐 아니라 다른 지도부도 민주노총에서 활동하며 리더십을 기를 수 있는 기회가 주어져야 한다고 봐요.

2010년 9월에는 민주노총과 네팔노총이 네팔 이주노동자 교육과 조직화를 위한 교류협정서를 체결했어요. 네팔 이주노동자의 노동권을 보호하기 위해 함께 노력하기로 한 것이죠. 서로 구체적인 협력 사업을 만들자며 양국 노총 지도부가 상호 방문을 진행했어요. 한국과 네팔의 노동운동이 서로 활동의 경험을 나누는 데 제가 다리 역할을 할 수 있어서 다행이라고 생각해요. 감사한 일이죠.

이주노동을 떠나지 않아도 되는 네팔 만들기

네팔로 돌아왔을 때 처음에는 참 힘들었어요. 집에서는 나이도 있으니 결혼하라고 압박했고요. 저는 한국에서 노동운동만 했었잖아요. 일하는 동안에도 큰돈을 벌지 못했죠. 돈도 없고 직장도 없는데 어떻게 결혼해서 가족을 먹여 살릴 수 있겠어요.

안 한다고 계속 고집 피웠는데 억지로 결혼하게 됐어요. 여전히 네팔노총에서 활동비를 지원해주기는 어려운 상황이었어요. 생활비를 걱정하다가 '비슈어'라는 퍼블릭 커뮤니케이션 오피스를 열었어요. 그때는 네팔에 핸드폰이 없었거든요. 그런 상황에 착안해 전화기를 몇 대 갖다 놓고, 사람들이 필요할 때 돈을 내고 전화를 쓰는 가게였죠. 한국에서 일하는 동안 네팔 집에 보낸 돈을 아버지가 저금하고 계셨거든요. 그걸 받아서 아주 작은 전화 가게를 시작한 거예요. 낮에 노총에서 활동할 때는 직원을 고용했고요. 그렇게 겨우 입에 풀칠만 하고 살았어요.

네팔노총에서 10년 가까이 노동부를 압박하고 인력송출회사와 싸우고, 힘든 일을 겪은 노동자들과 상담하다 보니 어느 날 번아웃이 왔어요. 지친 이유가 뭐냐고요? 노동자 한 사람이 말레이시아 갔다가 피해를 입고 네팔에 와요. 열심히 상담하고 같이 문제를 해결하기 위해 애써요. 그런데 얼마 지나지 않아 같은 사람한테 또 전화가 와요. 지금 사우디아라비아에 와 있는데 월급도 못 받고 너무 힘들다는 내용이에요. 긴급 지원해서 네팔에 데리고 와요. 몇 달 있다가 또 전화가 와요. 네팔에서 계속 살 수 없으니 다른 데 가야겠다는 거예요. 그런 사람이 한두 명이 아니에요. 수많은 사람이 계속 그런 식으로 살아가요. '구해놓으니 또 다른 국가에 가고 또 구해달라고 하고. 도대체 내가 하는 일이 뭘까. 정말 내가 하는 일로 이 사람들을 돕고 있는 건가. 이게 올바른 길인가' 이런 의문이 계속 들었어요. '이런 식으로는 안 된다. 네팔 젊은이들을 계속 외국으로 내보내는 네

젊은 시절 샤말 타파의 모습.

팔 사회의 구조가 바뀌지 않으면 이런 피해는 계속될 거다' 같은 생각이 사라지지 않았던 거예요. 노동운동도 중요하지만 당장 네팔에서 머물 수 있도록 일자리를 만드는 일을 하고 싶어졌어요.

네팔에 들어온 지 2년 후에는 전화 가게를 팔고, 에카타 (Ekata) 신용협동조합에 가입해서 활동했거든요. 협동조합과 네팔노총 일을 함께한 거죠. 2014년에는 노총 활동을 그만두고 협동조합에 집중했어요. 그때부터 지금까지 그곳에서 계속 일하고 있습니다.

왜 협동조합에 가려고 했냐면, 제가 한국에 오래 있었잖아요. 한국 문화는 '나'가 아닌 '우리'를 중심에 둔 문화잖아요. '혼자'가 아닌 '같이'. 그게 참 좋았어요. 네팔에 와서 혼자 하는 게 아닌 함께 뭉쳐서 하는 활동이 뭐가 있을까 생각하다가 협동조합을 알게 됐죠. 혼자 사업을 시작하는 것보다 같이하는 게 나으리라 판단해서 협동조합에 들어간 거였어요. 협동조합에서 일자리 만드는 활동을 하고 싶었어요. 작더라도 네팔에 일자리가 생기면 이 나라에 도움이 되지 않을까 해서요. 외국으로 돈 벌러 가서 피해자로 살아가는 삶에서 벗어나 네팔에서 가족과 살며 일할 수 있는 환경을 구축해보자는 생각이었어요. 이주노동을 떠나지 않아도 되는 네팔 사회, 귀환 후 재정착을 위한 플랫폼을 만들기 위해 활동했어요.

에카타 신용협동조합은 처음에 여성들에게 마이크로크레딧(소액 신용대출)을 하는 신용협동조합으로 출발했어요. 지금은 다목적 협동조합으로 운영 중이고요. 여성들에게 제빵과 봉제 교육도 하고, 사회적기업도 운영하고 있습니다. 네팔에는 마이크로크레딧을 하는 곳이 많아요. 이걸 계기로 여성들의 경제 의식이 많이 향상됐어요. 실제로 마이크로크레딧으로 여성들이 작은 사업을 하는 사례가 아주 많아요. 여성이 돈을 벌면서 외국에 일하러 나가 있던 남편이 네팔로 돌아온 경우와 같은 좋은 사례도 많죠. 물론 문제도 생겼어요. 한 여성이 여러 마이크로크레딧을 이용해 그 돈을 비싼 이자를 받고 다른 사람에게 빌려 준 거예요. 사치하다가 남편과 이혼하기도 했고요.

외국에 있는 노동자들이 보내오는 돈은 네팔의 경제적인 기둥 중 하나예요. 네팔 가구의 절반 이상이 송금에 의존하고 있거든요. 네팔의 생산적인 노동력이 나라를 떠난다는 건 농업을 중심으로 한 네팔 경제가 흔들리고 있다는 뜻이기도 해요. 외국에 돈 벌기 위해 떠난 남편을 둔 여성들이 기술을 갖는다면 네팔에서 경제력이 생길 수 있다는 생각에 2015년 봉제 교육부터 시작했어요. 당시 네팔에 봉제 시장이 많이 생겼거든요. 중국이나 인도에서 원단을 사 와서 이곳에서 자켓이나 티셔츠 등을 만들어요. 7년 정도 봉제 교육을 했어요. 봉제 공장을 세워 일자리도 창출했고요. 이후 한국 단체와 같이 교류협정서를 맺어 제빵 교육도 하고 있어요. 제빵 공장을 세워서 그곳에서 40명 정도 일하는 중이에요. 한국에 있는 시민단체와 한국국제협력단(KOICA)에서 지원받고 있습니다.

2005년 국제노동기구(ILO)가 네팔에서 아동노동 근절을 위한 메가프로젝트를 시작했어요. 네팔은 아동노동 문제가 심각한 국가 중 하나예요. 아동노동을 멈추고 어린이를 다시 학교에 보내거나 자기 동네로 돌려보내자는 거죠. 이에 네팔 정부와 NGO가 많이 참여했어요. 네팔노총에서도 참여했고요. 네팔의 11개 지역에서 활동했어요. 부모가 자녀를 학교에 보낼 돈이 없는 경우 자기들을 따라다니며 일하게 하는 경우가 많거든요. 그런 경우 부모를 만나 학교는 우리가 보내줄 수 있으니까 여러분은 자녀에게 먹이기만 하라고 권하며 아동노동을 줄이는 운동을 했어요. 그런데 2년 후에 국제노동기구가 이걸 중단해버린 거예요. 당시 11개 지역에서 학생 300명에게 장학금을 지급하는 중이었는데 갑자기 어렵다고 하니까 당황했죠. 한국에 이 프로젝트를 지원해줄 수 있는 곳이 있는지 찾아보다가 안양 전진상복지관 이금연(세실리아) 관장님께 연락했는데, 세실리아 누나가 여기저기 단체에 이야기해서 지원이 시작됐어요. 지금도 계속되고 있습니다. 네팔노총에서 이 문제를 모두 다룰 수 없으니까 아동노동 문제에 대해서만 활동하는 NGO를 따로 하나 만들었어요. 한국의 이주노동희망센터와 연락이 닿으면서 학교 만들기·장학금 사업도 펼쳤고요. 올해(2023년)로 활동한 지 10년이 돼요.

좋은 사람들이 준 기억으로

네팔은 1990년도에 민주화를 이룬 후 변화가 많았어요. 헌법에 따르면 네팔 정치에서 30프로는 여성의 자리여야 해요. 그래서 의회와 지방 정부에 여성들이 많이 진출했어요. 네팔노총 지도부에도 여성들이 많고요. 정치적으로는 이렇게 발전한 부분이 있지만 경제적으로는 형편없는 부분이 여전히 많아요. 전 세계에서 가장 가난한 나라 중 하나죠. 정치인들의 비리가 너무 흔해서 국민의 삶이 평등하지 않아요. 정부에 줄이 없으면 기회가 없어요. 이주노동을 떠나는 사람 중 여성도 20프로 정도 되는 것 같아요.

  지금도 한국에 많은 네팔 노동자가 있어요. 네팔 노동자는 농업과 제조업에서 많이 일해요. 옛날에는 어업에도 종사했어요. 네팔에는 바다도 없으니 낚시하는 문화가 없잖아요. 배 위에서 사고가 많았어요. 먼 바다로 나가서 한 달씩 일하니까 정신적으로 문제가 많이 생겼다고 들었어요. 결국 네팔에서도 어업에 네팔 노동자들이 가는 걸 금지했을 정도였다고 합니다. 2010년대에 들어서면서 고용허가제로 한국에 간 네팔 노동자의 자살이 눈에 띄기 시작했어요. 2019년 한국의 《서울신문》이 이주노조와 함께 네팔 노동자에 대해 실태조사를 했어요. 거기서 같은 시기 한국에서 스스로 목숨을 끊은 네팔 노동자가 43명이나 된다는 결과가 나왔어요. 당시 한국에서 사망한 네팔 노동자의 30프로에 이르는 수치죠. 그들 대부분이 공장과 농장에

2015년 네팔에 큰 지진이 일어났을 때 한국의 시민단체들이 연대해
함께 지원 활동을 펼쳤다. 왼쪽이 샤말 타파이다.

서 일한 경우였어요. 네팔은 여러 국가에 노동자를 보내는데,
그중 한국에서만 유독 자살 비중이 높았어요.

　네팔의 젊은 사람은 한국 드라마를 좋아해요. 그래서인지
네팔에서 공무원으로 일해도 되는 똑똑한 사람들이 한국에 많
이 지원했어요. 돈보다는 나의 자존감이 더 중요한 사람들. 그
런데 아무리 네팔에서 똑똑했던 사람들도 한국에 가서는 가장
험한 곳에서 노동자로 일해야 하잖아요. 네팔에서 제일 좋은 대
학교도 나오고 존경받던 일을 하던 사람이 한국에서는 반말과
욕을 듣는 거예요. 어쩌면 그게 그 사람의 자존감에 더 크게 상
처로 남는 게 아닐까 하는 생각도 들어요.

　네팔에서는 한국에 가면 큰돈을 벌 수 있다고 여겨요. 가족
중 누군가가 한국에 가면, 네팔에 남은 식구들은 좋은 환경에서

먹고살 수 있다고 꿈꿔요. 욕심이 생기는 거죠. 이것저것 하고 싶은 걸 계속 요구하기도 하고요. 낯선 땅에서 힘들게 일하는 상황에 무지하면서 돈을 보내달라는 말을 하는 것을 듣다 보면 압박감과 스트레스도 커질 수밖에 없을 테고 그게 극단적인 선택으로 이어지는 하나의 요인이 될 수도 있을 거예요.

EPS(Employment Permit System, 고용허가제 노동자의 송출 과정을 관장하기 위해 산업인력공단이 각 송출국에서 운영하는 센터) 네팔센터에 네팔 노동자들이 한국으로 떠나기 전에 듣는 트레이닝 클래스·오리엔테이션 클래스에서 전하는 내용을 바꿔달라고 제안했어요. 네팔 노동자들은 한국은 좋은 나라고 돈을 많이 벌 수 있다는 점에만 집중해요. 현실적인 상황들은 전달되지 않기에 꿈만 꿀 수밖에 없는 거죠. 그러다 막상 한국 노동 현장에 오면 욕도 듣고 심지어 구타도 당하잖아요. 그래서 EPS 네팔센터에서 오리엔테이션을 열면 네팔노총이 이야기할 시간을 달라고 했어요. 우리는 한국에서 일한 경험이 있고 한국 문화도 접했으니 현실적인 상황을 가이드할 수 있다고 했죠. 그들에게 가장 도움을 줄 수 있는 사람은 바로 저희일 거라고요. 네팔노총에서 프로포절을 보냈지만 안 받아줘요. 저희가 노동운동을 알리고 노조에 가입하게 하면 골치 아픈 일만 생길 거라고 걱정하나봐요.

한국에서 투쟁하다가 네팔로 돌아온 친구 중에 가끔 왜 노동운동을 했는지 모르겠다고 후회하는 경우가 있어요. 그때는 처한 현실 자체가 투쟁할 수밖에 없는 상황이었어요. 저희가 그렇게 싸운 덕분에 고용허가제라도 시행되었고, 지금 후배들이 좀 더 당당히 살 수 있는 환경이 만들어졌다고 생각해요. 한국도 이제 다문화로 변해가고 있잖아요. 한국 사람들이 한국사회에 수많은 외국 사람들이 있다는 걸 알게 됐어요. 그들의 문화에 대해서도 알아야 하고 인권도 보장해야 한다는 걸 한국사회에 알리는 데 저희가 큰 역할을 했다는 자부심이 조금은 있어요. 그때 싸워야 했던 건 곧 저희의 책임이었다고요. 그러니 친구들에게 후회하지 말라고 말해줘요. "우리는 한국 법에 따라서 '불법체류자'가 됐고, 출입국이 우리를 잡아서 네팔에 강제로 보낸 것이다. 그러니 우리가 한 일에 대해서는 후회하지 말자."

　제가 추방당했을 당시 한국 생활 10년째였어요. 20대에 한국에 가서 30대가 됐어요. 사람 인생에서 가장 아까운 나이라고 하는 시간을 모두 한국에서 보냈어요. 그래도 좋았어요. 한국에서 많은 것을 배웠으니까요. 네팔에서 저는 정치나 사회운동에 대해 아무것도 모르던 학생이었잖아요. 한국에 가서 노동운동을 해온 선배들만 만난 게 아니라 학생이나 사회운동가도 만났어요. 좋은 사람들을 많이 만났어요. 그들이 줬던 기억으로, 그러니까 나쁜 기억이 아닌 좋은 기억으로 운동했던 거예요. 어릴 때 막연하게 꾸었던 꿈을 그렇게 이룬 게 아닐까요. 좋은 사람, 사회에 기여하는 사람이 되고 싶다는 꿈이요.

경계 없는 정의를 꿈꾸다

구술: 또뚜야
글: 이은주

그의 정확한 이름은 또뚜라(ဩးတူရ)이다. 여권을 만드는 과정에서 직원이 알아듣지 못해서 '뚜라'가 '뚜야'로 되었다고 한다. '또'(ဩး)는 '많다'는 뜻이고, '뚜라'(တူရ)는 '용기'라는 뜻으로 미얀마에서 용기 있고 의롭게 살아온 사람에게 붙이는 호칭이다. 미얀마 내전 과정에서 형제를 잃었던 아버지는 세 아들 이름에 모두 '뚜라'를 넣어서 지었다.

그는 1974년 미얀마 나따린이라는 도시에서 태어나 1998년 한국에 산업연수생으로 왔다. 송출업체들이 돈을 착취하는 일이 비일비재했던 당시 3500불이라는 거액을 주고 한국에 도착한 것이다. 회사에 도착하자마자 들었던 첫마디는 '너희들 모두가 이곳에 필요한 건 아니니 일하는 걸 보고 판단하겠다'는 협박이었다. 그 역시 대부분의 이주노동자처럼 죽기 살기로 일만 해야 했다. 같이 일하던 친구가 프레스 사고로 손이 잘리는 사고를 당하고 일주일 후 공장을 나온 그는 미등록 이주민의 삶을 시작했다.

한글을 배우겠다고 우연히 찾아간 이주민과함께에서 '또뚜야 씨'라고 불렸을 때, 공장 욕받이로 살아왔던 그는 나도 뭔가 할 수 있는 인간이라는 희망을 품게 되었다. 이후 2008년 친구들과 국적·종교·민족을 넘어 함께 살아가는 사회를 꿈꾸며 황금빛살미얀마공동체를 설립하고 현재 고문으로 활동 중이다. 2019년 아세안 정상회의차 한국을 방문한 아웅산수찌 여사와 미얀마 커뮤니티의 간담회가 열렸을 때 또뚜야는 미얀마 커뮤니티 회원들의 추천으로 간담회 행사 진행을 맡기도 했다. 또한 2013년부터 부산외국인근로자지원센터(현 부산외국인주민지원센터) 노동인권 상담 활동가로 일하고 있고, 2022년 11월 부산시청자미디어재단으로부터 세계평화상을 받기도 했다.

스물을 갓 넘긴 나이, 이를 악물고 입학식에 가는 꼬마가 어머니의 손을 놓지 못하는 것처럼 비행기를 놓칠까 입국장에서 가방을 붙들고 밤새 한국행 비행기를 기다렸던 그는 자신의 이름이 지닌 의미처럼 용기 있는 인권활동가가 되었다. '인권'이라는 단어조차 없던 미얀마에서 태어난 그가 이주민을 노동력으로만 취급하는 한국사회에서 인권활동가로 성장하는 과정을 들려줄 때 나는 그 앞에서 겸손해졌다.

제95차 미얀마민주항쟁연대 부산네트워크 릴레이 집회장에서 만난 그에게 어떤 삶을 살고 싶은지 물었다. 그는 내게 미얀마 민주 항쟁에 나섰다가 목숨을 잃은 시인 켓티의 시 마지막 구절을 읽어주었다. "생존이 단 1분의 거리에 있다면 그 순간이라도 순수해지고 싶다." 그가 꿈꾸며 걸어가는 세상은 한없이 선하다.

미래가 보이지 않았던 양곤

저는 양곤에서 150마일 정도 떨어진 도시인 나따린에서 태어났어요. 미얀마 중부의 농촌 지역인데요. 깊은 숲과 높은 산이 있어 우기에는 농사짓고 여름에는 산에 가서 나무와 대나무를 베는 일을 해서 먹고살아요. 1945년 3월 일본군에 맞선 독립투쟁(미얀마는 1886년 영국의 식민지가 되었다. 1942년부터 1945년까지 일본의 점령·통치하에 있다가 1945년 제2차 세계대전이 끝나면서 다시 영국 식민지가 됐다. 이후 1948년 버마 연방이라는 이름으로 독립했다)에 적극적으로 참여했던 지역으로 사람들이 매우 용감해요. 저희는 형제가 셋인데 그중 저는 막내에요. 아버지는 제가 태어났을 때 대학교 강사를 시작하셨는데요. 제가 다섯 살 때 아버지 직장을 따라 양곤으로 이사했어요. 저는 가정에서 사랑을 많이 받은 편이라고 생각해요. 어머니가 형들이 잘못하면 엉덩이를 때리셨는데 제가 잘못하면 "너도 다섯 살 되면 혼낼 거야" 이렇게 이야기하시고는 정작 다섯 살에는 "너 여섯 살 되면 혼낼 거야" 그러시면서 자꾸 미뤘어요. 어머니가 건강이 안 좋으셔서 병원에 자주 입원하셨던 게 기억나요. 그럴 때는 아버지가 요리하고 빨래하시며 저희 형제를 키우셨어요.

평범하게 살았어요. 아버지는 월급 받으면 어머니에게 다 주고 담뱃값을 하루 1짯씩 받아갔어요. 당시 한국 돈으로 환산하면 50원 정도일 거예요. 그때는 현금을 고무줄로 묶어서 어머니가 보관하셨어요. 열 살 정도였던 걸로 기억나요. 아버지는 국가 공무원이어서 저희는 국가가 양곤 외곽 황무지를 개발해서 제공한 직원 숙소에 살았는데요. 숙소 뒤 땅에서 메추리도 키우고 메추리 똥을 거름 삼아 장미꽃을 키워서 생활에 보탰어요. 그러고도 매달 월급날 전에 어머니가 다른 분께 돈을 빌리고 월급이 나오면 다시 갚았고요. 다른 공무원들은 조금씩 뇌물을 받거나 돈이 나오는 다른 기회도 있었는데 아버지는 그런 게 없으셔서 생활을 꾸리는 게 힘들었던 것 같아요. 어린 시절부터 아버지가 가족을 위해 일하신 것처럼 저도 집에 보탬이 되어야 겠다는 생각을 하게 된 것 같아요.

미얀마가 영국에서 독립하고 나서 1962년에 쿠데타가 일어났어요. 쿠데타 전에는 강도가 많았어요. 사람들이 떼로 몰려다니면서 돈 내놓으라고 칼이나 총을 들이댔죠. 그래서 어머니처럼 여자들이 강하게 살았던 것 같아요. 어머니는 손도 빠르고 용기 있는 여자였어요. 덩치도 크고 키도 크시고요. 고등학생때 투포환 선수셨거든요. 아버지는 글쓰기와 음악을 좋아하셨어요. 집에서 미얀마 전통악기를 띵똥 띵똥 부셨죠. 가난했지만 조금 멋지게 살았어요. 같은 동네 친구들도 모두 가난하니까 특별히 가난이 문제되지는 않았던 것 같아요.

저는 1988년 전까지는 공무원을 꿈꾸었어요. 아버지께서 "너는 말을 잘하는 재주가 있다"고 말씀해주셨어요. 법을 배워 변호하라고 하셔서 크면 변호사가 되겠다고 생각했죠. 1988년에 민주화항쟁이 일어나자 학교들이 다 문을 닫았어요. 그때 많이 힘들어졌어요. 1년 동안 일을 못하니 월급도 안 나오고, 공무원들도 일자리가 없어졌어요. 정부나 군인은 자신들과 상관 없는 일처럼 신경을 쓰지 않았죠. 그때 외국에 갈 수 있는 의사나 엔지니어들은 미국·영국으로 갔어요. 배고픈 사람이 일하고 싶다고 하면 "앞으로 정치 활동 안 하겠다고 사인해라." 그런 식으로 요구했어요. 인터뷰 질문이 60개였는데 다 좋게 대답해야 했죠. "네, 쿠데타 좋았습니다. 나라를 지키는 사람들입니다." "쿠데타 왜 하는지 이해합니까?" "네 이해합니다." 이렇게 답해야 다시 일할 수 있었던 거예요. 마음속으로는 반대해도 얼굴은 미소 짓고 거짓으로 사인해야 하는 거죠. 먹고살아야 하니까요.

이후 아버지도 학교가 아닌 다른 부에서 일하게 되었어요. 1988년부터 2년 동안 수입 없이 살다가 1990년 즈음 다시 일을 시작하신 거니 많이 힘들었죠. 어머니는 금팔찌와 목걸이를 울면서 팔기도 했어요. 결혼할 때 아버지에게 받았던 선물이라 꼭 간직하고 싶은 소중한 것이었어요. 학교도 1990년에 다시 문을 열어서 저는 1991년에 졸업했어요. 대학교는 몇 년간 문을 닫기도 했어요. 일반 학교들은 운영했지만, 대학생들이 정부를 반대하며 총 들고 산에 올라가기도 해서 대학교는 아예 문을 닫았어요. 1996년 대학을 다시 열었지만 졸업해도 일자리도 없고 미래가 보이지 않았어요. 쿠데타가 잡은 권력이 지속되었던 거죠.

3500불 내고 도착한 한국

제 형님이 저보다 먼저 한국에 와 계셨어요. 한국에서 월급 받으면 미얀마로 부쳐줬죠. 가족에게 힘을 줄 수 있다는 게 부러웠어요. 아버지가 공무원이라 저희 학비는 고등학교까지 무료였지만 대학교는 학비를 내야 하고, 대학 4년 공부하고 졸업해도 일자리가 마땅치 않다는 것을 아니까 한국에 가고 싶다고 생각했던 거예요. 아버지는 무조건 반대하셨고, 어머니는 그렇게 가고 싶다면 가라고 하셨어요. 형님에게 돈을 빌려서 한국에 왔어요. 그때는 한국에 오는 과정이 너무 복잡했어요. 지금처럼 고용허가제를 통해 시험을 치르고 오는 게 아니라 송출업체에 돈을 줘야 가능했거든요. 저는 예약금으로 3500불을 냈어요. 너무너무 큰돈이에요. 제가 받는 한 달 월급이 300불이었으니 이 돈을 갚으려면 1년 꼬박 일해야 하는 거예요. 아주 큰 도전인거죠. 저야 형님 돈을 빌렸으니 이자는 없었지만, 이자까지 내야 하는 사람들은 1년 반을 일해야 빚을 다 갚을 수 있었어요.

송출업체에서 두 달 안에 한국에 갈 거라고 했는데 두 달이 지났는데도 못 갔어요. 아버지께서 매일 어떻게 되고 있느냐고 물으셨죠. "저도 몰라요, 답이 없어요"라고 답하면 "왜 한국 간다고 했냐"는 말씀에 진짜 스트레스 받았어요. 매일 송출업체 사무실에 가야 했어요. 군부독재 시기라서 송출 업무도 일반 사람들이 쉽게 할 수 있는 일이 아니고 장군 허락을 받아야 했거든요. 돈 받고 출국 업무를 하는 사람 뒤에 큰놈이 있어요. 우

곁을 만드는 사람

리가 욕을 못해요. 잘못하면 잡혀갈 수도 있으니까요. 결국 넉 달 정도 걸렸어요. 40명 중 네 명이 뽑혔는데, 그중 제가 속한 거죠. 사실은 다른 큰 회사에서 사람들을 보내는 거였어요. 그 회사에서 이번에는 50명을 보낸다 하면, 50명 중에 네 명 자리를 다른 업체가 돈 주고 사는 거였죠. 원래 회사를 통해서 오는 사람은 2000불 정도만 내면 되는데 저희는 3500불을 줬어요. 1500불이 더 플러스 된 거죠. 넉 달 동안 가지 못할까봐 걱정이 많았어요. 어머니는 밤마다 허리·등을 쓰다듬으며 "걱정 마, 걱정 마. 아들 잘 자" 하면서 달래주셨어요. "쓰읍, 휴우" 하시는 아버지의 한숨을 자주 들었고요.

1월 9일에 출국했어요. 독립했다는 생각에 정말 행복했어요. 한국에 가면 무조건 성공할 거라고 강하게 마음먹었죠. 한국말도 잘 못하고 혼자 어떻게 생활하나 걱정이었지만 친형이 한국에 있다는 게 큰 위안이 되었어요. 김포공항에 도착해서 "모여라, 모여라" 이러는데 모든 것이 너무 신기했어요. 비행기 타고 외국에 가는 일이 진짜로 어드벤처 같았거든요. 미얀마에서 일반 사람들은 여권이 없어요. 여권이 있으면 뭔가 있어 보이던 시절이었죠. 미얀마 부자, 영화배우, 장군처럼 스물두 살 제 인생이 업그레이드된 것처럼 느꼈어요.

산업연수생을 관리하는 기관에서 김포공항으로 저희를 데리러 왔어요. 파카를 입고 공항 밖으로 45인승 버스를 타러 나가는데 휘익 부는 찬바람에 얼굴이 얼어버리는 것 같더라고요. 형님이 이야기해줘서 모자랑 장갑도 준비했지만 너무 추웠어요. 이게 한국의 현실이구나 싶어 조금 걱정이 되었어요.

사무실에 도착해 규칙 등을 듣고 통장을 만들기 위해서는 만 원씩 내야 한다기에 있는 돈을 넣어 통장도 만들었어요. 교육이 아침 여덟 시부터 시작인데 열 시에 티타임이 있었어요. 그때 초코파이 한 개와 딸기 우유를 나눠줬어요. 초코파이가 너무 맛있어서 초코파이 안쪽에 있는 것을 빼서 보기도 했어요. 회사 가면 이걸 사 먹겠다는 생각으로 노트에 적어두기도 했죠. 그곳에서 인도네시아·중국·베트남 연수생들도 같이 교육받았어요.

그만큼 필요하지는 않아

교육이 끝나자 회사별로 부장이나 과장이 와서 명단을 불렀어요. 총 다섯 명이 버스 타고 경기도 수원시 팔달구에 있는 삼성정관에 갔어요. 거기는 에어컨 커버와 컨트롤 박스를 만드는 공장이었어요. 회사에 오자마자 과장이 신발 사이즈를 메모한 뒤 이불·신발·작업복을 주면서 영어로 "아 지금 한국은 너희들이 아는지 모르지만……"이라고 말했어요. 지금 한국은 IMF가 시작된 상황이고 다섯을 부르긴 했지만 그만큼 필요하지는 않다. 일하는 걸 보고 마음에 들면 사장이 결정할 거라고 하더라고요. 만약 일이 없다면 중소기업협동조합중앙회(KFSB) 사무실에 다시 가서 일자리가 나오는 회사를 기다리게 할 거라고도 덧붙였죠. 그때부터 걱정이 시작됐어요. 내가 남아 있으면 좋겠다는 마음으로 서로 눈치를 봤어요.

일이 원래 여덟 시에 시작되는데 일곱 시 반부터 시작하면서 열심히 일하는 모습을 보여주려 했어요. '삐익' 하고 쉬는 시간 알람이 울려서 한국 사람들이 장갑 다 빼고 쉬는데도 모른 척하고 일했어요. 사람들이 시계를 가리키면서 "레스트, 레스트" 하면 그제야 쉬었고요. 한국 사람들이 "미얀마 사람들 잘해 잘해" 그러면 좋아했어요. 매일 두 시에는 파트별로 잔업 체크하는 회의를 하고 결과를 벽에 붙였어요. 명단에 제 이름이 있으면 시험에 합격한 것처럼 느꼈어요. 제가 일을 잘해서 잔업을 주는 거라고 생각했어요. 제 잔업 시간이 다른 사람보다 적으면 반장한테 "미 와이 포? 아임 원 식스"라고 이야기하며 표정이나 눈빛으로 열심히 많이 일하고 싶다는 마음을 보여주었어요.

한 달 정도 지나서 KFSB에서 건강검진 결과가 나왔어요. 한 명에게서 B형 간염이 발견되었어요. 회사에서는 그 친구에게 미얀마로 돌아가야 한다고 했어요. 그 친구는 집을 담보로 돈을 빌려 한국에 온 상황이었거든요. 울면서 여기서 치료할 수 없냐고 물었지만 '코리아 회사가 넘버 원'이고 다른 사람들에게 옮길 수 있으니 안 된다고 하더라고요. 결국 친구는 미얀마로 갔어요. 나중에야 약만 먹으면 B형 간염이 치료된다는 것을 알았는데 그때는 아파서 쓰러지는 병인 줄 알았던 거예요. 내가 모르는 문제들이 있을 수 있다는 사실에 불안해졌죠. 나에게도 미얀마로 돌아가야 하는 상황이 발생하면 어떡하지 싶어 스트레스를 받기 시작했죠. 그래서 더 열심히 일했어요. 또래 중에 특히 제가 제일 일을 많이 한 것 같아요. 또 공장장이나 사장한 테 인사를 엄청 자주했어요. 미얀마에 있을 때 아버지가 쿠데타 장군에게 약하게 굴어야 했듯이 저도 그렇게 되었어요. 공장장이 "야, '안녕하세요'는 하루에 한 번" 이렇게 말할 정도였으니 까요. 사람으로서 가치를 느낄 수 없는 시기였어요.

내가 누구인지 알 수 없던 시절

그때 제가 스크루 드라이버로 조립하는 일을 했거든요. 반장이 저를 테스트하는 일도 있었죠. 에어컨 시스템 박스 핀 와이어 색깔이 여섯에서 일곱 개 정도 있었어요. 반장이 일부러 한두 개 선이 잘못된 상태로 보내주면 스크루 작업을 하면서 그 선을 보고 알아서 뺐어요. 드라이버는 앉아서 일하니 허리도 아프고 손도 진짜 아팠어요. 제가 손이 빠르다 보니 다음 공정 사람들 이 일이 안 될 정도로 컨베이어 속도를 올리더라고요. 일을 잘 하면 또 다른 걸 추가로 시키려고 했어요. 일하는 모습을 보고 사장이 마음에 들면 계속 일할 수 있다는 이야기를 들었던 터 라 시키는 대로 해냈어요. 제가 해야 할 만큼만 하면 되는데도 불구하고 '할 수 있다, 나는 더 해도 된다'고 스스로 생각하게끔 그 사람들이 만든 거죠. 한국에 올 때 들인 비용이 있으니까 무 조건 일해야 한다고 생각했죠. '아프면 안 돼. 짤리면 안 돼. 해고당하면 회사 잘못이 아니고 내 잘못이라고.' 이렇게 생각하는 게 습관이 됐어요. 내가 누구인지 내가 무엇인지 알 수 없던 시절이었어요.

1년 동안 밤 잔업을 9시간씩 했어요. 일하는 시간은 8시간인데 추가로 9시간을 더 일한 거죠. 새벽 두 시까지 하루에 17시간, 일주일에 네 번 그걸 해요. 일을 마치면 사람이 헉헉거려요. 밥 먹자마자 쓰러져 자는 일상이었어요. 다들 그러니까 그러려니 했던 것 같아요. 그때는 새벽 두 시까지 일하는데도 힘든 줄 모르고 지냈어요. 몸은 힘들고 건강은 나빠졌는데 정신이 '해보자' 하고 강해져버리는 거예요. 이 회사에서 쫓겨날까봐 불안해서 토요일까지 일했어요. 일요일은 한 달에 두 번 정도 쉬어요. 어떤 친구들은 일요일도 안 쉬겠다고 잔업 시켜달라고 했고요. 그러면 과장은 너희들은 일요일에 쉬고 싶냐고, 한국에 와서 일하는 시간도 얼마 안 되는데 많이 일하고 돈 가져가야 하지 않느냐고 말했어요. 정신 차리고 생각해보면 회사에서 저희가 제일 월급이 적은데 일은 가장 많이 하는 사람들이었으니 저희를 해고할 리 있겠어요? 그때는 그런 게 보이지 않았던 거예요. 그 점이 많이 후회돼요. 만약 혼자였다면 그렇게 할 수 있었을까 싶죠. 그러면서도 노예 같은 삶이라고 생각했어요. 그런 상황에서 벗어나려면 뭔가 깨달음이 필요한 것 같아요. 이건 아니라고, 시키는 대로 하면 안 된다는 자각을 할 수 있도록 학교 교육이나 사회적인 시스템이 필요해요. 그랬다면 저도 힘들고 아프고 월급도 적으니 우리 이렇게 일하지 말자고 친구들한테 이야기했겠죠.

　이주노동자들 외에 군대 대신 공장에서 일하는 한국 젊은 이들도 있었어요. 그 친구들도 저희와 마찬가지로 욕 들으면서 일했어요. 인간다운 대접을 받지 못하고 과장이 이름만 부르면 '네'라고 큰소리로 대답하고 뛰어가야 했어요. 삼겹살 사 오라고, 술·담배 사 오라고 시키면 군말 없이 사 왔죠. 한국도 자본주의도 미얀마 군부독재랑 비슷해요.

'앞으로 가면 미쳐, 뒤로 가면 죽어'

똑같이 일하는데 월급이 달라도 인정했어요. 저희는 외국 사람, 저쪽은 한국 사람이라고 쉽게 받아들인 거예요. 다른 나라에서 온 노동자들이 저희보다 월급이 많다는 것도 나중에 알았어요. 우리에게 말로는 착하다 하면서 바보 취급했던 거죠. 월급을 더 달라고 하면 나가라고 할까봐 아파도 쉬지 못하고 회사 규칙을 충실히 따랐어요. 불량도 안 내고 청소도 잘하고 한 번도 잘못하거나 실수한 적이 없었어요.

　저희는 한 달 월급 중 15만 원을 강제로 압수당했어요. 이걸 '이탈보증금'이라고 불렀는데 중간에 도망가면 못 받는 돈이었죠. 시간이 지나면 지날수록 금액이 커지니 이 돈 때문에 사람이 못 나가는 거예요. 1년에 180만 원, 3년이면 540만 원. 그 돈은 미얀마 갈 때 돌려준다고 했어요. 회사에서는 한국에 있는 동안 돈을 다 써버리면 나중에 들어갈 때 빈손으로 가야 하니 한꺼번에 큰돈을 주는 거라고 말했어요. 저는 결국 3년이 되기 전에 이탈해버렸으니 그 돈을 다 잃었죠.

아플 때도 왜 그리 참았나 싶어요. 한번은 감기에 걸려서 몸살에 콧물이 뚝뚝 떨어지고 머리도 아파서 쉬고 싶다고 하니 반장님이 "안 돼, 안 돼, 쉬면 안 돼. 일하면 좋아질 거야" 이러면서 안 된다고 하는 거예요. 저는 눈물을 흘리면서 일했어요. 겨울에 동상은 기본이었죠. 귀가 빨갛게 팅팅 부어서 아프고 발가락도 부었어요. 특히 새끼발가락 가운데 부분은 참을 수 없을 정도였어요. 한국 사람들이 이것을 '거지병'이라고 했어요. 거지 취급 당하는 것처럼 자존심도 상하고 그랬죠. 몸이 힘든 것보다 미얀마로 가게 되거나, 다른 회사로 보내겠다고 협박당할 수 있으니 어쩔 수 없이 해야 하는 게 진짜로 마음 아픈 일이었어요. 미얀마 속담에 '앞으로 가면 미쳐, 뒤로 가면 죽어' 이런 말이 있어요. '써울레수 싸엘레유'라는 그 속담처럼 계속 있으면 이렇게 당하고, 당하지 않으려 하면 나한테 더 큰 문제가 생길 수 있는 상황이었죠. 1년 동안 일해야만 빚을 갚을 수 있으니 버텨야 했어요. 저 혼자만 했다면 진짜 미칠 수도 있었어요. 옆에 저와 비슷한 상황인 친구들이 있으니까 버틴 것 같아요.

프레스 사고 일주일 후

저랑 같은 방을 쓰며 서로 챙겨주던 친구가 있었어요. 그 친구 가족이 미얀마에서 물고기 키우는 사업을 했어요. 들려오는 가족 소식이 좀 안 좋으면 스트레스를 받더라고요. 그날은 비가 슬슬 내렸는데 점심시간에 집에서 보낸 편지가 왔어요. 친구가 편지를 읽고는 표정이 안 좋은 거예요. 아무 일도 아니라고 하고 일을 시작한 지 1시간 20분 정도 지났을 때였을까요. 프레스 기계는 위에 한 판, 아래에 한 판으로 구성되어 있어요. 얇은 쇠판을 넣고 두 손으로 버튼을 누르면 '찡' 올라가요. 처음에는 쇠판인데 나중에 모양이 생기는 거죠. 안쪽까지 손을 넣어서 집게로 위아래 두 개를 빼는 방식인데 빼는 과정 중 위에 판이 내려왔어요. 그런데 거기에 친구 손이 낀 거예요. 손이 낀 상태로 10분 넘게 있었어요. 저는 차마 쳐다보지도 못했어요. 제발 살짝 눌린 것이기를 기도했죠. 결국 한쪽 손 손목이 절단되었고, 다른 손은 절반을 잃었어요. 친구가 119에 실려 가고 저는 화장실에 가서 울었어요.

프레스 기계에 선은 들어와 있는데 센서가 없었거든요. 일부러 뺀 거예요. 그러니 프레스 기계에 내 손이 다칠 수 있다는 걸 알면서도 그냥 일했던 거예요. 전쟁에 나선 사람들한테 총알이 날아오잖아요. 총에 맞으면 죽을 수도 있다는 걸 알지만 익숙해지는 거랑 같아요. 친구가 다치고 난 뒤에야 회사에서 센서를 설치했어요. 사고 나고 노동부 사람들이 온 것 같아요. 원래 센서가 있었던 것처럼 노동부 사람들에게 보여주었던 거예요.

친구와 제가 가깝다는 걸 알아서인지 회사 담당자가 저를 부르더라고요. 그리고 친구와 가족에게 이야기한 후 전해달라며 세 장을 내밀었어요. 고맙다고 생각했어요. 그때 월급이 60만 원 정도였는데 300만 원을 준 거니까요. 공장장이 자기 돈으로 선심 쓰듯이 줬어요. 일하다 다치면 보상을 얼마 받을 수 있고, 법적으로 어떻게 처리해야 하는지에 대해 전혀 몰랐어요.

사고 후 일주일 동안 귀에서 '우' 하는 바람 소리가 나는 것 같았어요. 잠도 안 오고, 친구도 많이 걱정됐고요. 그런데 사고 다음 날 회사에서 제게 그 기계에서 일하라고 하더라고요. 기계를 고쳤는지 물으니 문제가 없다고 답하는 거예요. '아…… 일해서 집에 돈도 보내고 땅도 사고 해봐야 내가 이리 되면 무슨 소용 있어? 다 소용없는 것들인데 그동안 내가 왜 참았을까? 왜 그렇게 돈, 돈, 돈 생각만 하고 아프고 힘들게 했을까?' 이런 생각을 하게 되고 많이 울었죠. 그리고 스스로 물었어요. '너 미얀마 갈래?' 그런데 못 가요. 이탈하지 않고 3년을 채우면 미얀마에 갔다가 한 번 더 한국으로 올 수도 있었지만, 이렇게 안전하지 못한 공장에서 일해야 하나 고민했어요. 이 회사를 떠나야겠다는 생각이 들었어요. 쉽지 않은 선택이었어요. 이탈해서 미등록이 되는 것은 저희에게 큰 도전이에요.

결국 그 일주일 후에 저는 이탈했어요. 그때 제 주머니에 2만 원 정도 있었어요. 규칙이라며 회사가 통장과 여권을 압수했는데, 여러 이유를 둘러대며 여권을 받아 이탈했어요. 매일 듣던 워크맨을 귀에 꽂고 그냥 걸어갔어요. 그때 생각하면 제가 불쌍해요(눈물 …… 흐느낌). 미래가 없었죠. 제 자식이 저처럼 될까봐 무서웠어요. 부모님께 그런 상황을 이야기하면 너무 이기적인 사람이 될 것 같고, 상처를 드릴 것 같아 말하지 못했어요. 한국에 와서 저 혼자만 이렇게 힘든 건 아니잖아요. 그럼에도 용기가 있었던 것 같아요. 위험한 일터에서 나올 수 있었다는 것 자체가 독립이었으니까요.

몸무게를 재는 습관

경기도 광주로 갔어요. 거기에 미얀마 사람들이 모여서 사는 미얀마 타운이 있었어요. 친구가 일하고 있는 가구 공장의 컨테이너 집으로 갔던 거죠. 친구도 미등록이었어요. 미리 전화해서 도전해보겠다고 하자 친구가 힘들 거라고 했어요. 가보니 정말 공장에 화장실도 없는 열악한 환경이었어요.

10명 정도가 그곳에서 일했는데 사장도 일하고 사모도 일하는 가족 회사였어요. 규칙이 없었어요. 밥 먹는 시간도 정해진 게 없고요. "밥 먹자" 하면 기계 다 끄고, "다시 일하자" 하면 일하고요. 또 수량이 좀 필요하면 새벽 두 시까지도 했어요. 너무너무 악질이었어요. 친구한테 나하고 안 맞는 것 같다고 말했죠. 보통 친구들이 새 회사로 입사하면 일주일 안에 판단하라고 하거든요. 좀 지나면 월급 문제가 생기니까요. 이번 달에 그만두면 다음 달 말에 월급을 받으니까 한 달 월급을 받지 못하는 거예요. 비자가 없으니 돈을 달라고 할 수도 없었고요. 그때 법이 그랬어요. 만약 회사를 떠나겠다 결심하면, 월급날 떠나는 게 가장 좋아요.

사흘 정도 일하고 친구한테 다른 데 알아보겠다고 말하고 사장과 사모에게 인사했죠. 그 뒤 공장 몇 개를 돌아다녔어요. 불교 단체에서 산에 우산처럼 생긴 등을 다는 일도 한두 달 했어요. 거기서 일할 때는 승려처럼 고기 없이 야채에 된장찌개만 먹으며 일했죠. 등을 차에 싣고 산이나 숲속에서 사다리에 올라가 등을 달았어요. 한번 나가면 2박 3일 동안 달고 공장에 와서 더 만들고 다시 가서 달고요. 그나마 괜찮았어요. 불교 단체라서 그런지 사장도 말할 때 예의를 갖췄고요. 그런데 일이 행사 시기에만 있는 터라 오래 못했어요. 한국에 온 지 5~7년 된 미등록 친구들과 일했는데요. 자신이 왜 미등록이 되었는지 이야기 나누고 서로 위로하며 지냈어요. 제 미등록 생활이 그렇게 시작된 거예요.

그다음에는 니트 공장에서 일했어요. 실 니팅하는 작업을 8시간 하고, 4시간 잔업하면 거의 녹초가 되었어요. 그때부터 맨날 체중계에 올라가 몸무게를 재는 습관이 생겼어요. 1킬로가 찌면 춤출 듯 기분이 좋았죠. 손목 둘레 재는 습관도 그때 생겼네요. 제 손목을 한번 잡아보세요. 지금도 말랐지만, 그때는 손목이 진짜 가늘었어요. 그럼에도 뼈에서 힘이 나왔는지 25킬로짜리를 들면서 일했어요. 25킬로 되는 실 박스 150~200개를 엘리베이터에 올리고, 내린 박스를 사다리 타고 올라가서 혼자 벽에 세워놓아야 했어요. 논스톱이에요. 아침 여덟 시부터 저녁 일곱 시, 다시 저녁 일곱 시부터 아침 여덟 시까지 주야간으로 일했던 거예요. 기계들이 실을 빨리 먹어요. 실 올려서 다 연결하고 이쪽 보면 또 실이 없어요. 하나에 40개 정도 돼요. 이쪽 연결해주면 또 저쪽이 없어요. 일할 때는 계속 뛰어다녔어요.

공장에 먼지도 많아요. 마스크를 쓰고 있지만 먼지를 막을 수는 없었죠. 그때부터 제가 비염이 생겼나봐요. 지금이라면 산재 신청을 할 수 있는데 그때는 몰랐죠. 너무 힘드니까 우울증도 생겼어요. 잠도 안 오고 걱정도 많고 제 얼굴을 보는 것 자체가 행복하지 않은 거예요. 너무 말라서 흉했고요. 건강을 위할 수 있는 기회도 없었죠. 쉬고 잘 먹고 잘 자면 건강해지고 예뻐진다는 걸 알지만 그럴 수 있는 기회가 없었던 거예요. 주야로 일하니까 너무 힘들고 짜증 났죠. 회사 내부에도 갈등이 생겼어요. 가령 주간 팀이 퇴근할 때 청소랑 정리를 안 하고 가는 것 때문에요. 힘드니까 참을성도 떨어졌던 것 같아요.

강한 척했던 나날

그때 한 달 용돈으로 3만 원을 썼어요. 나머지 돈은 다 미얀마로 보냈고요. 수원에 아름다운 공원이 있었어요. 예쁘게 설치된 공연장에서 색소폰 공연을 구경한 적이 있어요. 맥주 한 캔이 800

원 정도였던 걸로 기억해요. 맥주와 감자튀김을 사 먹기도 했고요. 야외 포장마차에 만 원 족발집이 있었는데 너무 비싸서 못 먹었어요. 한 2~3년은 그랬던 것 같아요. 한번은 12월 31일 밤, 새해를 맞는 종소리를 듣고 포장마차에 갔거든요. 오징어하고 야채랑 매운 양념에 볶아서 나오는 요리가 있었는데 15000원짜리였어요. 다섯 명이서 그거 하나 나눠 먹었을 때 부자가 된 것만 같고 무언가 해낸 듯했어요. 뼈다귀해장국 한 그릇에 5000원이었는데 가끔 쉬는 날에 즐겨 먹는 저희의 안주였어요. 해장국 한 그릇 사고 시장에서 감자 사서 껍질 깎은 뒤에 물 넣고 소금이랑 미원 넣어 끓여요. 많이 만들어서 친구 세 명이 같이 먹는 거죠. 5000원짜리 해장국도 혼자는 못 먹었어요. 이런 일 생각하면 재미있기도 하고…… (눈물) 그런 것 같아요. 혼자가 아니니까…… 기억나는 일들이 많아요.

B형 간염에 걸려서 미얀마로 돌아간 친구가 나중에 자살했다는 소식을 들었어요. 아마 돈을 갚을 생각에 막막했고 자신이 쓸모없다고 느껴졌을지 모르겠어요. 저도 같은 상황이었다면 미얀마에서 미움 받았을 거라고 여겨요. 만약 너무 힘들다는 이유로 제가 미얀마에 간다 생각하면 아…… 진짜 다 지나갔으니 이제는 좀 가볍게 생각하지만 그때는 진짜……(눈물) 포기하고 싶은 마음이 생길 정도로 너무 힘들었죠. 친구들이 저더러 회사에서 제일 일 많이 한 사람이라고 했어요. 사실 저는 체구가 작아 더 힘들었어요. 강한 '척'했던 거죠. 일 마치고 혼자 있을 때는 숨을 몰아서 쉬었어요. 근데 사람들 앞에 가면 담담하

게 행동했죠. 내가 1등이 되어야만 자리를 유지할 수 있다는 것에 집중했던 것 같아요. 다른 사람이 다섯 개 하는 시간에 여섯 개 정도는 나오도록 노력했어요. 그렇게 하니까 친구들이 저를 미워했죠(웃음). 제가 그렇게까지 눈치가 없었어요. 그때는 빌려온 돈을 매달 제대로 갚는 것이 유일한 목표였어요. '누가 괴롭히고 뭘 하든지 내 목표를 이루고 있다.' 이런 마음으로 살았던 거죠. 그런데 몸이 너무너무 힘들었어요.

'내가 쫓겨날 수 있다. 미얀마로 돌아갈 수도 있다'는 것이 큰 절벽으로 존재하니까 제 모든 생각과 행동에 자유가 없었어요. 20대 초반으로 어렸는데 누구와도 이 어려움에 대해 의논할 수 없었고 제 부모님조차 이런 일들을 몰랐어요. 가끔 '내가 미얀마 보낸 돈이 얼마 남아 있나?' 싶어서 자꾸 집에 확인한 적이 있어요. '내가 왜 여기서 계속 일해야 하지?' 그런 생각이 들기도 하고, 부모님께 불만이 생기기도 했던 것 같아요. 물론 그때 부모님은 돌아오라고 하셨죠. 그 무렵이 7년 정도 되었을 때니까요. 당시 엄마가 보내준 편지가 있어요. "보고 싶다. 보고 싶다는 것을 크게 생각할 필요 없다. 지금 가족들이 같이 있어도 경제적으로 부족하고 힘들면 무슨 맛이 있겠어. 젊었을 때 좀 헤어져 있어도 미래를 생각해서 돈 벌고 지금 고생해라"

그 시절을 다시 돌아보려니 좀 힘드네요. 24년 동안 가족이랑 헤어져 살았네요. 저 혼자만이 아니라 미얀마 대부분 젊은이가 해외에 가서 일하는 이주노동자 세대인 것 같아요. 어쩔 수 없이 받아들일 수밖에 없는 인생인 것 같아요. 가끔 생각해요. 한국에 안 왔으면 나는 뭐가 되었을까? 돈도 없고 되는 일도 없었을 것 같아요. 군부가 자기들 마음대로 하니까요. 그나마 미얀마에서 빠져나올 수 있는 게 다행이라고 생각하게 되죠. 그 정도로 슬픈 이야기인 거예요.

계획할 수 없는 불안한 삶

2001년부터 2011년까지 미등록으로 산 시간이 10년이에요. 그때 저는 지금은 필요 없는 금목걸이를 늘 걸고 다녔어요. 잡혀가면 친구한테 팔아달라고 부탁해서 새 여권 만들고 세금 내고 비행기 표를 사려고 했던 거예요. 그 생각하면 힘들어요. 가끔 아버지는 "아들, 옛날이야기 그냥 잊으면 안 돼?" 이렇게 이야기하세요. 부모님들도 듣는 것이 너무 힘들었대요.

단속에 걸리기 전에 할 수 있는 만큼 일하겠다 생각하고 살았죠. 많은 친구들이 지금도 그렇게 살고 있어요. 평등하지 않다고 생각해요. 고통이죠. 일해서 힘든 것보다 정신적으로 힘든 것이 더 컸어요. 사이렌 소리, 경찰차 소리가 들리면 딱 경직되어서 어디도 보지 않고 걷기만 했어요. 만약 경찰이 볼 수 있는 길이라면 옆으로 몸을 숨겼어요. 제 등을 경찰이 보는 걸 원하지 않는 거죠. 경찰이 와서 아이디카드를 보여달라고 할까봐 걱정된 거예요. 한 가지만 생각하고 살았어요. 언제 단속될지 모른다는 불안감. 한번은 사진작가가 일찍 제 집 앞에 와서 기다

미등록 이주노동자 시절의 또뚜야. 경찰이 따라오는 건 아닌지 늘 불안한 마음에
밖에 나갈 때면 위축된 모습으로 다녔다. ⓒ 최우창(프리랜서 사진가·PHOS 대표)

리다 사진을 찍은 적이 있어요. 사진을 찍는지 모르는 상태에
서 제가 찍힌 사진이죠. 그 사진 속 표정처럼 항상 밖에 나갈 때
그런 표정을 지었어요. 조심스럽게 경찰이 있는지, 누가 있는지
확인하고 신경 쓰고 나갔던 거예요. 긴장의 연속이었죠.

목욕탕, 마트, 회사 등 제가 어딜 가나 그들이 알고 있다고
생각했어요. 긴장한 상태로 살아야 하는 것은 아무리 해도 익숙
해지지 않아요. 시간이 지나도 긴장의 강도가 떨어지지 않고요.
인생을 계획할 수 없는 거죠. 늘 불안하고 '잡혀가면 어떡하지?'
만 생각해요. 자전거를 사서 타고 싶어도 자전거는 안 된다고
포기하고요. 심지어 옷도 못 사고 두세 개를 빨아서 번갈아 입
었어요. 일반 사람들처럼 생활을 못하는 거죠. 제일 큰 걱정이

내가 잡혀가면 내 월급 어떻게 받아야 하나였어요.

그때도 지금도 많은 사람이 총알이 쏟아질 걸 알면서도 피할 수 없는 전쟁터 같은 곳에 있다고 생각해요. 대부분은 미등록을 안 하고 싶죠. 근데 저처럼 할 수밖에 없어요. 이 문제가 빨리 해결되었으면 좋겠어요. 범죄자도 아니고 그냥 일하는 착한 사람이잖아요. 왜 일할 수 있는 권리를 안 주는지. 그 문제를 해결하고 싶어요. 그런데 스스로 해결하기가 어려워요. 많은 사람이 관심을 가지고 사회제도를 바꿔야만 변화가 생길 것 같아요. 왜 미등록이 되는지 한국 정부도 다 알죠. 미등록 단속만 하는 것보다는 이유를 찾아서 해결해야 하는데 정부도 자신이 없는 거예요. 미등록이 될 수밖에 없는 데는 모국의 문제도 영향을 미치는 것 같아요. 모국에 돌아가도 여전히 일자리가 없고, 한국에서 번 돈으로 사업이라도 해서 먹고살려면 정치적으로도 안정적인 상황이어야 하는데 그렇지 못하고요. 가족 생활비, 자식들 학비를 위해 정기적인 수입이 필요한데 비자 연장을 하지 못하면 어쩔 수 없이 미등록 생활을 선택하게 되는 거죠.

민랏이라고 같이 활동했던 친구가 있었어요. 민랏은 황금빛살미얀마공동체 3기 대표로 활동하다가 신장질환으로 2018년 미얀마로 귀국한 뒤에도 민주화 활동을 계속하던 중 2021년 미얀마에서 사망했어요. 체류 자격이 있던 시기에 저랑 같이 활동했어요. 민랏이 미등록 상황이 되었을 때 한 행사에 같이 간 적이 있어요. 민랏이 공동체 대표로 리더 역할을 했는데 이름도 안 부르더라고요. 전에는 "민랏 님 한마디 하세요" 했다면 이제

안 왔으면 좋겠다고 표현하는 거죠. 속상했죠. 또 미등록이던 시기 사건이 한 번 있었어요. 어떤 종교단체에서는 자기 종교로 오라고 권하잖아요. 교회 가고 싶으면 가고 안 가고 싶으면 가지 않아도 되는데도 말이죠. 이제는 이해하지만 그때는 조금 예민해져서 논쟁하게 됐어요. 제가 "이 사람들은 마음이 없으니까 강제하지 않았으면 좋겠어요"라고 말했죠. 근데 종교 논쟁을 계속하고 싶다고 요구하는 거예요. 갔더니 하는 말이 "또뚜야 씨가 지금 비자가 없잖아. 비자가 없으니 제가 지금 경찰에 신고하면 잡혀가요." 이러더라고요. 더는 그 사람들과 논쟁하지 못했어요. 만나지도 못했고요. "신고해도 상관없어. 나는 정의에 대해 끝까지 이야기할 거야." 그렇게 대꾸했어야 했는데 말이죠.

욕하면 듣고 차별하면 받아야지

대개 경제적으로 이곳보다 가난한 곳에서 이주노동을 하러 오잖아요. 그래서 이주노동자를 기본적으로 낮게 보는 시선이 있어요. 미얀마에도 방글라데시 등에서 이주해온 사람들을 차별하는 문화가 있었거든요. 한국에 같이 왔던 사람 중 한 명이 대학에서 강사하다가 온 경우였어요. 그 형을 한국 사람들이 많이 무시했어요. 그래서 내가 "형이잖아. 너무 무시하지 마. 이 형이 미얀마 대학교 선생님이다"라고 말해도 안 믿고 비웃었죠. 한국어로 말할 때 우리가 잘 안 되는 발음을 따라 하며 놀리기도 했어요. 회사에서 회식할 때도 자기들 돈으로 사주는 것도 아닌데 "야, 많이 먹어. 미얀마에 있어 이거? 미얀마에 있어?" 하며 함부로 말하는 일도 많았고요. 한국 사람들이 욕하면 듣고, 차별하면 받겠다는 마음으로 살았어요.

나를 낮춰야 이 회사에서 내 자리를 유지할 수 있고 한국에서 안전하게 일할 수 있을 거라는 마음이 생기게끔 한국사회가 만들었던 것 같아요. 아저씨들이 맨날 담배 사 오라고 시키면 안 하고 싶어도 사다줬어요. 그 사람이 회사에서 어떤 역할을 하고, 사장님에게 어떤 말을 할 수 있는 사람인지 모르니까요. 저한테 불이익이 생길까봐 걱정되어서요.

1년 정도 일해서 미얀마에서 빌린 돈을 갚고 좀 여유가 생겼어요. 마치 감옥에서 나온 사람처럼요. 약간의 자유 같은 걸 느꼈던 거 같아요. 당장 제 손에 한 푼도 없었지만, '아, 이제 내가 시작해도 된다' 하며 숨을 쉴 수 있는 시간이었어요. '여유가 생기고 경제적으로 독립했다'는 마음이 들었던 거죠. 그래서 주변을 돌아볼 수 있게 되었고, 반장이 하는 "하지 마라"라는 말들이 부당하게 느껴지기 시작했어요. 그전에는 반장이 "왜 쉬어 바쁜데. 시발, 아 왜 새끼가 말을 많이 해" 하면 시키는 대로 했는데 조금 도전해보고 싶어졌어요. 바쁠 때 일부러 "저 오늘 아파요. 잔업 못해요"라고 거부도 했고요. 그런 식으로 인간답게 살기 위한 행동을 시작한 것 같아요. 경제가 삶에 큰 영향을 미치는 거죠.

또 사회제도가 차별을 자연스러운 일로 여기게 만들어요.

이주민이기 때문에 차별받는 걸 당연한 것으로 받아들였어요. '그래, 외국인이잖아. 한국 사람처럼 뭐 안 되겠지'라고 그냥 스스로 인정했죠. 미등록 생활로 일도 힘들고 자유도 없고 인권침해를 많이 당하면서도 미얀마는 완전 독재인 상황이었기에 미얀마로 가고 싶지 않았어요.

당시 말하기 대회에 참석하려고 쓴 글에 일상의 불만을 적었는데요. 그걸 보면 '당시 너무 힘들었구나. 그때가 인생에서 가장 힘든 시간이었구나' 그런 생각이 들어요. 그리고 주로 택시를 탔어요. 비용이 아깝지만 지하철, 버스터미널 같은 곳에서 단속을 많이 해서 택시를 타면 좀 안전하다고 느낄 수 있었거든요. 택시를 타면 아저씨들이 "월급 얼마 받아? 어느 나라에서 왔어? 결혼했어? 애 몇 명 있어? 집에 한 달에 얼마 보내?" 이런 걸 많이 물어보죠. 너무 개인적인 일까지 묻는 건 예의가 없는 거잖아요. 그런데 아무렇지 않게 여기는 거예요. 상대방이 깨끗하게 입고 외모도 조금 통통하고 경제적으로 여유 있어 보이면 함부로 못 물어보죠.

한국 사람이 차별하는 건 당연하게 여기면서도 같은 나라 사람끼리 이렇게 하는 것에는 더 예민했어요. 공동체에서 어떤 사람이 한국 사람이 하듯이 후배들을 대할 때 짜증났죠. 차별이 부당하다는 마음을 가지고 있기에 예민하고 날카로워졌던 것 같아요. 저는 활동할 때 차별 없이 그냥 친구나 형제처럼 대화해요. 동생들한테도 이름에 '씨'를 붙여서 부르죠. 미얀마어로 '고오'거든요. 누구에게든 '내가 그쪽보다 위에 서고 싶다'는 마음이 안 들어요. 어릴 때부터 그랬어요. 모르는 사이에 처음부터 반말하면 저는 싫어했어요. 친구인 민랏을 사랑하고 좋아하는 이유도 민랏이 겸손해서예요. 스스로 낮춰요.

행복이 차오르는 순간

회사에 미얀마 대표 형이 있었어요. 하루는 낮에 자고 야간에 일하러 가려고 기숙사에서 밥을 먹고 있는데, 갑자기 저희더러 피하라는 거예요. 자기 뒤에 경찰이 따라왔다면서요. 놀라서 저는 침대 밑에 숨었고 어떤 친구는 캐비닛 옷장 안에 숨었어요. 그 형이 무면허로 오토바이를 타다가 신호 위반을 하고 경찰에 잡혔던 거였어요. 경찰이 신분을 확인해보니 미등록이어서 출입국 사무소에 보내야 한다며 옷이랑 짐을 찾으러 온 거였고요. 여권과 지갑을 챙겨서 경찰을 따라가더라고요. 아마 경찰도 눈치챘겠죠. 문제 만들지 않으려고 저희는 잡지 않는 것 같았어요. 그 뒤로 경찰이 저희 회사를 알고 있어서 언제 어떻게 될지 모른다는 생각에 불안해졌어요. 미얀마로 가려고 마음먹었어요. 비행기 표도 사고 다 준비했죠.

　그때 제 형은 부산에서 일하던 중이었거든요. 부산에 가려면 돈이 드니까 망설였는데, 형님이 미얀마 가기 전에 열흘 정도 지내다 가라고 권해서 오게 되었어요. 형님이랑 형 회사 사장님이 부산역으로 데리러 왔어요. 저녁에는 일 이야기도 안 하고 외식했어요. 사모님, 딸, 그리고 두 아들과 함께요. 회도, 장어도 처음 먹어봤는데 너무 맛있었어요.

그러다 형님이 여기서 한 달 정도 일하면 어떠냐고 물어서 일하게 되었어요. 고무 프레스 공장이었어요. 한 달이 지날 무렵 형과 함께 미얀마에 가려고 했죠. 사장이 둘 중 한 명은 남아 있어야 하지 않겠냐고 해서 제가 남았어요. 부산 생활이 그렇게 시작된 거예요. 혼자 남을 생각을 했다는 게 지금 보면 신기해요. 당시 부산에는 미얀마 사람이 거의 없었어요. 주말이면 혼자 손가방을 들고 서면·부산 텍사스 등에 갔어요. 텍사스에서는 미얀마 노래도 틀어주고 미얀마 음식도 먹을 수 있었거든요. 라파또, 코피리 등이요. 그때 월급이 150만 원 정도였는데 현금으로 받았고, 식사는 따로 제공해줬어요. 집에서는 돈이 필요 없다고 해서 제가 다 갖고 있었어요. 현금은 비밀번호가 있는 007가방 안에 넣었어요. 가방 안에 돈이 많을 때는 1000만 원, 600만 원이 있었지만 딱히 가치가 없었어요. 가치가 없다기보다는 이 돈을 못 써요. 쓸 데가 없어요. 한국에서는 어디에 써야 하는지도 몰랐죠. 이 돈은 미얀마에 가야 쓸 수 있는 거니까요.

어느 날 부산역 앞에서 미얀마 사람 두 명을 만났어요. 부산에서 처음으로 만나는 친구들이어서 너무 반가웠죠. 한글교실에 다니고 있다고 하더라고요. 한글교실이 어디냐고 물어보니 전포동이래요. 제가 살고 있는 동네였어요. 친구들과 함께 갔어요. 인연인지 모르겠어요. 한국 활동가에게 미얀마라는 나라가 다른 나라보다 조금 특별한 것 같았어요. 민주화 역사랑 아웅산수찌 등으로 아시아 다른 나라보다는 조금 더 알려져 있잖아요. 미얀마를 좀 잘 아는 것 같았고 미얀마 사람을 반갑게 생각하는 것 같았어요. 친구들이랑 한글교실에 계속 다녔어요. 7~8년을 살았지만 그때까지도 한국어 공부를 안 했으니 말을 제대로 못했죠. 공부하니까 재미있었어요. 한국어 명사·부사·동사 같은 것들이 미얀마랑 비슷하거든요.

거기에 가면 늘 '또뚜야 씨'라고 듣는 게 좋았어요. 그동안 늘 예의 없는 대접을 받았잖아요. 칭찬받더라도 '새끼가 잘하네' 이런 식이었고요. 그러다 '또뚜야 씨'라고 들으니 너무 기분 좋은 거예요. 생활이 둘로 나뉘었어요. 평일 공장 생활은 욕 들으면서 힘들게 일하고, 주말에는 일반 사람 생활 이렇게요. 인간답게 대화하고 중요한 이야기를 나누고 칭찬해주고 예쁘게 말하는 것들이 있잖아요. 그런 매력에 빠져서 자주 가게 됐어요. 주말뿐 아니라 평일 저녁에도 요청이 오면 갔죠. 그 뒤 미얀마 사람들이 좀 더 왔어요. 김해·녹산·서창·노포동 쪽에서도 연락이 닿아서요. 지금처럼 페이스북이 있었다면 더 빨리 모였을 텐데 그때는 없었죠. 퇴직금 문제, 임금 문제, 회사의 다른 문제들에 대해 상담할 때 통역해주다 보면 제가 가치 있게 느껴졌어요. 누군가 전화해서 도와달라고 하면 이주민과함께에 데려갔죠.

친구들이나 옛날에 같이 활동했던 사람에게 물어보면 그때 제 눈이 반짝반짝했다고 해요. 문제를 같이 해결하고 나면 안에서 에너지가 생겨요. 행복하다고 느껴요. 말로는 표현할 수가 없어요. 몸속에서 뭔가가 나오는 것 같아요. 화학으로 이야기하면 무슨 물질이 생기는 것 같아요. 그 물질이 생기면 행복이 화악 차오르고요. 스스로 중요하고 가치 있는 사람이라고 느껴져요. 친구들의 신뢰와 인정을 받을 때 생기는 것 같아요. 지금이야 다른 지역에서 제 이름을 알고 있어도 특별하게 여겨지지 않지만 그때는 모르는 사람들이 "아, 저 또뚜야 씨 알아요. 제 친구 문제 해결해주셔서 감사합니다." 이렇게 인사하면 뭔가가 쭉 느껴졌죠.

지금은 상담이 제 업무지만, 그때는 다른 사람이 저에게 기대하고 도와달라는 일이어서 더 기쁘고 반가웠던 것 같아요. 고맙다는 말 한마디에 세상살이도 아름답게 느껴졌고요. 그전에는 아무 가치 없는 사람처럼 일하고 욕먹고 시키는 대로만 하며 돈 버는 기계 같다고 여겼던 인생이었잖아요. 살아야 하는 의미를 찾지 못했던 시기였죠. 이주민과함께를 만난 후 사람은 돈만 벌어서는 안 되고 배워야 하며, 배운 것을 다시 활용하면서 살아야 한다는 걸 알게 되었어요. 그렇게 내가 인간이라는 것을 깨달으면서 용기도 생겼고요. 그래서 그 단체에 빠진 거죠. 나를 인정해주고 존중해주는 사람들 틈에 있고 싶으니까요. 그때부터는 한국 사람에게 어떤 욕을 들어도 아프지 않았어요. 단계에 따라 이해심에 차이가 생긴 거죠. 사람은 조금 높은 수준에 있어야 모두 다 같은 인간임을 깨닫게 되는 것 같아요.

나 오늘 휴무!

친구가 프레스 사고를 당한 일이 제 인생을 바꾸는 계기가 되기도 한 것 같아요. MBC에서 그 친구에 대한 다큐멘터리도 방영했어요. 병원에 입원하고 수술을 몇 번 받았는데 그때 간병해주신 아주머니께서 그 친구를 입양했어요. 친구가 다치지 않았으면 저도 사업장 이탈을 안 했을 수도 있고, 미얀마로 돌아갔을 수도 있었겠죠. 이렇게 된 데에는 뭔가 이유가 있는 것 같아요.

사회의 민주주의나 인권, 노동권에 대해 이야기하면서 스스로 얼마나 자신감이 생겼겠어요. 사람들 앞에서 말도 하고 사장한테도 속으로지만 '공장에서는 니가 시키는 대로 하는 노예처럼 보일지 몰라도 다른 데 가면 내가 대단한 사람이다'라고 말하게 되고요. 그때 진짜 내가 행복하다는 걸 느꼈죠. 자존감이 생겼다고 할까. 제 사생활에도 변화가 생긴 거예요. 그전에는 평일 내내 일이 힘드니까 토요일마다 술을 마셨어요. 그런데 이후에는 술을 거의 마시지 않았어요. 술 냄새 나는 모습을 보여주고 싶지 않으니까요. 일요일에 수업과 회의 후 막걸리 한잔을 하더라도 실수할까봐 조심했어요. 사람들에게 존경받고 싶고, 인정받고 싶으니까 제 라이프스타일을 조금씩 바꾸게 되더라고요.

기타 칠 수 있는 것도 행복했어요. 열두 살에 기타를 배웠어요. 잘 치는 건 아니지만 노래할 수 있는 정도에요. 미얀마에는 밤에 마을 사거리 같은 곳에 모여서 기타 치는 문화가 있어

평일에는 욕을 들으며 공장에서 일하고,
주말에는 주변 사람들과 서로 존중하고
웃으며 지냈다고 말하는 또뚜야. ⓒ 최우창

요. 마음에 드는 여성의 집 근처에 가서 〈사랑의 노래〉 등을 부르거든요. 한국에 와서 기타를 한동안 못 쳤어요. 기숙사에서 생활했기 때문에 옆에 있는 사람들에게 방해되잖아요. 그러다 이주민과함께 행사에서 노래 불러달라는 요청을 받고 기타를 한 대 샀어요. 아직도 갖고 있어요. 사람들이 박수쳐주면 너무너무 좋아요. 행사만 기다리게 되는 거죠. 〈사람이 꽃보다 아름다워〉〈사랑 Two〉 같은 노래는 특별하게 외우고 연습했어요. 2004년과 2005년에 수업 마치고 같이 노래방 가서 노래하면서 행복하고 좋았어요.

한번은 회사에서 제가 "나 5·18 행사 참석할 거예요. 오늘 휴무!" 그렇게 말한 적이 있어요. 회사 사모가 "니가 5·18이랑 무슨 상관이냐?" 해서 "지금 한국 인권과 민주주의 공부하고 있어요. 아, 보내줘요"라고 했어요. 제가 사람이라는 걸 깨닫고 나니까 당당하게 이야기할 수 있었죠. 그때 사진을 보면 힘들었는데 뭔가를 알게 된 시점이라 웃음에도 용기가 좀 있어요. 광주 5·18 항쟁지 답사하고 망월묘지에 갔는데 확 깨달았죠. 민주화혁명에 희생된 영웅들의 묘지와 역사를 접했으니까요. 남아 있는 사람들을 위해 싸우며 언론의 자유, 목소리의 자유 같은 것들이 생겼잖아요. 진짜로 존경스러웠어요. 민주주의와 관련한 〈화려한 휴가〉나 〈택시 운전사〉 같은 영화를 보면서도 많이 배웠어요. 미얀마에서의 일처럼 영화가 생생하게 느껴졌어요. 영화를 보고 '아, 미얀마도 이렇게 한국처럼 잘될 거야' 같은 생각도 했고요. 지금도 그 마음이 있어요. 지금 쿠데타도 무너질 거예요. 오래 못 갈 거라는 믿음이 있어요……

평등을 위한 이주민연대

이주민과함께에서 방글라데시 이주활동가 샤골, 필리핀 이
주활동가 데니 형님, 베트남 대표들을 만났어요. 데니 형님은
1994년 한국으로 왔어요. 부산에 처음 만들어진 필리핀 공동
체 '피미왁'에서 활동해왔고 부산필리핀 공동체 '사피나코'의
대표예요. 여러 공동체가 함께할 수 있는 게 저한테는 큰 의미
가 있었어요. 다른 나라의 문화나 그 사람들이 가지고 있는 특
별함을 배울 수 있었죠. 2008년 12월, 평등을 위한 이주민연대
(Solidarity for Equality of Migrants in Korea, SEMIK, 이하 세믹)라는
이주활동가 조직을 만들었어요. 세믹에서 이주민아카데미도
열었고요. 노동법, UN 인권조약, 고용허가제 문제, 한국의 정치
와 역사를 공부했어요. 제가 2009년 이주민아카데미 1회 수료
생이에요. 세믹에서 한 달에 한 번 회의할 때 이주민과함께 활
동가가 그달의 주요 상담 내용과 활동을 설명하고, 세믹 멤버들
이 각 나라별 공동체 활동을 공유했어요.

샤골을 부러워하기도 했어요. 어느 날 부산 민주공원에서
하는 아시아 문화 한마당 행사에 초대받아서 갔거든요. 친구들
이랑 처음으로 참석한 행사였어요. 광장 밖에는 전시 부스들이
있고 한 시부터 행사가 시작이었어요. 샤골이랑 필리핀 이주활

기타 치며 노래하는 게 좋다는 또뚜야는 부산 이주노동자 밴드
'그린선데이' 활동도 했다.

동가 테스 누나 둘이 사회 보는데 그 모습이 부럽더라고요. '제
몇 회 아시아 문화 한마당 행사를 이제 시작하도록 하겠습니다'
라는 말을 혼자서 연습하기도 했어요.

처음으로 진행했던 산재 상담 과정은 영화로 만들기도 했
어요. 회사에서 산재당한 사람인데 회사가 폐업한다고 알려주
지 않고 폐업해버린 거예요. 폐업하면 이 친구가 해고되는 거
죠. 퇴사시키려면 퇴사 전에 고지해야 하는데 사업주가 하지 않
았어요. 문제가 생겼는데 사업주가 '나는 몰라' 하는 게 너무 짜
증나는 거죠. 혼자만 아는 것보다 많은 사람에게 알리고 싶은
거예요. 알려서 다시 안 생기게끔 전달하고 싶은 마음이었죠.
그때 만든 영화를 보고 너무 좋다며 자꾸 요청이 들어왔어요.

화질도 안 좋고 말도 제대로 안 들려서 자막을 넣었어요.

　상담 중에 노무사를 사칭하는 브로커를 만났는데 그 사람이 등급 올려줄 테니 자기에게 800만 원 정도 달라고 하더라고요. 이 사람을 믿지 않고 우리끼리 했어요. 브로커가 장해등급을 받아주겠다더니 7급 받았어요. 당연히 받을 수 있는 거였던 거죠. 손 다친 사람 입장에서는 1000만 원, 2000만 원 올라가는 게 별거 아니라고 생각하지만 그때 저는 그렇게 생각하지 못했어요. 장해가 남은 사람 앞에서 8급 받을 줄 알았는데 7급 받는 것을 두고 너무 행복한 일처럼 우리가 해냈다고 말했죠. 영상 찍는 것에 대해 이 친구는 조금 불만이 있었던 것 같아요. 나중에야 이해했어요. 제가 만약 손을 다쳤는데 얼굴을 보여줘야 한다면, '내 얼굴을 어디까지 보여줄 수 있을까. 가족들도 있는데……' 이렇게 생각하니 미안해졌어요. 저야 상담을 해왔기 때문에 많은 사람이 손해 안 보게끔 노력하는 과정에 집중하지만 이 사람 입장에서는 다를 수 있죠. 나중에야 동영상 보면서 안색이 안 좋은 걸 알게 되었죠. 처음 상담을 시작했을 때 장면 하나하나가 진짜로 기억이 나는데요. 매일같이 하는 일처럼 되고 나서는 그렇게 기억에 깊이 남아 있는 게 없는 것 같아요.

　이주민의 노동기본권을 만드는 데 참여한 것도 좋았어요. 마창거제산재추방운동연합과 금속노조 경남지부, 대우조선노조, 성동조선지회, 이주 단체들이 함께 발행한 이주민을 위한 권리 안내서였어요. 13개 언어로 4쇄까지 제작했죠. 처음 번역 작업했을 때는 공부하는 입장이었어요. 미얀마어·한국어로 되어 있으니까 상담할 때도 많은 도움이 됐죠. 3쇄를 찍었을 때 페이스북에 공유하고 친구들에게 보여주면서 라이브 방송을 통해 책 내용을 전달하기도 했어요. 이 책이 미얀마에서까지 유명해졌어요. 미얀마 양곤 시내에 책거리가 열리는 곳이 있어요. 경찰이 단속 오면 서로 알려줘서 도망갈 수 있도록 하는데 거기서 이 책을 팔더라고요. 내가 만든 책이 미얀마 책거리에 있는 걸 보니 뿌듯했어요. 한국에서도 많은 사람이 읽었대요. 이후 "여기 밤 열 시까지 야간 수당 있어요. 왜 안 줘요?" 하면서 자기들끼리 해결하는 건들이 늘어났죠. 4쇄를 발행할 땐 책 만드는 과정을 조금 더 알게 됐는데 그게 참 좋았어요. 전에는 번역만 했는데 네 번째 할 때는 활동가분들과 함께 의견 나누고 새로운 법도 추가하고 내용 수정도 하는 과정이 좋은 경험이었죠.

이주민과함께를 만난 이후 그전에는 경험해보지 못한 일들을 하게 되었죠. 제가 하고 싶은 일인지 몰랐다가 그제야 너무 좋아한다는 걸 알게 된 거잖아요. 여기 분들은 상대방 안에 숨어 있는 에너지가 밖으로 나오도록 꺼내주고 말도 할 수 있게 해주었어요. 사람을 믿으면 자연스러워지는 일들이 있더라고요. 이주노동자들도 자기가 지닌 좋은 활동력, 마음 같은 게 다 있을 거예요. 이분들에게 기회를 줘야 한다고 생각해요.

민주주의는 완성이 아닌 지속

미얀마 공동체 활동은 부산과 경남 지역에서 가장 먼저 시작했
어요. 2007년 미얀마 스님들에게 가해진 군부의 폭력에 항의하
는 시위가 부산역 앞에서 열렸어요. 그때 만난 친구들과 2008
년 황금빛살미얀마공동체(황금빛살)를 만들었어요. 50~100만
원을 내고 모아서 아프거나 일자리를 찾는 친구들이 이용할 수
있는 쉼터를 만들고 작은 도서관도 운영했어요. 황금빛살이라
는 이름을 지은 건 민랏이었어요. 미얀마에서 '빛'은 어둠을 거
두는 의미이자 지식이라는 의미로 많이 사용해요. 미얀마는 오
랜 기간 독재사회여서 사람의 생각이나 행동에 자유가 없었어
요. '책 읽고 서로 이야기 나누며 지식을 키우자' '빛과 같이 살
자'와 같은 의미를 담았죠. 쉼터 입구에는 "종교적·민족적·개념
적으로 하는 차별을 이곳에서 신발과 함께 벗으세요"라고 썼
고요.

도서관에서 미얀마 문화행사도 이어가고 있어요. 독립기
념일, 아웅산 장군 암살 추모일, 불교식 행사를 해요. 미얀마에
홍수 등 피해가 생기면 모금해서 지원하기도 하고요. 황금빛살
신문도 발행했어요. 지금은 페이스북 페이지를 통해 활동 소식
을 전해요. 한국어 교실, 노동법 교육, 미디어영상 교육, 한국 문
화 이해 교육, 귀국 준비 교육 등도 진행 중이에요. 지금은 거
제·울산에 불교 공동체가 생기고, 미얀마 공동체도 생겨나 성격
도 발전되었어요. 예전에는 대표를 맡으면 부담스러워했는데

황금빛살미얀마공동체 친구들과 또뚜야(앞줄 왼쪽 두 번째).

요즘은 서로 알아서 하는 편이에요. 그렇게 서로 의지하며 성장할 수 있는 관계를 맺는 거죠. 공동체 활동을 통해 우리가 바라는 것은 민주주의에요. 민주주의는 완성되는 게 아니잖아요. 지속되는 게 중요하죠. 저희가 그 부분을 준비하고 있다고 생각해요. 해외에서 공동체 활동을 하면서 민주주의 사회를 만들어가는 것이죠.

　공동체 활동가들은 멀리까지 생각하고 활동하는 사람이에요. 그런데 한국 정부가 지원하는 센터에서 일하는 이주민 활동가들에게는 그렇게까지 넓게 생각할 수 있는 기회가 주어지지 않는 것 같아요. 상담할 때도 직접 상담하기보다는 통역 역할을 많이 해요. 지원센터는 문제만 해결하면 끝인 경우가 많거든요. 저희가 활동하는 이유는 문제 해결뿐만 아니라 이 문제를 안 생기게끔 제도를 바꾸는 과정까지 꿈꾸기 때문이에요. 한국의 경우 어떤 정치인들이 정부 기관을 맡느냐에 따라 차이가 있을 것 같은데 대부분은 '법을 건드리지 말아라. 법 안에서만 활동하라'고 하죠.

나만 누리는 권리가 아닌

저는 부산외국인근로자지원센터에서 2013년부터 일을 시작했어요. 센터 선생님들도 같이 했으면 좋겠다고 바라기도 하고 저도 하고 싶었죠. 단체나 기관이 어떤 일을 하는지 배우고 싶었어요. 일단 5년 계획으로 일을 시작했죠.

저희에게 대사관은 너무 벽이 높은 기관입니다. 한국에 살았던 20년 동안 대사관 공무원이랑 대화해본 적도 없어요. 지금은 대사관분들과 서로 선생님이라고 부르는 사이가 되었지만요. 처음에는 제 자신을 낮춰서 행동했는데 활동하면서 조금씩 달라졌어요. 미얀마 쪽에서 해줘야 하는 일들이 있고 저도 한국에서 해줘야 하는 일들이 있으니까 서로 존중하게 된 거죠.

예를 들어 노동자 사망사고가 발생했는데 가족이 한국에 못 넘어오는 일들이 있어요. 대사관에서 공증이나 위임을 받아야 하는데 대사관에서 위임을 안 받아준다고 하면 문제가 복잡해지거든요. 독재하에서는 자신들이 안 해주면 끝이에요. 아무리 법에 있더라도 안 해준다고 거부하면 어쩔 수 없죠. 다행히 지금은 대사관과 대화를 통해 잘 해결할 수 있게 되었어요. 제가 기관에서 일하기에 가능한 거예요. 처음에는 대접받는다는 생각에 기뻤지만 이게 저만 누려야 할 권리가 아닌 것 같은 거예요. 제게는 선생님이라고 부르면서 다른 이주노동자들에게는 '야, 뭐' 이렇게 대하는 게 편치 않아요. 모든 사람이 누려야 할 권리잖아요. 아무것도 아닌 사람은 한 명도 없고 모두 가치 있는 사람들이니까요.

센터에서 일하면 문제를 해결할 때 효과적인 측면도 있어요. 제가 이주민과함께에서 상담 활동할 때와도 조금 차이가 나요. 그때는 이주노동자와 한국인 상담원 중간에서 제가 다시 물어보면서 해결해야 하니 속도가 느렸어요. 지금은 제가 노동부나 근로복지공단, 병원 같은 기관과 직접 소통해 해결하니 빨라요. 저를 센터에서 일한다고 소개할 때면 자전거를 혼자 탈 수 있게 되었을 때처럼 자신감도 차오르고요. 센터에서 다른 나라 출신 상담원들과 같이 일하거든요. 일주일에 한 번씩 회의하죠. 조금 복잡하거나 특별한 건들이 나올 때는 바로 의견을 나누는 게 좋아요. 이뿐만 아니라 미얀마에서도 남자·여자 역할이라는 벽이 높고 남녀 구별이 심해요. 그런데 같이 활동하면서 점점 차별적인 생각들이 줄어들고 감수성이 높아졌죠. 입장을 바꿔 생각하는 연습을 자주 해요. 센터에서 함께 활동하면서 얻은 좋은 경험이라고 생각해요.

우리는 어떤 사회에 살고 있나

한국에 거주하는 미얀마 노동자가 현재 2만 5천 명 정도 돼요. 많을 때는 3만 명 정도까지 있었어요. 다른 나라에도 많아요. 일본에는 1988년 후반에 많이 갔어요. 미얀마 노동자가 제일 많은 나라가 태국이에요. 임금이 많아 봐야 미얀마의 두 배 정도인데 미얀마에 일자리가 없으니 가는 거죠. 옆에 바다 건너 싱가포르는 주로 기술을 갖고 있거나 학력이 높은 사람들이 가요. 나라가 작아서 미등록 생활하기도 엄청 힘들고 처벌도 강해요. 미등록으로 일한 햇수에 따라서 1년에 네 번인가 나무로 엉덩이를 때리는 걸 영상으로 본 적이 있어요. 그렇게 맞고 나면 허리가 망가지죠. 태국이랑 말레이시아로 넘어가는 경우 브로커들이 많아요. 살인 사건들도 많고, 인신매매도 있어요. 차에 숨어서 국경을 넘어가다 공기가 부족해서 죽는 사람들도 있고요. 태국이나 말레이시아 바다에서 15년 동안 노예로 살다가 온 사람들도 있어요. 아프면 치료 과정 없이 그냥 바다에 물고기 밥으로 던져버리는 거예요. 그 사람들은 월급이 문제가 아니에요.

　미얀마 정부에서 이주노동하는 사람에게 주는 혜택은 없어요. 2010년 군부독재 때 총리를 했던 킹융이라는 사람이 있어요. 뇌물죄로 가택연금을 당했던 사람인데 민주주의 활동가들을 심하게 탄압했던 것으로 유명해요. 그 사람이 외국에 가는 이주노동자들을 배신자라고 했어요. 남의 나라 좋아해서 가는 거라고 사람들에게 세뇌시키는 거죠. 미얀마 사람들도 이주 가는 사람들을 배신자처럼 생각하는 시기가 있었어요. 힘들게 고생하더라도 같이 있어야 하는데 자기 가족에게만 돈 보내며 편하게 산다고 비난했죠. 반면 미얀마에서 일하는 사람들은 애국자라고 교육했어요. 미얀마 내부에 불만이 올라올까봐 그렇게 하는 거예요.

이주노동하는 사람한테 세금 10프로 받는 것도 대부분 몰라요. 세금을 떼가는데 그 돈이 어디로 갔고 무엇에 쓰였는지 저희도 몰라요. 세금은 법적으로 10프로라고 했지만 중간에 대사 마음대로 깎아줄 수 있는 것들이 있었어요. 여권 연장하러 갈 때 한국에 언제 왔는지에 따라 세금을 내야 하는 거예요. 제가 2011년 미얀마에 갔을 때 한동안 세금을 못 내서 350만 원 정도를 한꺼번에 냈어요. 제 목걸이 팔았죠(웃음). 2010년경부터 세금을 내야 하는 의무는 사라졌어요. 지금은 한국에서 버는 돈을 '화이트 머니'로서 법적으로 인정받으려면 한국에서 만들어야 하는 것이 있어요. 세무서 가서 신청할 수 있죠.

예전 편지랑 글을 다시 읽어보니 너무 가난했다는 생각이 들어요. 열심히 일하고 노력해도 왜 그렇게 가난했는지 모르겠어요. 정치 시스템의 중요성을 느껴요. 한국도 일한 만큼 보장해주는 사회가 아니라는 걸 시간이 지나 알게 됐어요. 미얀마에 있을 때 군부독재하에 생활하는 게 힘들고 어렵다는 것을 느끼지 못하는 것처럼 한국에 와서도 처음에는 느끼지 못하죠. 이주민과함께 활동가들과 만나고 나서야 이해가 됐어요.

사회가 사람을 변화시킬 수 있어요. 어떤 사회에 살고 있나? 사회가 어떻게 구성되어 있는가? 그런 질문이 중요하다고 생각해요. 그에 대해 배우면서 느끼는 순간이 아주 좋아요. 일해서 돈 버는 것도 좋지만, 그것과는 다른 행복을 줘요. 사람들로부터 존중받는다는 느낌이 쌓여가면서 하고 싶다는 마음도 커지고요. 함께하는 사람들이 있기에 가능하죠. 한국 활동가들이 제게 많은 영향을 미쳤다고 생각해요. 데니 형, 이주노조의 우다야 위원장님이 쭉 활동해오고 있는 걸 보면서 저도 끝까지 가자고 마음을 다져요. 그리고 한국 활동가들이 간절한 마음으로 항상 같은 모습으로 활동하고 있으니까 그것도 힘이 되는 것 같아요.

사람들에게 도움을 주면 가끔 마음이 흔들릴 때도 있어요. 내가 대단하다고 생각하거나 잘난 것처럼 여길 수 있잖아요. 그럴 때면 '한국 활동가들은 자랑하지 않는데'라고 생각하며 겸손해져야 한다고 마음먹어요. 일할 때도 권력을 사용해 대화하거나 행동하는 게 문제라고 생각해요. 가끔 상담하다 보면 본인도 모르게 함부로 할 수 있어요. 상대방이 내 도움을 받으러 온 사람이라고 생각해 낮춰 보며 대화하는 경우가 있잖아요. 임금체불 건으로 상담할 때 "왜 전에 말 안 했어?" "왜 가만히 있어?" 물으며 조금 혼내면서 도와주는 거죠. 상담이 권력은 아닌데 마치 자신이 위에 있는 것처럼 대화하는 경우가 있어요. 그럴 때 저는 "군부독재가 싫다고 하지 마라. 반대한다면 우리도 군부독재처럼 하면 안 되지"라고 말해요. 그러면 사람들이 맞다고 깨달아요. 누군가의 행동이 싫다면 나도 그걸 남에게 해서는 안 되는 거죠. 저는 어렸을 때부터 스스로에게 질문하는 습관이 있어요. 사람이 살면서 좀 부딪힐 때도 있잖아요. 대화하다가 싸우기도 하고요. 그럴 때 생각해요. 왜 대화가 이렇게 흘러갔는지 스스로 묻는 거죠. 끊임없이 스스로한테 질문을 많이 하는 편이에요.

경계 없는 정의를 위해

처음 활동할 때는 같은 국적을 가졌다는 점에 신경을 많이 썼어요. 이제 그런 구분이 없어요. 지금은 누구 한 사람만을 위한 것이 아니라 정의를 위해 일하고 있다고 생각해요. 상담할 때도 한국 사람이라서 싸우는 것이 아니라 임금을 주지 않았기 때문에 싸우는 거죠. 사장 중에는 월급을 안 주는 것이 법 위반이라는 것을 모르는 사람도 있어요. 저는 '한국 사장님 나빠요' 그런 말을 즐겨 쓰지 않아요. 문제 해결을 하되 사장 마음이 바뀔 수 있다면 더 효과적이죠. 그래서 사장과 대화할 때도 신경을 써요. 마음을 바꿀 수 없는 고집 센 사장이라면 예외지만요. 퇴직금을 못 주겠다 하면 그 이유를 정확하게 알아야 하죠. 노동자가 법을 몰라서 안 줘도 뭘 할 수 없다고 생각해서 일부러 안 줄 수도 있지만, 진짜로 사장이 경제적으로 힘들고 어렵다면 사장에게 다른 방법도 설명해주죠. 사장이 "아, 난 몰라 이런 거" 하다가도 부끄러워하거나 후회하는 맘이 생기게끔 해보려고 해요. 두 번 다시 그런 행동을 하지 않도록 말할 수 있는 기회만 생기면 이야기해요.

활동 초기에는 임금체불로 돈을 안 줘도 어쩔 수 없고, 어느 단체나 도와주는 사람들을 통해 돌려받으면 다행이라고 생각했어요. 사회에 대한 이해가 그 정도였죠. 사업주가 임금체불한 돈만 돌려주면 "감사합니다"라고 말한 적도 있어요. 사실 감사할 일이 아니잖아요. 또 사업주가 형사 처벌을 원하지 않는다는 사인과 진정 취하를 요구하는 경우가 있어요. 저는 쉽게 해주지 않아요. "왜 사인을 해줘야 해요? 형사 처벌을 요구할 수 있죠"라고 한마디 해요. 그리고 노동자한테 물어봐요. 월급을 두 달 전에 받아야 하는데 이제야 받았으니 사장이 법을 위반한 거고 본인이 형사 처벌을 원할 수도 있다고 설명한 후 어떻게 하고 싶은지 물어보는 거죠. 사장님이 여기에 사인하라고 요구할 권한이 없다고 설명해주는 거예요. 그러면 사장들은 놀라서 "아이고, 좀 부탁드립니다." 이렇게 말을 바꿔요. 근로감독관도 노동자에게 설명을 해줘야 하는데도 안 하는 경우가 많아요.

미얀마 사람이 뭔가 잘못했다는 말이나 미얀마를 비판하는 이야기에 예민해지는 사람들이 있어요. 저도 그런 사람 중 한 명이었어요. 지금은 내용이 맞고 틀렸는지를 설명하고 예민하지는 않아요. 국가나 종교의 장벽이나 경계가 사라지면 문제 해결 방법도 빨리 찾을 수 있다고 생각해요. 김해에서 미얀마 사람들과 인도네시아 사람들이 서로 단체 폭행한 사건이 있었어요. 미얀마 사람이 맞았다는 소식을 듣고 복수한다고 사람을

누구 한 사람을 위해서가 아닌 정의를 위해서 일하고 있다고 생각한다는 또뚜야.
거리 투쟁에서 어업 노동자의 인권 보장을 요구하고 있다.

모집하더라고요. 그때 제가 "이건 A하고 B의 문제잖아. A가 미
얀마 사람이라서 다른 인도네시아 사람을 공격하면, 인도네시
아 사람이 또 미얀마 사람 중 누군가를 또 공격하게 되고 끝이
없잖아"라고 이야기했죠. 중국 시진핑 정부가 유엔에서 미얀마
군부 제재를 반대한다며 중국 사람들이 하는 음식점에 가지 말
라고도 해요. 그래서 제가 페이스북에 글을 올렸어요. "인권과
민주주의를 요구하면서 무슨 말이냐? 만약 시진핑이 하는 요리
점을 복수심 때문에 안 간다면 이해가 되는데 중국 음식점에 가
지 말고 중국 음식을 먹지 말라니. 민주주의 활동하고 있는 게
맞냐? 다시 살펴봐라." 이렇게요. 누구도 제 말에 쉽게 반대하지
못해요.

저는 데니 형님이나 샤골을 남의 나라 사람이라고 생각하지 않아요. 데니 형님은 필리핀 국적을 가진 나의 친구고, 샤골도 방글라데시 국적을 가진 나의 친구죠. 모든 것에 대해 다 이야기할 수 있고 의견이 안 맞으면 논쟁할 수 있어요. 논쟁은 논쟁일 뿐 다른 백그라운드가 없다는 말이에요. 이슬람이나 다른 배경 없이 자유롭게 말할 수 있죠. 이주민들이 활동할 때 국가별로 공동체 활동하는 것도 중요하지만 여러 나라가 함께 활동하는 것이 꼭 필요하다고 저는 생각해요. 한국에 와서 성경도 공부했어요. 모태신앙은 불교이지만 다른 종교에 대해 알고 이해하고 싶었어요. 이슬람교에 대한 책도 읽어봤어요. 미얀마에 《네 가지 종교》라는 책이 있어요. 불교·이슬람·기독교·힌두교를 다루죠. 그 책 덕분에 생각이 좀 넓어진 것 같아요.

제가 아무리 경계 없이 동등한 인간으로서 대한다 해도 한국사회에는 여전히 큰 벽과 여러 차별이 존재하죠. 저는 그런 일을 겪을 때면 제 상대가 아니라고 생각해요. 대화를 무기처럼 쓰고 싶어요. 어떤 사람을 내 편으로 만드는 것보다 정의롭게 만드는 것이 세상에 더 도움이 된다고 생각해요.

이런 건 미얀마 로힝야 문제와도 연결돼요. 미얀마 소수민족이 135개 있다고 했는데 1948년에 독립했을 때는 128개라고 했어요. 1962년 쿠데타 후 42개를 올렸다가 군사 쿠데타 후 현재 110개 정도로 바꾸었어요. 제가 "미얀마 소수민족은 도대체 몇 개인지 정확히 모른다. 이 사람들은 소수민족이다. 나머지는 아니다. 그것도 증거가 없는 말이다"라고 이야기하니까 민주주의 활동하는 사람 중에서도 "지금 예민하고 상황이 복잡한데 로힝야 이야기하지 마세요" 하고 어떤 사람이 대꾸했어요. 저는 지금 말하지 않으면 언제 하냐고 반론했어요. 민주주의를 외치면서 인권을 원한다고 말하지만 이 사람이 말하는 바는 인권이 아니잖아요. 인권은 저뿐 아니라 모든 인간이 평등하다는 걸 뜻하죠. 저는 그런 내용의 글들을 SNS에 계속 올려요. 자신만 주장하게 되면 언젠가 나중에 독재가 될 수 있다. 모두의 인권이 보장되는 게 민주주의니까요. 로힝야의 인권도 이야기해야 한다고 생각해요. 태어날 때부터 이 동네에서 살았으면 이 사람들이 있다는 걸 인정해야죠. 이런 이야기를 공식적으로 말하고 싶은데 언젠가는 그럴 수 있겠죠.

희망과 불안이 공존하는 미얀마

부모님께서는 1988년에 대한 이야기를 집에서 하지 않으셨어요. 저는 속으로 '왜 내가 군부를 존경해야 하나?' 정도만 생각했죠. 나라 밖으로 나오니 다 보였어요. 독재자들 행동이 잘못된 것이고, 무기를 가지고 사람을 협박해서 자기들 마음대로 통치하고 있다는 것을 깨달았어요. 한국에 와서야 뉴스나 유튜브에서 보고 알게 된 거지 미얀마에서는 아무것도 볼 수 없었어요. 민주화를 요구하며 시위하는 모습은 안 보여주고 사람들이 살인하고 불 지르며 서로 폭행하는 모습만 보여주었죠. 시민들이 양곤 시내에 경찰을 끌어다가 목을 잘라서 나무에 툭 박고 돌아다니는 거예요. 경찰서를 공격하고 불태우기도 하고요. 집회 중 누군가가 "군인이 사람 또 잡아" 하면 잡아서 양쪽으로 몸을 당겨 손이 빠지는 걸 보여줬어요. 심장질환이 있는 사람이나 어린아이는 보지 말라고 광고하면서요. 그런 장면을 접하면 군인 없이 우리나라가 안전할 수 있을까 생각하게 되는 거죠. 나라에서 쌀이나 기름을 보관하는 창고가 있는데 사람들이 창고 문을 떼어서 기름을 싹 다 가져가요. 백화점 물건들도 다 훔쳐 가고요. 그러면 우리 동네에도 와서 불태울 수 있다고 염려하게 되고 군사 쿠데타를 인정하게 되는 거예요.

사람이라는 게 조금 편하면 여러 가지를 생각할 수 있잖아요. 저도 한국에 와서 1년 동안 아무 생각 못하다 빚 다 갚고 수입이 조금 생기자 '누가 괴롭히는 건 문제다. 이건 노동착취고 인권침해네' 이렇게 생각할 수 있게 됐어요. 군부 독재는 시민들이 먹고사는 게 힘들어서 먹기 위해 일하는 것에만 집중하고 다른 생각을 못하게 만드는 거라고 생각해요. 겁을 주고 협박하면 정치 활동을 못하죠. 지난 10년간 민주주의를 경험한 사람들의 에너지가 커져서 지금 혁명 시위에 참여하는 것 같아요. 1988년에는 힘들기도 하고 겁도 나고 연대가 없었어요.

지금 희망은 젊은 Z세대예요. Z세대는 군사 쿠데타에 맞서 민주주의를 되찾겠다는 믿음이 강해요. 이 세대는 10대 후반과 20대 초반의 노동자·고등학생·대학생들이고요. 이 중 20대 노동자와 학생은 Y세대로 불려요. YZ세대는 군부가 차단한 인터

　　　결을 만드는 사람

2021년 2월 1일 미얀마에서 군부 쿠데타가 일어나자 2월 14일 일요일
황금빛살미얀마공동체 회원들 80여 명이 비가 쏟아지는 부산역에서 항의 집회를
시작했다. ⓒ 최우창

넷을 뚫는 기술적 방법을 알고 SNS로 미얀마 투쟁 상황과 소식
을 널리 전하고 있어요. 지난 10년 동안 진짜 민주주의를 이룬
것은 아니지만, 저희 아버지 시대처럼 병원에 군인이 와서 의사
에게 명령하는 행동은 없었어요. 몰래 한 경우는 있지만 사람들
눈앞에서는 못했죠. 이런 10년 동안 성장한 세대여서 군부에게
"미쳤나, 웃기다. 우리들한테 할 수 있나?" 하면서 꺾이지 않고
활동해요. 조금 걱정되고 불안한 부분은 있어요. 예전처럼 다시
되돌아가는 게 아닐까 싶죠. 그런데 Z세대는 죽는 것을 두려워
하지 않아요. 이들의 노래·시·글을 보면서 저도 용기를 얻고 있
어요.

UN이나 미국도 폭격하지 말라고 경고하지만 실제로는 경제 제재밖에 없어요. 제재하면 군부만 힘든 게 아니라 시민들이 더욱 힘들어요. 다른 외국 회사들은 안 들어오고 중국 회사만 들어오니까요. 월급을 100달러는 받아야 하는데 중국 회사는 20달러만 줘요. 먹고살아야 하니 20달러 일자리라도 얻어야 하는 거죠. 그 와중에 5달러는 정부가 가져가요. 그러다 보면 사람들이 쿠데타가 괜찮다는 식으로 생각하게 돼요. 여권도 다 압수해서 지금 미얀마에서는 출국을 못해요.

군부 스스로 이렇게 하면 안 된다는 걸 깨달아야만 쿠데타가 끝날 거예요. 죽어도 또 나오고 죽어도 또 나오는구나. 이렇게 더 이상 안 된다는 걸 깨달을 때까지 해야 한다고 생각해요. 만약 지금 그 자리에 제가 간다면 그렇게까지 할 수 있나 싶어요. 내 목숨을 걸고 할 수 있나? 솔직히 용기가 안 나요. 그렇지만 예전에 하루 9시간 잔업도 주변 사람들이 하고 있으니까 그럴 수 있었던 것처럼 지금도 다 같이 죽자고 하면 피하지 않고 같이 죽겠다 각오할 수 있다고 생각해요.

저희가 부산역 앞에서 투쟁하고 글도 쓰고 페이스북에 상황도 올리잖아요. 2021년 2월 1일 미얀마에 군사 쿠데타가 일어나고, 2월 14일 일요일 황금빛살 회원들 80여 명이 비가 쏟아지는 부산역에서 항의 집회를 시작했어요. 그 뒤 매주 일요일 집회를 이어오다가 2021년 3월 부산 지역 시민사회와 노동단체들이 미얀마 민주화에 힘을 보태려고 미얀마민주항쟁연대 부산네트워크를 만들었어요. 포스코와 한국가스공사의 미얀마

관계단절 촉구 서명운동과 1인 시위, 미얀마 민주항쟁 이야기 나눔, 미얀마 민주항쟁 사진전도 했어요. 미얀마 민주화를 위한 연대 활동은 계속 이어지는 중이에요. 미래가 어떻게 될지는 아무도 모르죠. 미얀마 외부의 연대도 필요하지만 미얀마 내부에서 투쟁하는 것이 더 중요하다고 생각합니다.

또 다른 나를 찾는 꿈

미얀마 상황이 지금과 같지 않았다면 실행해보고 싶은 계획이 있었어요. 한국에서 10년 동안 노동 상담 활동도 했으니까 미얀마에 가서 노조 활동이나 아이들 교육 활동을 해야겠다고 마음 먹고 준비했는데 쿠데타가 일어난 거죠. 공동체 활동 초기에는 노동절 집회에 가서 인사하는 것이 전부였어요. 민주노총에서 만드는 책이랑 금속노조 신문 《이주노동자 바지락》도 제가 미얀마어로 번역해요. 그 작업을 하면서 노조가 필요하다는 생각을 갖게 되었어요. 6개월 전 즈음 녹산공단에 미얀마 노동자들이 처음으로 민주노총 금속노조에 가입하게 되었어요. 노조 조끼를 입은 친구들의 말도 눈빛도 다르게 보이더라고요. 몇 년 전부터 민주노총에 강의하러 가게 되면서 노조 활동에 대해 고민을 시작했고요. 특히 미얀마에서 쿠데타가 발생하면서 더욱 노조가 필요하다는 것을 깨달았어요. 노조가 힘이 있어야 군부도 함부로 못하니까요. 미얀마에는 그런 게 없어서 군부가 쉽게 쿠데타를 하는 거예요.

미얀마 트레이드 유니온과 2020년 초에 만났어요. 앞으로 같이할 수 있는 일들이 뭐가 있을지 의논해보자고 약속 날짜를 잡았는데, 코로나 때문에 못 갔어요. 노조에서 두 달에 한 번씩 나오는 잡지에 원고도 쓰고 있는데요. 한국에서의 경험이나 한국 노동법, 그리고 상담 중 특별한 건들을 미얀마어로 쓰니 완전 재미있어요. 그 활동가들도 대단해요. 1988년에 민주화운동을 하다 감옥에 들어갔던 사람들이에요. 한국은 노조나 노동운동이 앞선 나라잖아요. 제가 중간 역할을 해서 한국 노조랑 미얀마 노조가 연대하고, 미얀마 노동자들에게 한국의 노조 활동을 전달하는 교육을 할 계획이었어요. 그렇게 할 수 있을 거라고 생각했는데 지금 못 가니까 답답해요.

한국에서 몇 년 동안 활동해왔으니까 관심 있는 친구들이 함께하면 되겠죠. 적어도 예순까지는 건강이 되면 미얀마를 위해 활동하고 싶어요. 1~2년만 지나면 쉰 살이 되니 많이 해봐야 10년이죠. 그 기간 동안 활동할 수 있는 사람들을 찾아야 해요. 앞으로 10년 동안 이 일에 에너지를 쓰고 싶어요. 저 혼자가 아니라 100명, 1000명이 생기면 저는 그 후에 쉬면 되니까요. 한국에서는 활동가 찾기가 어려워요. 미얀마보다도 월급이 많고, 더 나쁜 환경을 경험한 일이 많기에 이곳이 좋은 거예요. 여기서보다 미얀마에서 활동가를 찾아야 해요.

제 경험이 대단한 것이 아니더라도 한국에 와 있는 미얀마 친구들에게 전하고 싶어요. 제가 한국에 처음 왔던 때보다 현재

곁을 만드는 사람

는 인권이나 노동조건이 조금 나아졌지만 저절로 변화가 일어난 게 아님을요. 앞선 사람들이 흘린 피와 땀으로 만들어진 혜택을 우리가 누리는 거잖아요. 감사한 마음으로 다음 세상을 위해 무엇인가를 해야 한다는 의무감을 깨달으면 좋겠어요. 스스로 깨닫는 게 최고라고 생각해요. 이주민과함께에서는 "너 이거 해야 해"라는 말을 들은 적이 없어요. 그분들이 하는 걸 보고 하고 싶은 마음 생긴 거예요.

만일 가족들과 주변 사람들의 도움과 지지가 없었더라면 지금처럼 활동하면서 살아올 수 없었을 거예요. 매일 잠자리에 들 때마다 많은 분을 생각하며 기도해요. 일일이 고맙다고 말로 표현하기보다 내가 어떻게 살 것인지 스스로 약속하는 거죠.

노조
조끼를
입으면

구술: 차민다
글: 홍세미

프라사드 차민다(ප්‍රසාද් චාමින්ද)는 1979년 스리랑카 파나두라 지역에서 태어났다. 그의 고향은 스리랑카 서부에 위치한 마을로 바다와 강, 호수로 둘러싸여 있다. 한적한 해변이 끝도 없이 펼쳐져 있으며 어디에서나 커다란 야자수를 볼 수 있는 아름다운 마을이다. 수도 콜롬보와 가까운 관광지인 데다 신선한 해산물과 과일, 채소를 저렴하게 구할 수 있어 유럽과 호주에서 온 관광객들이 넘쳐난다. 차민다는 이곳에서 나고 자랐다.

스리랑카에서는 공무원이 인기가 많다. 본인의 노력에 따라 높은 자리까지 갈 수 있고 은퇴 후에도 연금이 나와 안정적인 생활을 보장받는 거의 유일한 일자리이기 때문이다. 공무원이 된 자녀는 가족의 평생 자랑거리다. 차민다도 공무원을 꿈꾸었으나 그러기 위해서는 대학에 진학해야 했고 졸업 후에도 몇 년간 공부에 매진해야 했다. 부모님은 관광객을 상대하는 일을 하시며 틈틈이 땅도 일구었지만 가족이 겨우 생계를 유지할 수 있는 수준이었다.

차민다는 2003년 스물다섯 살에 산업연수생 신분으로 한국에 들어왔다. 일은 위험하고 차별은 노골적이었지만 한국어가 서툰 이주노동자를 보호해주는 사람과 제도는 미비했다. 산업연수생으로 일하는 3년간 하루에 12시간 이상씩 일했다. 이후 사업장을 이탈해 대구에서 미등록 노동자로 일했는데 한국어가 능숙해질수록 이주노동자들이 겪는 차별과 위험이 더 선명하게 보여 몸보다 마음이 더 힘들었다.

차민다는 한국 생활에 지쳐가던 무렵 친구가 통역을 부탁해 성서공단노조(현 금속노조 성서공단 지역지회) 사무실에 처음 방문했다. 이후 10년 동안 스리랑카 이주노동자들의 통역 자원봉사자로 활동하며 성서노조 투쟁 현장에 함께했다. 2019년부터는 대구 성서노조에서 활동가로 상근하며 이주노동자 지원활동을 시작했고, 그해에 '제1회 이주노동자 희망상'을 수상했다. 현재 금속노조 성서공단 지역지회 부지회장으로 활동 중이다.

빚을 내 한국에 오다

스리랑카에는 외국으로 돈을 벌러 나가는 사람들이 정말 많아요. 대부분 유럽·호주·일본에 가고 싶어 하지만 유럽·일본은 돈이 많아야 갈 수 있어요. 그 지역에 못 가는 사람들은 사우디아라비아·쿠웨이트·두바이·싱가폴로 갑니다.

저는 고등학교를 졸업하고 일자리를 구하지 못해 모교에서 육상 교사로 자원봉사를 하면서 지내고 있었어요. 그때 한국에 산업연수생으로 일하러 갈 수 있다는 신문 기사를 보게 되었죠. 스리랑카 고위 공무원이 받는 월급보다 한국에서 받는 돈이 두 배나 많다고 했습니다. 아버지도 한번 해보라고 하시더라고요. 아버지 역시 사우디아라비아에서 6년 동안 일하셨던 이주노동자셨어요. 저는 한국 가서 3년만 돈 벌자고 생각했어요.

스리랑카에 한국으로 이주노동자를 보내는 송출업체가 있었어요. 신청하더라도 다 갈 수 있는 건 아니에요. 국회의원 같은 사람이 이 사람 보내라고 하면 그 사람 먼저 보냈어요. 산업연수생으로 한국에 가야 할 때는 개인이 송출업체에 돈을 내야했어요. 송출업체를 통하지 않고 개인적으로 갈 수도 있었는데 그러려면 돈이 훨씬 많이 필요해요. 저는 다행히 송출업체를 통해 가게 되어서 한국 돈으로 70만 원 정도를 냈어요. 그 돈은 저희 형편에서는 정말 큰돈이었어요. 은행에서는 최대 60만 원까지 대출해주는데 그걸 3년간 나눠 갚아야 해요. 그런데 이자가 많이 나가기 때문에 은행 대출을 안 받았어요. 아버지가 땅을 담보로 아는 사람한테 돈을 빌렸고 제가 한국 와서 넉 달 만에 갚았어요.

송출업체와 계약을 체결하는데 업체 직원이 가리킨 곳에 무슨 내용인지 알려주지도 않은 채 사인하라고 했어요. 사인한 계약서는 저한테 주지 않고 다 가져가더라고요. 한국에 가게 되면 한국 돈으로 51만 원 정도의 월급을 받을 거라고 알려줬어요. 어디에서 무슨 일을 하는지는 한국에 와서야 알았어요. 계약 후에 체력 테스트를 받았는데 특별한 내용은 아니었고, 무거운 걸 잘 드는지 확인하는 정도였어요. 몸무게도 50킬로 이상이어야 한다는 기준이 있었죠. 당시 저는 키 178센티에 53킬로였어요.

계약해도 바로 일하러 가는 건 아니고 한국 비자가 나올 때까지 기다려야 했는데 그동안 간단한 한국어를 배웠습니다. 산업연수생은 한국어능력시험을 보지 않아도 12일 교육만 받으면 한국에 들어갈 수 있었어요. 스리랑카에 한국어 선생님이 있어서 한글 읽는 법과 기초 회화를 배웠어요. 12일 안에 한국말을 배울 수 있을까 싶었는데 읽기와 쓰기는 가능하더라고요.

기계처럼 일한 나날들

2003년 산업연수생으로 D-3 비자를 받아 스리랑카 사람 52명이 같이 한국에 들어왔어요. 그때 저는 스물세 살이었어요. 스리랑카에서는 군대 갈 때 머리를 빡빡 깎는데 그때처럼 빡빡 깎고 왔어요. 군대에 가는 마음이었거든요. 아는 분이 한국에 가면 월급 받을 때까지 한 달간 생활할 돈이 있어야 한다며 100달러 정도 챙겨가라고 말씀해주셨어요. 저는 돈이 없어서 30달러만 겨우 가져왔어요. 인천공항에서 환전하는데 만 원짜리 몇 장이랑 100원짜리 동전 몇 개를 받았어요. 스리랑카 대사관 직원이 나와서 스리랑카에 전화할 수 있는 국제 전화카드를 팔았는데 카드값으로 15000원을 내고 나니까 제 손에 35000원이 남더라고요.

산업연수생들은 입국해서 바로 공장으로 가지 않고 사흘 동안 합숙훈련을 했어요. 합숙훈련 비용도 산업연수생들이 내야 했는데 저는 파견될 업체에서 내주었어요. 합숙훈련이 끝나면 공장 사장님들이 와서 자기네 공장으로 배정된 이주노동자들을 데리고 가요. 들어올 때 스리랑카 사람 52명이 함께했지만 제가 배정된 공장에는 저 혼자 갔어요. 공장 부장님이 저를 데리러 왔어요. 처음에는 설명이 전혀 없어서 제가 어느 공장으로 가는지 어디에 있는 공장인지조차 몰랐어요. 중간에 부장님이 편의점 앞에서 차를 세우고 음료수를 사주었어요. 편의점 옆에 소 농장이 있어서 제가 영어로 "여기가 제 공장이에요?"라고 물었던 기억이 나요. 제가 답답해하니까 공장에 스리랑카 사람이 있다면서 전화를 걸어서 바꿔주셨어요. 통화하고 나서야 마음이 조금 놓였어요.

제가 일하던 공장은 팥빙수에 들어가는 팥을 만드는 공장이었어요. 한국인 노동자들은 아홉 시부터 여섯 시까지 일하고, 이주노동자들은 새벽 여섯 시부터 저녁 여섯 시까지 하루에 12시간씩 일했어요. 그때는 기본급이 51만 원이었는데 잔업 수당을 포함해 75만 원 정도 받았어요.

제가 처음 맡은 일은 원래 중국 할아버지가 하던 일이었는데 그분이 휴가로 중국에 가 계시는 동안 제가 했어요. 한국 아

한국에 처음 들어왔을 무렵의 차민다.

주머니들과 팥에 있는 돌을 골라냈는데 그 일은 편했어요. 한국 아저씨들은 한국말 한 가지를 물어보면 그것만 가르쳐주는데 아주머니들은 한 가지를 물어보면 여러 가지를 가르쳐주었어요. 아주머니들과 함께하다 보니 일도 재밌고 한국말도 빨리 배웠어요. 한 달 뒤에 할아버지가 휴가에서 돌아오셔서 다른 일을 하게 되었어요.

공장에서 새로 맡은 일은 힘들고 위험했어요. 컨테이너에 쌓여 있는 45킬로짜리 팥 자루를 구루마에 싣고 가공 공장으로 가지고 간 후, 커다란 솥에 팥 자루를 붓는 일이었어요. 솥에 팥을 끓이다 보면 팥물이 퐁퐁 튀는데 몸에 맞으면 화상을 입었거든요. 다치지 않게 항상 조심해야 했죠. 팥이 다 끓으면 자동으

곁을 만드는 사람

로 캔에 소분되어 담겨요. 밀봉되어 자동으로 밀려 나오는 캔을 구루마에 하나씩 쌓아요. 구루마에 캔을 50개씩 싣고 옮겼어요.

팥 자루를 내리고, 솥에 붓고, 팥 캔을 싣는 일을 하루 종일 반복하니까 허리가 굉장히 아팠어요. 그때는 나이도 어리고 요령도 없잖아요. 일이 힘들다고 도망간 이주노동자들도 있었어요. 저도 도망가고 싶었지만 한국말을 못하니까 도망갔다가 강제 추방당할까봐 힘들어도 참았어요. 사업장 이동을 할 수 있었는데 그때는 몰랐어요. 그런 이야기를 해주는 사람이 없었죠.

끓고 있는 팥물은 진짜 뜨겁거든요. 솥에서 팥물이 튀었는데 장갑도 녹고 피부도 녹더라고요. 닭고기 껍질 벗겨지듯 피부가 벗겨졌어요. 그땐 산재에 대해 잘 몰랐어요. 다치면 보상받을 수 있다는 걸 몰라서 병원에서 치료만 받았어요. 시간이 많이 흘렀는데 아직도 흉터가 남아 있어요. 일이 힘들어서 죽고 싶은 마음이었지만 스리랑카에 돌아가고 싶지는 않았어요. 힘들게 한국에 왔으니까 돈을 벌어야 한다는 생각만 했어요.

위험한 일이 많았어요. 일한 지 1년 됐을 때 일이에요. 한국 직원하고 둘이 일하는데 모터 스위치가 그 직원 쪽에 있었거든요. 제 손이 기계 위에 있었는데 그 형님이 못 보고 기계 작동 스위치를 눌렀어요. 모터가 돌아가면서 제 장갑이 끼어 들어갔어요. 그때 형님한테 모터 스위치 끄라고 소리쳐야 하는데 손동작으로만 끄라고 했기 때문에 그 형님이 알아듣지 못하신 거예요. 손가락이 잘리는 줄 알고 너무 놀랐어요. 다행히 장갑만 빨려 들어가고 손가락은 스치기만 했어요. 놀라고 화가 나는데 말을 못하니까 눈물만 흘렸죠. 말을 할 줄 알아야 욕이라도 할 텐데 표현을 못해서 답답한 나날이었어요.

아파도 병원에 가지 못하고

지금 고용허가제로 들어오는 이주노동자들은 한국어능력시험을 통과해야 하기 때문에 본국에서 한국어를 익히고 와요. 그래서 한국 생활에 적응하는 것도 빠르고 기술도 빨리 배워요. 산업연수생으로 들어온 이주노동자들은 연수생 신분이니까 기술도 모르고 한국말도 모르고 입국했거든요. 한국 관리자들은 한국어로 말하지만 저는 한국어를 못하니까 몸으로 말하는 거예요. 똑같은 사람인데 말이 안 통하니까 너무 답답했어요. 소통이 잘 안 돼서 일도 제대로 배울 수 없고 몸이 아파도 사장님에게 이야기할 수 없었어요.

한국말도 못하고 한국 문화도 잘 몰라서 이해하기 어려운 일도 많았어요. 언젠가 공장에 한국인 노동자 두 명이 새로 와서 밤에 술을 많이 마셨어요. 저랑 다른 스리랑카 형님은 술을 안 마셔서 저희는 일찍 잤거든요. 아침에 일어나니까 밖이 시끄러웠어요. 어제까지 멀쩡했던 사람이 죽었다는 거예요. 술 마시고 싸우다가 머리를 벽에 부딪혔다고 했어요. 정말 놀랐어요. 함께 술 마신 한국 사람은 경찰이 데려갔어요. 그다음부터 한국 사람들과 술 마시는 것도 조심하고 술자리에 있을 때도 가만히 있었어요.

　한국말에는 반말과 높임말이 있잖아요. '~요' '~다'를 붙이는 말이 다 비슷하다고 생각했어요. 팥빙수 기계를 청소하다가 부장님한테 물을 잘못 뿌렸는데 제가 놀라서 "부장님, 감사합니다"라고 한 거예요. 심지어 말을 잘했다고 생각하고 같이 일하는 형님한테 부장님께 실수로 물을 뿌렸는데 "부장님, 감사합니다"라고 사과했다며 자랑까지 했어요(웃음).

　그때 제가 스물네 살이라 사회생활을 해본 경험이 없어서 아무것도 몰랐거든요. 아버지 나이 정도 되신 아저씨가 자기가 해야 할 일을 저한테 많이 시켰어요. "너 이리 와. 이거 해." 이렇게요. 처음에는 시키는 대로 해야 한다고 생각해서 했다가 나중에는 안 된다고 이야기했어요. 제 일을 해야 한다고 이야기하고 아저씨와 싸웠어요. "저 데리고 가지 마세요"라고 했어요.

　그런 분들만 있었던 건 아니에요. 한국인 아주머니들은 잘해주셨어요. 제가 한국말을 모르니까 일할 때 많이 도와주셨죠. 저도 제 어머니처럼 여기며 옆에서 많이 도와드렸어요. 일하면서 이런저런 이야기를 많이 나누었어요. 공부해서 한국말을 빨리 익히고 싶다는 생각이 항상 머릿속에 있었어요. 사장님께 개인적으로 부탁했어요. "사장님, 저 한국어 배우고 싶어요"라고 하니까 사장님이 퇴근하고 일곱 시부터 여덟 시까지 한국어를 가르쳐주셨어요. 한국 대학생들이 한국어를 가르쳐주는 센터도 보내주셨고요. 그때 한국어를 열심히 배웠어요. 한국어 선생님이 저랑 동갑인데 좋은 사람이에요. 지금도 무슨 일 있으면 선생님께 연락해요. 2004년에 처음 만났으니 알고 지낸 지 20년이 됐네요. 정말 고마운 분이에요. 덕분에 한국에 온 지 3년 만에 한국에 6년 이상 살아온 사람처럼 한국말을 할 수 있게 됐어요.

아끼고 아껴서

스리랑카에서는 닭고기하고 생선을 주로 먹어요. 저희는 대개 음식을 카레나 찌개처럼 만들어 먹어서 구운 고기는 거의 안 먹어봤어요. 공장에서 회식을 하면 거의 돼지고기 구이를 먹었거든요. 먹고 싶지 않지만 계속 권하셔서 먹었어요. 스리랑카가 불교 국가라 돼지고기와 소고기를 안 먹는 사람이 많아요. 한국말을 잘 못해서 "저는 돼지고기 안 먹어요"라고 이야기를 못했어요. 식사 시간이 되면 힘들었어요.

한국 밥을 어떻게 먹는지 모르고 젓가락질도 잘 못하고 일도 힘드니까 입맛이 별로 없어서 식사를 잘 못했어요. 공장 안에 있는 식당이 멀어서 겨울에는 밥 먹고 오다가 감기에 자주 걸렸고요. 사장님께 따로 밥을 해 먹겠다고 이야기했어요. 사장님이 작게 식당을 만들어주셔서 저와 스리랑카 노동자는 밥을 따로 해 먹었어요. 엄마가 해주신 밥처럼 맛있게 만들 수는 없었지만 스리랑카식 밥이라서 좋았어요. 자꾸 해보니까 요리가 늘더라고요.

스리랑카 사람들은 콩 카레는 다 만들 줄 알거든요. 시장에서 감자와 닭고기를 사 와서 콩 카레를 만들어 밥하고 먹었습니다. 당시에는 아시아 마트는 없었고, 방글라데시·파키스탄 사람들이 한 달에 한 번씩 공장에 방문해서 식재료를 팔았는데 그걸 이용했어요. 사장님이 밥값으로 한 사람에게 15만 원씩 주셨거든요. 2003년이니까 15만 원이면 많이 받았던 거예요. 그때는 물가가 비싸지 않았어요. 서울우유 200밀리짜리가 300원이었고, 닭고기도 한 마리에 2000원 정도였어요. 둘이 합해서 20만 원 정도를 식재료비로 썼어요. 남은 돈은 모았다가 월급 보낼 때 같이 가족들에게 보냈고요.

월급 받아서 저를 위해 쓴 건 별로 없었어요. 옷이 필요하면 밥값 아껴서 사고 그랬어요. 국제전화 요금은 꽤 쓴 것 같아요. 해외로 걸 수 있는 전화카드 한 장이 15000원인데 60분 통화할 수 있었어요. 한 달에 카드 네 장 정도 썼어요. 그때 여자친구가 있었거든요(웃음). 친구는 부모님께 한 달에 한 번 전화하더라고요. 제가 여자친구와 전화하다가 중간에 끊기면 친구가 자기 카드 주면서 마저 통화하라고 했던 기억도 나네요.

요즘 젊은 이주노동자들은 여름 휴가나 한국 명절 때 많이 놀러가요. 스마트폰으로 검색하면 한국에 여행 가기 좋은 곳을 쉽게 찾을 수 있잖아요. 제가 일할 때는 그런 정보가 없었어요. 버스 타고 기차 타고 가야 하는데 어디가 어디인지도 잘 모르잖아요. 공장에서 일하다가 시장이나 병원에 갈 때만 밖으로 나갔어요. 팥 가공 공장에서 일하는 동안 공장이랑 병원 외에 다른 곳은 가본 적이 없네요.

대구로 오다

팥 가공 공장에서 2006년까지 3년을 채워서 일했어요. 산업연수생은 한국에서 일한 지 3년이 되는 해에 본국으로 돌아가지 않으면 미등록 체류자가 되잖아요. 한국어를 겨우 배웠는데 이대로 돌아가기가 아쉬웠어요. 몇 년이라도 더 일하고 싶었는데 방법이 없었어요. 저는 사업장을 이탈하기로 결심하고 대구로 갔어요. 아는 스리랑카 형님이 대구 성서공단에서 일하고 있었는데 저한테 오라고 했어요.

대구 성서공단에는 공장이 정말 많았어요. 노조 활동하면서 알게 됐는데 성서공단에는 영세한 사업장이 2500개나 있고, 5만여 명의 노동자 중에 이주노동자가 5000명 정도 있다고 해요. 아는 형님은 성서공단의 한 자동차 부품 공장에서 일했어요. 야근이 많은 공장이었는데 형님이 밤에 저를 공장에 데리고 가서 일을 가르쳐줬어요. 밤에는 이주노동자들만 일하고 한국인 노동자들은 없었거든요. 형님이 대구에는 자동차 부품 공장이 많아서 기술을 배워두면 바로 일할 수 있을 거라고 했어요. 제가 일을 배우고 싶어서 형님 쉬라고 하고 그 일을 제가 대신했어요. 형님한테 나사 바꾸는 것과 세팅하는 걸 다 배웠어요.

이후 형님한테 다른 공장을 소개받았어요. 기술은 한 달 동

결을 만드는 사람

안 형님 야근할 때 배운 게 다예요. 그래도 실제 6개월 일한 사람보다 일을 빨리 배웠어요. 제가 일을 잘하니까 사장님이 좋아하셨어요. 주간에도 일하고 야간에도 일했어요. 월급도 조금 올려주셔서 한 공장에서 3년 동안 일했어요. 자동차 부품 공장은 같은 동작을 반복해야 해서 손가락이 되게 아팠거든요. 지금 보면 새끼손가락이 휘었어요.

그러다 그때 한국 경기가 안 좋아져서 공장이 폐업했어요. 3년 일했는데 퇴직금을 못 받았어요. 사장님이 마지막 월급을 주면서 미안하다고 계속 말씀하셨어요. 제가 갈 곳 없을 때 일을 시켜준 사람이고 사장님 덕분에 돈 벌었다 생각했어요. 사장님이 미안하다고 이야기했기 때문에 좋은 마음으로 신고하지 않았어요.

서른 살이 되던 해 한국에 온 지 6년이 되니까 일이 힘들고 마음도 힘들었어요. 힘들게 배운 한국말이 아까웠지만 그만 내 나라로 돌아가고 싶었죠. 그때 일을 잠시 쉴 때였는데 비행기 값을 벌 생각에 성서공단에 있던 한 공장에 들어갔어요. 거기서 지금의 아내를 만났어요. 당시 아내는 공장의 팀장이었어요. 제가 아팠을 때 병원에 같이 다니다가 정들었어요. 1년을 연애하니 결혼하고 싶어지더라고요. 이제 결혼한 지 14년 됐어요. 아내는 제가 하는 일을 잘 이해해줘요.

결혼 후 성서공단에 있는 유리 공장에서 일했어요. 엄청 큰 유리를 두 사람이 잡고 구루마에 올려야 하는데, 유리는 기스가 하나라도 나면 바로 깨져요. 피하지 않으면 다치고요. 기스 나면 유리에서 손 때고 바로 도망가야 하는데 아무도 그걸 이야기 해주지 않아서 처음에는 몰랐어요. 한국인 직원과 유리를 같이 옮기는 중이었는데 그 사람이 갑자기 "유리 놔!" 하고 소리 치더니 뒤로 물러나더라고요. 유리가 제 옆으로 떨어졌는데 다행히 다치진 않았어요. 직원이 제게 왜 도망가지 않느냐고 했어요. 저는 도망가야 하는지 몰랐으니까요. 그냥 유리가 깨지면 아깝다고 생각했어요. 도망가야 한다는 걸 알고 난 다음부터는 직원보다 제가 먼저 도망갔어요. 아주 작은 소리만 나도 도망갔어요 (웃음). 정말 위험한 일이었어요. 집에 와서 보면 신발 안에 유리가루가 떨어져 있었고, 발바닥에 유리가 박혀서 하나하나 빼기도 했어요.

한국어가 능숙해질수록

결혼하고는 일하는 주기가 짧아졌어요. 한국말을 다 알아듣게 되니까 오래 일할 수 없겠더라고요. 차별도 받고 욕도 듣고 하니까 참기 어려운 거예요. 자동차 부품 공장에서 다시 일했는데 그 공장은 연차가 쌓여도 월급을 올려주지 않고 두 명이 해야 하는 일을 이주노동자 한 명한테 시키는 곳이었어요.

그 공장에 스리랑카 이주노동자들이 많았는데 대부분 한국말을 잘 못했어요. 제가 일도 알고 한국말도 아니까 자동으로 관리자가 됐어요. 제가 잔업을 주는 게 아닌데 한국인 관리자의 지시를 전달하니까 마치 제가 잔업을 주는 것처럼 보이잖아요. 똑같이 일해야 하는데 누구는 잔업 주고 누구는 안 주면, 잔업 못 받은 사람들이 저를 미워했어요. 반장처럼 일하는 게 너무 힘들었어요. 한국 사람들은 쟤는 한국 사람도 아닌데 한국 사람처럼 한다고 하고, 스리랑카 친구들은 일에 불만이 생기면 저한테 뭐라고 했어요. 일이 힘들다고 회사 옮기고 싶으면 저한테 이야기하는 거예요. 직접 이야기하면 되는데 제가 전달하면 제가 욕먹잖아요. 저도 다른 직원처럼 똑같이 아침에 출근해서 제 일을 하고 퇴근하고 싶은데 다른 일도 신경 써야 했어요.

스리랑카 친구들 중에는 제가 안 도와줬다고 오해하는 경우도 있었어요. 사업장을 이동하고 싶은데 사장이 허가를 안 해 주면 이 친구는 제가 사장님한테 뭐라고 했다고 오해했어요. 자기들이 기대하고 자기들이 오해하는 거잖아요. 공장 입장에서도 이주노동자들이 사업장을 이동하겠다고 하면 골치 아파하고요. 새로 이주노동자를 들이는 게 쉬운 일이 아니거든요.

이후 여러 공장에서 짧게 짧게 일했어요. 저도 제게 맞는 일을 할 수 있는 공장이면 오래 일하고 싶죠. 면접 보러 가면 잘 해주시지만 막상 일을 시작하면 대우가 달라져요. 저는 스리랑카 이주노동자들이 있는 공장은 안 가려고 했어요. 관리자들이 같은 나라 노동자들에게 욕을 하면 제가 가만히 있을 수가 없으니까요. 스리랑카 노동자 때문에 제가 싸우고 그만둔 공장도 있었어요. 한국말을 잘 못했을 때는 상황이 힘들어도 버텼는데 한국말을 이해하면서 맞서게 되고 공장을 짧게 다니다 그만두는 일이 잦아졌어요.

2017년에는 약품 공장에서 폐기물이 담긴 드럼통을 배송하는 일을 했어요. 폐기물이라 위험해요. 폐기물을 받아와서 통을 다시 깨끗하게 씻은 후 공장으로 가져와야 해요. 그때 월급이 120만 원이었거든요. 같은 일을 해도 이주노동자들은 한국 노동자보다 월급을 적게 받았어요. 무거운 것을 반복해 나르는 일을 해서 팔꿈치에 통증이 생기더라고요. 공장 업무를 하다가 몸이 불편해졌으니 월급을 10만 원만 올려달라고 했는데 공장에서 거부했어요. 통증이 심해져서 결국 공장을 그만뒀어요. 스리랑카에도 한국의 한의학 같은 전통의학 치료법이 있어요. 스리랑카에 가서 석 달 동안 치료받고 다시 한국에 왔어요.

스리랑카에 다녀온 후에 새로 들어간 공장에서는 관리자가 현장에 있는 사람들에게 욕을 많이 했어요. 특히 불량이 나면 욕이 늘었어요. 한국인 관리자 부인도 베트남인으로 같은 회사에 다니고 있었거든요. 자기 아내에게도 기분이 안 좋으면 욕을 많이 하더라고요. 그 부인이 얼마나 가슴 아플까 싶었어요.

노조 활동가가 되다

2011년에 성서노조를 처음 알게 되었어요. 제 친구가 스리랑카에 가려는데 공장에서 퇴직금을 안 준다는 거예요. 자기가 한국말을 못하니 제게 통역해달라며, 노조 사무실에 같이 가자고 하더라고요. 친구가 미등록 이주노동자였는데 석 달치 월급과 퇴직금을 못 받은 상황이었어요.

저는 그때 노조가 뭔지도 몰랐어요. 친구하고 성서노조 사무실에 처음 갔는데 너무 놀랐어요. 저희를 보자마자 사무실에 있던 한국인이 웃으면서 "어서 오세요"라고 친절하게 반겨주시는 거예요. 월급을 못 받아서 왔다고 하니까 "조금만 앉아 계세요" 하시며 따뜻하게 대해주셨어요. 친구 일도 빨리 해결됐어요. 저는 특히 성서노조 상담소장님이 마음에 들었어요. 제가 노조에 대해 궁금해하니까 일요일마다 이주노동자들을 위해 상담하니 그때 나오라고 하셨어요. 성서노조에서는 이주노동자들을 위해 무료진료소·한글교실·상담실을 운영하고 있었어요. 소장님이 휴게실에 탁구대도 있고 노래방 기계도 있으니 주말에 편히 오라고 하시더라고요. 그때부터 일요일마다 노조 사무실에 나갔습니다. 스리랑카 사람들 중에 문제가 생기면 제게 연락해오는 경우가 있었는데 제가 자연스럽게 노조 사무실에 동행해 통역을 맡았고요.

욕을 많이 한다던 한국인 관리자는 한국 노동자들한테도 욕을 해댔어요. 성서노조를 알게 되면서 그곳이 제게 맞지 않는 공장이라는 것도 깨달았죠. 제가 친구들한테 그 관리자가 공장을 나갈 때까지 투쟁한다고 했어요. 투쟁이라는 말을 알지도 못했는데 노조를 만나 생긴 변화예요. 공장에서 같이 일하는 한국 아주머니도 일하다가 문제가 생기면 저한테 와서 "차민다, 이런 문제가 있으면 어떻게 해야 해?"라고 물어봤어요. 궁금해하시

성서공단노조 활동가 김용철 소장·김희정 지회장과 함께 있는 차민다(가운데).
ⓒ 대구노동히어로

는 것들을 정리해 상담소장님께 해결 방법을 물어봤어요.

그러면서 노조에서 집회가 있다고 하면 자연스럽게 나갔어요. 어느 날인가 소장님이 제게 발언을 해보라고 권했어요. 그때 발언이 처음이라 많이 긴장했거든요. 잘하지는 못했는데 다들 박수쳐주며 잘했다고 이야기해주었어요. 그 이후부터는 발언도 하고 집회에도 자주 나갔죠. 그렇게 5년 동안 주말에 자원봉사를 하다가 2015년에 정식으로 노조에 가입해서 조합원이 되었어요. (당시 작성한 노조 가입 신청서를 보여주며) 여기 보면 "나는 성서공단노조 조합원으로 규약을 준수할 것을 약속합니다"라는 문구 아래 서명해야 해요. 조합원이 된 이후에도 매주 일요일에 노조 사무실에 꾸준히 나갔어요. 조합원 교육도 열심히 들었고요. 소장님께 이주노동자들의 권리도 배우고 노조 활동에 대해서도 배웠어요. 주중에는 하루 종일 공장에 일하고, 일요일이면 노조 사무실에 나갔어요.

2017년에 청와대 앞에서 이주노동자들 집회가 있었어요. 성서노조에서는 버스 세 대가 올라갔는데 그중 버스 두 대에 스리랑카 조합원들이 타고 있었어요. 조합원의 힘을 느낄 수 있어서 정말 뿌듯했습니다. 너무 기분이 좋았어요. 2019년에 소장님이 노조 활동가로 일해보자고 제안해주셨어요. 제가 생각할 시간을 달라고 했어요. 활동가가 되면 급여부터 달라지잖아요. 쉽게 결정을 내리기가 어려웠어요. 그해에 공장을 그만두고 몇 달을 쉬면서 스리랑카에 다녀왔어요. 한국에 돌아오니 소장님이 제 책상과 컴퓨터를 마련해두었다며 일하러 오라고 연락을 주셨어요. 사실 제 자리가 생겼다고 하니까 반갑고 좋았어요.

혼자 갈 수 있는 길은 없다

2011년부터 성서노조를 알았으니까 노조 활동가가 되기까지 10년이 걸렸네요. 노조 일은 재밌었어요. 제가 이주노동자들이 현장에서 차별받으며 힘들게 일하는 현실을 잘 알아요. 이주노동자들은 월급을 받지 못해도 상담할 곳이 없잖아요. 자기가 고생하고 땀 흘리면서 일한 돈은 당연히 받아야 하는데 말이죠. 다치는 이주노동자들도 많은데 이주노동자들은 산재를 잘 몰라요. 병원비 문제가 생기면 여러 군데에서 도움받아서 주고 있어요. 여러 나라의 이주노동자들이 노조를 찾는데 저는 그분들을 차별 없이 대하니까 저를 편하게 생각하세요. 사무실에 와서 바로 저와 이야기하는 분들이 많아요. 한국말을 잘 모르는 사람하고는 영어로 이야기하고요. 상근을 시작하면서 공부를 많이 하고 있어요. 노동법을 잘 알아야 공장 사업주하고 싸울 수 있고, 이주노동자들에게도 제대로 상담해줄 수 있으니까요.

고용허가제로 들어오는 나라가 16개국이에요. 성서공단에는 스리랑카·베트남·네팔·몽골·필리핀·인도네시아·미얀마 이주노동자가 일하고 있어요. 조합원으로 가입한 분들은 100명 정도고요. 노조 활동가는 베트남 여성 활동가와 저, 지회장님이랑 소장님 이렇게 넷이에요. 일을 행복하게 할 수 있어서 지금 정말 좋아요. 나라별로 리더가 있거든요. 일요일마다 로테이션으로 자원봉사를 해요. 한글교실도 국가별로 운영하고 있는데 베트남 결혼이주민분들이 많이 오세요.

수요일에 열리는 무료진료실에는 미등록 이주노동자들이 많이 찾아오시고요. 수요일 저녁 일곱 시 반부터 아홉 시 반까지 운영하는데 15명 정도 오시고, 많이 오시는 날은 50명 이상이에요. 진료도 받고 약도 받아가시죠. 미등록 이주노동자들은 국민건강보험에 가입할 수 없기 때문에 아프면 정말 힘들어요. 그래서 성서노조에서는 작년에 미등록 이주민 건강권 실태조사를 진행했어요. '미등록 이주민 의료공제회' 설립도 앞두고 있습니다. 2022년 9월부터 건강검진도 실시했는데 현재까지 130명 넘게 방문하셨어요.

성서노조에서 함께했던 투쟁 중에 기억나는 일이 많아요. 성서공단에서 일하던 필리핀 노동자들이 잔업 수당을 못 받았던 일이 있었어요. 필리핀 여성 노동자 세 명과 남성 한 명이 잔업을 했는데, 새벽 세 시부터 오전 여덟 시까지 잔업한 돈을 주지 않은 거예요. 기간을 계산해보니까 체불 임금이 4000만 원이 넘었어요. 필리핀 노동자들이 성서노조 사무실로 찾아왔어요. 활동가들이 공장 사장에게 전화를 걸었죠. 체불 임금을 지급하라고요. 사장이 노조에 100만 원을 줄 테니까 이 일을 무마하자고 했어요. 저희는 그걸 녹음했고 체불 임금을 주지 않으면 투쟁할 거라고 했어요. 집회하려고 공장을 찾아갔는데 공장 공터가 조경이 잘 꾸며져 있어 아름답더라고요. 조경에 쓸 돈은 있으면서 월급은 주지 않다니 화가 났어요. 조합원들과 공장 앞에서 피켓 들고 투쟁했어요. 결국 저희가 이겼어요. 그 일 이후 필리핀 노동자 사이에서 성서노조가 알려졌어요.

성서공단에서는 산재 사건도 많이 벌어져요. 미등록 이주노동자들에게는 불법체류자라며 신고한다고 협박하기도 하고요. 어느 공장의 사장은 욕을 입에 달고 살았어요. 이주노동자에게 나쁜 말을 매일 퍼부었어요. 성서노조에서 사장에게 계속언어 폭력을 행사하면 신고할 거라고 이주노동자에게 사과를 요구했어요. 결국 노조에서 투쟁을 이어가자 사장이 이주노동자에게 사과를 했습니다.

2021년 가을부터 겨울까지는 태경산업 앞에서 투쟁했어요. 공장 밖에 천막을 치고 24시간 투쟁했습니다. 저녁부터 다음 날 아침에 교대할 동지가 올 때까지 천막 안에서 밤을 샜어요. 스리랑카에서 살다 오니 한국 겨울이 너무 추웠거든요. 그때 정말 힘들었는데 한국인 동지들이 춥지 않게 바닥에 돗자리도 깔아주고 천막 위에 비닐도 쳐줘서 그나마 밤을 버틸 수 있었어요. 같은 해 H&T 공장 투쟁도 오래했어요. 그 공장에 한국인 성서노조 조합원도 한 분 있었어요. 한국인 조합원이 이주노동자들을 위해 공장에서 싸웠죠. 그 투쟁을 통해 배운 게 많았어요. 투쟁하면서 앞에서 발언도 해보고, 경찰과 싸워도 봤고요. 처음 발언할 때는 너무 떨려서 가슴이 터질 것 같았어요. 투쟁에서 승리하며 못 받던 상여금도 받았습니다. 이 투쟁에 연대했던 이주노동자 11명이 성서노조에 새로 가입했어요. 투쟁하면서 이주노동자들에게 자신의 권리를 알려주고, 그분들이 못 받았던 상여금도 받아냈어요. 투쟁의 경험이 쌓이면서 함께 성장하게 돼요. 혼자 갈 수 있는 길은 없어요. 같이 단결하면 얼마나 힘이 되는지 몰라요.

노조 조끼를 입으면

성서노조 활동가로 일한 지 4년이 되었어요. 돌아보면 그동안 정말 행복했어요. 지금은 활동을 더 잘하고 싶어서 한국어 공부도 꾸준히 하고 있어요. 공부하면 조금씩 발전하니까 더 보람차요. 여러 일을 함께 겪으면서 노조에 힘이 있다고 생각했어요.

개인이 할 수 없는 일도 함께하니까 가능했어요. 특히 저는 노조 조끼를 입으면 마음가짐이 달라져요. 없던 힘도 생겨요. 노조 조끼는 투쟁하러 갈 때만 입잖아요. 조끼를 입으면 제가 보호받는 느낌이 들어요. 조끼는 아무나 입을 수 없어요. 노동자와 조합원만 입을 수 있잖아요.

성서노조 사무실에 방문하는 이주노동자들이 많아요. 대부분 자기 일이나 동료 이주노동자 일로 투쟁하면서 노조를 알게 된 분들이에요. 투쟁이 끝나도 시간이 나면 자주 나오라고 이야기하곤 해요. 성서노조에서 셋째 주 일요일에 조합원 모임을 열어요. 노동운동에 대해서도 배우고 노동법에 대해서도 배워요. 그런 시간을 함께하면서 투쟁에 대해서도 이야기합니다. 이주노동자들의 권리를 어떻게 지켜왔는지 내 권리를 어떻게 찾아갈 수 있는지 공부해요. 리더 교실에서는 민주노총에서 만든 노동신문으로 공부합니다. 한국어만 배운다고 다가 아니거든요. 한국어도 공부하고 노동에 대해서도 알아야 해요.

저도 스리랑카에 살 때 투쟁하는 모습을 별로 본 적이 없습니다. 다른 이주노동자도 본국에서 투쟁해본 경험이 없는 사람들이 대부분이에요. 현장에서 투쟁하면 다들 관심을 많이 보여요. 노조에 가입하라고 권하지는 않아요. 노조 사무실에 놀러오라고 합니다. 활동하다가 스스로 선택할 수 있도록요.

제가 이주노동자 조합원들에게 항상 하는 말이 있어요. 노조는 보험 회사가 아니라고요. 사고가 나면 보험 회사에서 알아서 사고 처리해줄 거라고 생각하잖아요. 그러려고 매달 보험료를 내는 거니까요. 가끔 이주노동자 조합원 중에도 노조에 가입해서 노조비를 매달 냈으니까 문제가 생기면 노조가 알아서 해결해줄 거라고 생각하는 사람들이 있어요. 자신에게 무슨 일이 생기면 조합비를 냈으니까 도와주겠지 하는 마인드에서 벗어나야 해요. 함께해야 해요. 다른 노동자에게 무슨 일이 생기면 내 일처럼 함께 나서야 제게 무슨 일이 생겼을 때 그들도 함께 해주는 거잖아요.

저희는 노조에 가입하라고 먼저 권유하지 않아요. 노조에서 매주 수요일 점심시간에 성서공단으로 선전전을 나가거든요. 선전전에 나가면 이주노동자들을 많이 볼 수 있지만 처음 만나는 사람이나 저희 노조를 잘 모르는 사람한테 노조 가입하라고 이야기하지 않아요. 상담할 수 있고 한국어 배울 수 있고 무료진료소가 있다는 것 정도만 안내해요. 노조에 방문해서 함께 이야기도 나누고, 노조에 대해 충분히 이해한 후에 본인의 의지로 가입할 수 있도록 해야 해요. 마음에서 우러나와 스스로 선택해야 합니다. 그게 중요해요.

노조에서는 어떻게 하면 이주노동자들을 더 많이 만나고 이야기를 나눌 수 있을지 늘 고민합니다. 이주노동자들이 한국에 오면 한국말을 배울 때까지 시간이 필요하잖아요. 우리 같은 활동가가 그 시간 동안 옆에서 도와야 해요. 무슨 일이 있으면 상담도 해주고요. 혼자 가면 멀리 갈 수 없어요.

코로나19 이후

팬데믹 이후 경기가 안 좋아져서 성서공단에 일이 줄고 있어요. 여성이 남성보다 일자리를 구하는 게 더 힘들잖아요. 여성 노동자 중에 퇴직금을 받지 못한 분들이 많아요. 5인 이상 일하는 회사는 잔업 수당·주휴 수당을 다 받을 수 있는데 못 받는 경우도 있고요. 5인 미만 회사에서는 잔업이나 주말에 일하면 50프로 가산 수당이 지급되지 않고 기본급만 주거든요. 소규모 사업장에서는 오래 일해도 최저임금밖에 받을 수 없어요. 그 기준을 모르는 이주노동자분들이 많아요. 출퇴근 카드가 없는 회사도 많고요. 미등록 이주노동자분들한테 야근하거나 잔업한 시간을 달력에 적어놓으라고 해요. 그래야 나중에 문제가 생겼을 때 청구할 수 있으니까요.

전에는 법을 잘 모르고 한국말도 잘 모르는 이주노동자가 많았는데 이제는 누구나 인터넷으로 쉽게 정보를 확인할 수 있어요. EPS(고용허가제 통합 서비스) 홈페이지에 들어가면 이주노동자들은 퇴직금이 얼마 있는지, 국민연금이 얼마나 나오는지, 사업장 이동을 몇 번 했는지 다 확인할 수 있어요. 그런 정보를 이주노동자에게 잘 전달하는 것도 제가 하는 일입니다.

2020년 2월에 대구에 코로나 확진자가 많이 나왔잖아요. 이주노동자들에게는 정확한 정보가 제대로 전달되지 않으니까 더 불안하고 힘들었을 거예요. 그때 한국인들도 마스크를 구하는 게 어려웠지만 이주노동자는 정말 힘들었어요. 특히 미등록

성서공단노조 조합원들이 이주노동자들에게 마스크를 배포하며 무료 노동상담과
고용허가제의 문제점에 대해 알리는 피케팅을 하고 있다

이주노동자들은 약국에 가도 마스크를 살 수조차 없었어요. 성
서노조에서 계속 문제제기를 했고 이후 비자 없는 이주노동자
들에게도 마스크가 두 장씩 지급됐어요. 마스크를 최대한 수급
해서 성서노조 사무실에서 일요일 한 시부터 두 시까지 이주노
동자들에게 나눠드렸습니다. 그때 노조 사무실 앞에 국가별로
번역해서 포스터를 붙이고 현수막을 걸어놓고 선전물도 나눠
드리면서 코로나를 조심하라고 안내했어요.

　멀리 있어서 사무실에 나오기 어려운 이주노동자의 경우
기숙사로 직접 찾아가서 마스크 나눠드리면서 안부도 물었어
요. 시골에 사시는 분들은 약국이 없어서 사러 갈 수도 없잖아
요. 공장에서 마스크를 지급하는 것도 아니었고요. 성서노조 봉
고차에 마스크를 싣고 가서 나눠줬어요. 한 사람 앞에 다섯 개

씩 드렸는데 멀리서 오는 이주노동자에게는 더 많이 드렸죠. 마스크를 준다는 소문이 나서 일요일이면 아침부터 마스크를 받아가려는 이주노동자들이 사무실 앞에 줄을 길게 섰어요. 지금은 마스크를 구하는 게 어렵지 않지만, 여전히 사무실에 마스크를 비치해두고 필요한 분들에게 나눠드리고 있습니다.

피부색이 다른 외국인은 무섭게 보이나봐요. 원래도 피부색이 다른 이주민들은 차별이 심했지만 코로나가 극에 달했을 때는 더 그랬던 것 같아요. 코로나 바이러스는 외국에서 감염되어 전파된다고 생각해서인지 이주노동자들을 보면 사람들이 피했어요. 평택에서 한꺼번에 90명이 감염된 일이 있었잖아요. 그 사람들 중 이주노동자들만 PCR 검사를 하라고 했어요. 여기에는 이주노동자들 때문에 코로나가 더 번진다는 전제가 깔려 있는 거잖아요. 저는 이게 차별이라고 생각해요. 문제라고 계속 이야기하고 있어요.

코로나와 관련해 인터뷰할 일이 생기면 이렇게 말해요. 코로나는 누구나 걸릴 수 있는데 이주노동자들도 사람이고 한국에 살고 있는 모두가 안전하게 살아야 하니까 차별 없이 도와주면 좋겠다고요. 우리가 쓰는 마스크도 이주노동자들이 만들고 있어요. 마스크 공장에서 일하다가 월급을 받지 못하고 나오는 이주노동자들이 노조 사무실로 상담하러 와요. 코로나를 겪으면서 성서노조가 있다는 게 더욱 다행스럽게 느껴졌어요.

아버지의 임종을 못 지켜

제가 받은 첫 월급이 51만 원이었어요. 잔업까지 하면 75만 원이었고요. 스리랑카에서 교사나 회사 임원 월급이 한국 돈으로 30만 원 정도고, 보통은 매달 10만 원쯤 벌어요. 한국에서 몇 년 고생하면 스리랑카에서 평생 고생해서 버는 돈을 모으는 거죠.

처음 한국에 왔을 때는 3년만 일하고 돌아갈 생각이었어요. 저희 가족이 스리랑카에서 힘들게 살았잖아요. 제가 장남이기 때문에 부모님을 편하게 모시고 싶고 동생들도 대학까지 보내며 필요한 돈도 해주고 싶었어요. 한국에서 일해서 번 돈을 한 푼도 안 쓰고 대부분 스리랑카에 보냈어요. 가족들이 점점 편안하게 살게 되는 걸 매해 느껴요. 아버지가 제가 보낸 돈으로 이런 거 샀다고 이야기해주시면 정말 행복했어요. 집도 새로 지었어요. 제 미래를 생각해서 저금해야 한다는 생각은 없었어요. 일이 힘들다가도 고향에서 부모님과 동생이 행복하게 사는 모습을 생각하면 힘든 마음이 사라졌어요. 월급날에는 힘들었던 게 다 잊혀지더라고요.

그러나 한국에 사는 저는 매해 점점 말라갔어요. 너무 말라서 바지가 흘러내릴 정도였어요. 겨울에는 옷을 껴입고 사진 찍으면 티가 안 나는데 여름에는 마른 몸을 숨길 수가 없어 가족에게 사진을 보내지 못했어요.

처음에 이야기했듯이 저희 아버지도 이주노동자셨어요. 1994년에 사우디아라비아 일하러 가셔서 2001년에 스리랑카로 돌아오셨고 2011년에 돌아가셨어요. 아버지는 당뇨가 있으셨는데 스리랑카에 돌아온 후에 건강이 조금씩 안 좋아지셨어요. 가족들이 제게 아버지가 편찮으시다는 이야기를 안 했어요. 어느날 갑자기 스리랑카에서 전화가 왔고, 아버지가 위독하다면서 빨리 스리랑카로 들어오라고 했어요. 급하게 비행기표를 구하고 출발하기 전에 아버지와 통화했어요. 스리랑카에 입국해 바로 전화기를 켰는데 바로 몇 시간 전에 세상을 떠나신 거예요. 스리랑카로 오라는 전화를 받자마자 최대한 빨리 미친 사람처럼 왔는데⋯⋯ 아버지랑 통화한 지 13시간 만에 아버지가 계신 곳에 도착했는데⋯⋯ 아버지는 세상에 안 계셨어요.

저는 결국 아버지의 임종을 못 지켰어요. 그때 제 인생이 밑으로 떨어졌어요. 아버지가 쉰셋에 돌아가신 거거든요. 이렇게 빨리 떠나실 거라고 정말 생각하지 못했어요. 제가 부모님을 떠나 한국에서 살았던 단 하나의 이유는 부모님을 편하게 모시고 싶어서였어요. 하지만 정작 몸이 편찮으시고 힘드실 때 저는 부모님 곁에 있지 못했어요. 돈은 하나도 중요하지 않아요. 필요한 순간에 사랑하는 사람 곁에 있을 수 있어야 해요.

아까운 젊은 시절

예전에는 월급을 만 원짜리로 받았어요. 사장님께 월급을 받으면 봉투에서 돈을 꺼내서 침대 위에 한 장 한 장 펼쳐놨어요. 금액으로 보면 많지 않지만 펼쳐놓으면 침대에 한가득이잖아요. 보기만 해도 기분이 좋았어요. 그렇게 펼쳐서 눈으로 보고 다시 봉투에 넣어서 사장님께 드렸어요. "사장님, 이 돈 전부 스리랑카로 보내주세요."

사장님이 은행에 가서 스리랑카에 있는 가족 계좌로 입금하고 영수증을 갖다 주셨어요. 저는 한국에서 스리랑카로 돈을 보내는 방법도 잘 몰랐어요. 지금은 스마트폰으로 다 할 수 있잖아요. 편리하긴 한데 번 돈을 제 손으로 만져볼 수 있었던 그때가 나쁘진 않았던 것 같아요. 그때는 그래도 돈을 눈으로 보고 손으로 계산도 할 수 있었으니까요. 지금은 그런 게 없어요. 본국 통장에는 돈이 있을 수 있지만 한국에서는 돈을 보지 않은 상태로 돈만 벌어요. 월급을 350만 원 받아도 노동자들 지갑에는 10만 원도 없어요. 필요한 건 다 카드로 계산하고 월급은 통장으로 들어가서 인터넷뱅킹을 통해 다른 통장으로 보내져요. 돈을 벌었다고 해도 글자(숫자)만 보는 거죠.

한국에 들어와 일을 시작하고 제가 어떻게 살아왔는지에 대해서는 말로 다 할 수 없어요. 그립고 보고 싶은 가족들을 멀리 두고 눈물 흘리면서 가족들을 위해 멀고 먼 한국에서 일했어요. 한국에서는 이주노동자가 편하게 할 수 있는 일이 없어요. 한국 사람들이 하기 싫어하는 일들을 저희가 하고 있죠. 똑같은 인간인데 일하는 현장에서 차별이 너무 심해요. 옛날에는 이주노동자들에게 한국말을 가르쳐주면서 일도 가르쳐줬는데 이제는 이주노동자가 한국말을 몰라도 신경 안 쓰고 일만 시켜요.

이주노동자들이 힘든 일을 하니까 잘해주면 좋은데 월급도 적게 주고 차별이 많아요. 저희가 한국에서 얼마나 힘들게 살고 있는지는 저희밖에 모르잖아요. 스리랑카에 있는 사람들은 외국에 사는 것을 쉽게 생각해요. 동네 사람들 눈에는 제가 보낸 돈으로 잘살고 있는 가족들만 보일 거예요. 한국에서 열 몇 시간씩 힘들게 일하는 저는 안 보이니까요. 외국에서 일한다고 돈이 그냥 벌리는 게 아니잖아요. 다른 나라에서 노예처럼 일해서 버는 돈이에요. 저 같은 이주노동자가 많을 거예요. 가족들이 행복하고 편안하게 살았으면 하는 마음에 자기는 낯선 나라에서 일만 하는 인생들이 너무 아까워요.

제가 올해 한국 나이로 마흔다섯 살인데요. 스물다섯 살에 한국에 왔어요. 고향에 남아 있는 친구들보다야 돈을 벌긴 했겠죠. 스리랑카에 가서 친구나 선배를 만나면 자기 자식을 소개해주는데 아이들이 많이 컸어요. 여성 친구들을 보면 딸들이 엄마랑 키가 비슷해요. 엄마와 딸이 아니라 언니 동생처럼 보여요. 일찍 결혼한 남자 친구들도 비슷해요. 그런 자녀가 있으면 돈이 없어도 얼마나 행복하겠어요. 저는 부모님께 전화드려서 "식사하셨어요?"라고 묻지만 친구들은 자기 자녀에게 "아가, 밥 먹었니?"라고 묻죠. 돈이 없어도 저보다 행복하게 살고 있는 게 보여요. 그 행복은 돈 주고 살 수 없어요.

저는 한국에 오는 이주노동자들이 빨리 돈 벌고 빨리 돌아가는 게 낫다고 생각해요. 저도 처음에는 이런 생각을 못했어요. 이제서야 저도 스리랑카에서 살았다면 좋았겠다고 여겨요.

노조 조끼를 입으면

2023년 봄 스리랑카 자택에서 어머니, 남동생과 함께 있는 차민다(왼쪽).

어릴 때부터 친한 친구들이나 가족·친척들을 한국에서 만날 수는 없어요. 가까운 사람들 얼굴 보면서 느끼는 행복이 얼마나 큰가요? 어떤 사람은 돈을 많이 버는 삶이 잘 사는 삶이라고 하지만 돈이 행복을 주는 건 아니라고 생각해요.

저는 어릴 때 한국에 와서 돈을 벌었고, 그것이 부모님께 도움이 됐다고 생각하니 마음이 좋았어요. 부모님께 국제전화해서 "엄마 밥 먹었어요? 엄마 건강 잘 챙기세요. 이번 달 월급 보냈어요. 필요한 곳에 엄마가 알아서 쓰세요"라고 말씀드리면 힘들다는 마음이 사라졌어요. 그런데 이제 엄마는 편찮으신데, 엄마에게는 돈이 필요하지 않아요……

그리운 어머니, 가고 싶은 내 나라

돌아보면 한국에 살면서 행복한 일도 있었고 즐거웠던 적도 있지만 일만 하다가 흘러가버린 제 삶을 생각하면 아쉽고 아깝다는 생각이 들어요. 한국에 들어오는 이주노동자들은 대부분 20대 초반이 많아요. 제가 한국에 산업연수생으로 들어왔던 나이죠. 그 나이면 한국에서 10년만 일하고 돌아가도 30대잖아요. 계획한 시간만 돈을 벌고 돌아가서 자기 인생을 살아야 한다고 생각해요. 한국에서 번 돈으로 자기 나라에서 사랑하는 가족들과 자기 삶을 살아갈 기회를 놓치지 않았으면 좋겠어요.

2009년에 저희 집 막내도 한국에 일하러 왔어요. 지금 천안에 있는데 한국말을 잘해요. 제가 동생한테 한국말을 빨리 배워야 한국 생활이 편하다고 많이 이야기했어요. 막내는 스리랑카에서 럭비 선수였어요. 그래서 경찰이나 군대에 바로 갈 수 있었어요. 한국에 오겠다고 하길래 제가 말렸어요. 한국어능력시험에 합격했다고 해서 그때는 어쩔 수 없이 오라고 했죠. 대신 한국에서 돈 버는 게 얼마나 고단한 일인지에 대해 이야기해줬어요. 마음의 준비를 단단히 하고 오라고요.

막내는 비닐하우스를 만드는 공장으로 갔어요. 안 해본 일이니까 열심히 배우면 사장님들도 좋아할 거라고 이런저런 힘이 되는 말을 해줬어요. 한국어를 많이 배우고 들어오면 좋다고 해서인지 동생이 한국어 공부를 열심히 해서 왔더라고요. 동생이 한국에 온 지도 이제 10년이 됐네요. 중간에 스리랑카에 가서 결혼하고 다시 한국에 왔어요. 지금 결혼한 지 2년 됐는데요. 이제 임신도 해야 한다고 여겨서인지 동생은 곧 스리랑카로 돌아가려고 준비 중이에요. 둘째 동생은 엄마랑 같이 스리랑카에 있어요. 엄마 곁에 동생이 있어서 다행이에요.

제가 한국에서 살아온 시간이 스리랑카에서 산 시간과 비슷해요. 20년을 살았잖아요. 지금 생각으로는 한국에 계속 있을 것 같아요. 아내가 한국에 있으니까요. 은퇴할 때까지는 노조 활동가로 일하고 싶어요. 제가 올해 마흔다섯이고 8년 후면 아버지 돌아가셨을 때 나이거든요. 부모님 모두 당뇨를 앓으셨으니, 저도 조심하고 있고요. 그래도 죽으면 스리랑카에 묻히고 싶어요. 은퇴 후에는 스리랑카로 돌아가 활동할 수도 있겠죠.

스리랑카에 살 때는 노조나 집회, 투쟁 같은 건 한 번도 들어본 적도 해본 적도 없었어요. 스리랑카는 노동운동을 하거나 집회를 하면 경찰이 다 잡아가요. 지난여름에 스리랑카에 다녀왔는데 대통령 퇴진을 위한 대규모 집회가 광장에서 있었어요. 그런 집회는 처음이었어요. 젊은 사람들이 광장에 정말 많이 나왔는데 그런 광경은 살면서 처음 봤어요. 저도 집에만 있을 수가 없어서 광장에 나갔어요. 집회 참석 후에 저는 한국으로 왔는데 이야기를 들어보니 집회에 참가했던 젊은 사람 중에 잡혀간 사람이 많다고 해요. 새로운 대통령이 당선됐는데도 집회에 참석한 사람들을 잡아가고 있어요. 너무 안타까운 현실이에요.

산재사고가 난 공장 앞에서 조합원들과
함께 투쟁 중인 차민다(오른쪽).

느리더라도 함께

제 책장에는 노조 신청서만 묶어놓은 서류철이 가장 앞에 꽂혀 있어요. 신청서를 나라별로 나누어서 정리를 해뒀는데요. 이 서류에 담긴 사람들이 너무 소중합니다.

성서노조는 원래 정주민을 위한 노조였어요. 2002년 10월에 이주노동자를 위한 활동을 시작했다고 들었어요. 국가별로 리더를 만드니 일이 쉬워졌어요. 조합원이 가장 많은 나라는 스리랑카고요. 방글라데시·인도네시아·필리핀·베트남·몽골 출신 조합원들이 있어요. 각 나라 별로 리더가 있고, 각 나라 언어별로 번역해서 홍보물을 만들었어요.

공장 앞에서 집회할 일이 생기면 그 공장에서 일하고 있는 이주노동자가 어느 나라 사람인지 미리 조사해서 해당 나라 언어로 번역된 홍보물을 가지고 나갑니다. 이주노동자의 권리, 노동법, 우리가 이 공장 앞에서 투쟁하는 이유 등을 각 언어별로 번역해서 주면 읽고 바로 이해할 수 있고, 그러다 보면 나중에 비슷한 문제가 생겼을 때 노조에 찾아오게 됩니다. 몰랐던 권리·법을 알게 되니까 반갑고 좋은 일이예요. 우리 노조에는 언어별로 리더들이 있어서 번역이나 통역하는 봉사를 해주기 때문에 바로바로 일처리가 됩니다.

국가별로 조합원 리더들이 있어요. 리더들도 다들 친구가 많아요. 친하니까 노조 가입하자고 이야기할 수도 있지만 그렇게 하지 않아요. 노조가 뭔지 알고 스스로 선택해야 힘을 낼 수 있거든요. 이렇게 생각하게 된 이유가 있어요. 본인이 필요해서 노조에 오게 된 이주노동자들은 함께 결합해서 일할 때 더 힘을 낼 수 있어요. 느리더라도 이주노동자들이 우리와 함께 천천히 노동자로 잘 성장하기를 바랍니다. 그게 성서노조가 바라는 방향이에요.

힘든 순간 곁에 서는 사람

우리 같은 활동가들이 많이 생겨야 이주노동자들을 위한 활동을 더 잘할 수가 있어요. 한국인 조합원은 월 35000원을 내고 이주노동자 조합원은 월 15000원씩 내요. 활동가들은 조합비로 활동하는 거잖아요. 금속노조 성서공단 지역지회의 김희정 지회장님과 노동상담소 김용철 소장님은 적은 월급을 받고 일하세요. 돈이 최고인 자본주의 세상에서 이런 분들을 보면 감사한 마음이 들어요. 이 분들은 더 어려운 환경에 있는 노동자들을 위해 계속 그 자리에 계세요. 작년이 성서노조 20주년이었어요. 제가 그 시간의 절반 이상을 함께했네요.

한국도 1970년대에 많은 노동자가 돈을 벌러 사우디아라비아에 갔었다고 들었어요. 한국에도 이주노동의 역사가 있는데 젊은 사람들은 잘 모르는 것 같아요. 저희가 그때 한국의 젊은 노동자들과 비슷한 처지인 거예요. 돈을 벌기 위해 한국에 왔어요. 한국 사람들이 하기 싫어하는 3D 일을 이주노동자들이 하잖아요.

　이주노동자든 정주 노동자든 해당되는 법이 같아야 하는데요. 한국의 이주노동자 법은 노예를 만드는 시스템이에요. 사업장 이동도 사장 허락 없이는 불가능하고, 회사도 세 번밖에 옮기지 못해요. 이후 1년 10개월 연장할 수 있는데 이것도 사장의 허락이 있어야 가능해요. 이 시스템에 자유는 없어요. 우리가 인간으로 태어나 살아가면서 가장 필요한 게 자유잖아요. 자유를 얻을 수 있도록 그들 곁에서 투쟁하는 사람이 활동가라고 생각해요. 자유를 얻기 위해 이주노동자들이 단결 투쟁해야 합니다.

　성서노조에서 연초마다 전태일 열사 묘역에 가요. 가서 열심히 투쟁하겠다고 다짐하고 오죠. 열심히 공부하고 배우면서 함께 투쟁해야 해요. 더 좋은 세상을 함께 만들어야 하니까요. 이주노동자도 사람답게 살고 싶거든요. 자신의 권리를 위해 싸워나가야 해요. 일하다 보면 손에 익잖아요. 일이 익숙해지면 눈을 감고도 할 수 있게 되고요. 자기 권리도 일하는 것처럼 배워야 해요. 한국말도 배우고 자기 권리도 배워서 눈 감고도 알 수 있을 만큼 공부해야 해요. 혼자서 하기는 힘들어요. 힘든 순간에 위로해줄 수 있고 지지해줄 수 있는 사람들이 있어야 해요.

　일할 수 있을 때까지 하다가 젊은 친구들한테 넘겨줘야죠. 젊은 사람들을 위해 자리를 비켜줘야 해요. 김희정 지회장님과 김용철 소장님도 저를 위해 자리를 마련해주셨어요. 두 분이 계셔서 너무 다행이죠. 곁에 물어볼 사람이, 힘이 되는 사람이 있어야 해요. 저도 후배들에게 그런 사람이 되어주고 싶어요.

투쟁이 연 삶,
삶을 잇는
공동체

구술: 놀리(가명)
글: 홍세미

놀리(Noli)는 1960년대 후반, 필리핀 팜팡가 지역에서 8남매 중 장남으로 태어났다. 1970년대 엄혹했던 계엄령 시기에 10대를 보내고 시민혁명이 일어난 1980년대 후반 노동자를 지원하기 위해 공장에 들어갔다. 당시 필리핀 정부는 노동조합을 금지했고 공장 노동자들은 저임금을 받으면서도 언제 해고당할지 모르는 상황에 처해 있었다. 놀리는 노동자 한 명 한 명을 만나 노조의 필요성에 대해 설파하고 설득했다. 그들은 함께 노조를 만들고 임금인상 투쟁까지 성공시켰다. 하지만 공장은 문을 닫았고 필리핀 정부가 노동운동가에게 가한 핍박은 갈수록 거세졌다. 그런 상황에서 놀리는 1991년 가족을 두고 한국으로 도피했다.

놀리는 이주노동자이기 전에 노동운동가였다. 그는 노동자들과 함께 투쟁한 경험을 안은 채 한국에 왔고 이주노동자들을 조직해야 하는 필요성에 대해서도 누구보다 잘 알고 있었다. 그는 한국에 입국한 후 공장에서 일하면서도 필리핀 사람들을 만나면 안부를 묻고 조직의 중요성에 대해 알렸다. 놀리는 한국의 공장에서 처음 만난 필리핀 이주노동자들과 뉴에라(New Era)라는 필리핀 이주노동자 공동체를 만들었다. 뉴에라는 한국에서 일하면서 여러 어려움을 겪는 필리핀 이주노동자들에게 버팀목이 되어주었다.

놀리와 동료들은 이 경험을 바탕으로 1998년 한국에 있는 크고 작은 필리핀 공동체를 연합해 카사마코(KASAMMAKO, 필리핀어 'Katipunan ng mga Samahan ng Migranteng Manggagawa sa Korea'의 약자, 필리핀이주노동자단체연합)를 만들었다. 한국에 사는 필리핀인들은 카사마코라는 느슨하면서도 단단한 울타리 안에서 서로 안부를 물으며 생활 중이다. 카사마코는 국내 단체지만 전 세계 필리핀 이주노동자 단체와 국제적인 네트워크를 형성하고 있다. 국내 필리핀 이주노동자들을 지원하고 조직하는 한편 필리핀 내 이슈를 해외로 알리는 역할도 하고 있다. 특히 필리핀 정부의 인권 탄압 실태에 대해 적극적으로 알리는 일을 한다. 카사마코는 필리핀 공동체의 성장뿐 아니라 다른 나라의 공동체가 성장하는 데도 관심을 둔다. 실제로 방글라데시·네팔 공동체가 결합하고 성장하는 데 역할을 했다.

놀리는 필리핀보다 한국에서 더 오래 살았다. 한국에서 살았던 30여 년 동안 필리핀 이주민들이 있는 곳이라면 어디든 찾아가 사람들을 조직하고 그들을 지원해왔다. 30년 전에도 지금도 가장 낮은 곳에서 가난하고 힘든 사람들을 섬기는 삶을 살아간다.

소수를 위한 나라

저는 필리핀 사람입니다. 필리핀은 300년간 스페인과 미국, 일본의 식민 지배를 받았어요. 그동안 국민들은 피 흘리며 독립을 위해 싸웠고 아시아에서 최초로 공화국을 수립했어요. 1960년대 필리핀은 아시아에서 가장 잘사는 나라였습니다.

1965년 마르코스 대통령이 당선되면서 필리핀에 그늘이 드리워졌습니다. 1986년까지 장기 집권을 했던 마르코스는 1972년 두 번째 임기가 끝나기 전 계엄령을 선포했습니다. 계엄령은 9년간 이어졌으며, 이 기간에 부패는 만연했어요. 마르코스는 반대 세력을 강경하게 탄압하고 지주들에게는 특혜를 줬습니다. 그러는 중에 국가 부채가 쌓이면서 필리핀 국민은 가난 속에 허덕이며 살아야 했습니다.

1983년 야당 지도자였던 베니그노 아키노 2세가 암살되었는데, 이 일로 1986년 시민혁명이 일어나고 마르코스는 시민들에 의해 대통령직에서 쫓겨납니다. 시민혁명이 촉발한 필리핀의 민주주의는 안타깝게도 제대로 자리 잡지 못했어요. 마르코스 이후의 집권자들도 토지개혁이나 경제구조를 변화시키지 못한 것이죠. 필리핀의 국가체제는 대다수 국민을 보호하는 체제를 갖추지 못한 채 소수의 지주 계급만을 위한 시스템이 되어버렸습니다. 결국 필리핀은 반(半)식민지 시스템 때문에 퇴보했습니다. 그리고 이 시스템은 결국 마르코스를 돌아오게 했습니다. 2022년 마르코스의 아들이 대통령이 된 것입니다.

1960년대까지 필리핀은 다른 아시아 국가 사람들이 유학 오는 아시아의 강국이었습니다만 오랜 시간 반(半)식민지 체제에 놓이면서 그 이상으로 발전하지 못했습니다. 당시 필리핀보다 가난했던 아시아 국가들은 현재 농업을 기계화하고 좋은 쌀을 개량하며 먹고살 걱정 없이 살고 있지만 필리핀은 지금까지도 손으로 파종하고 있습니다. 필리핀은 여전히 반(半)식민지 체제라고 할 수밖에 없어요. 미국의 법률과 정책은 필리핀에 여전히 영향을 끼치고 있으며, 소수만이 땅을 소유할 뿐 농민 대다수는 토지를 갖고 있지 않습니다.

필리핀에는 가난한 사람이 많습니다. 가난한 사람에게는 집 지을 땅이 없기에 더러운 물이 흐르는 하천 위에 나무로 집을 짓고 삽니다. 하천에는 온갖 오물이 물과 함께 흐르고 견디기 힘든 악취가 하루 종일 진동합니다. 시끄럽고 냄새나는 곳에서 살아야 하는 삶을 상상할 수 있으신가요?

낮은 자를 섬기다

대부분의 필리핀 가정이 그렇듯 저희 집도 독실한 천주교 집안입니다. 저는 어렸을 때부터 제가 신부가 될 거라고 여겼습니다. 저희 어머니가 그러기를 바라셨어요. 열세 살부터 가족을 떠나 성당에서 신부님과 함께 살았습니다. 신부님은 저를 아들처럼 대해주셨어요. 신부는 3년을 주기로 교구를 옮기기에 저도 같이 신부님을 따라 지역을 옮겨 다녔습니다.

우리 가족은 10명이에요. 부모님과 누나 둘, 저, 남동생 둘, 여동생 셋입니다. 아버지는 괌에서 이주노동자로 6년간 일하시다가 1984년에 필리핀으로 돌아오셨습니다. 어머니는 집안일을 하시면서 미싱으로 아동복 만드는 일을 부업으로 하셨어요. 도매업자가 옷감을 트럭에 싣고 와 방 안 가득 쌓아 놓고 가면 어머니는 밤새 미싱을 돌리셨지요.

저는 마르코스 대통령 치하에서 1982년부터 1989년까지 7년 동안 신학을 공부했어요. 가톨릭 교회는 보수적이지만 개별 학교나 신학자 중에는 진보적인 분들이 계셨어요. 제가 다녔던 신학교가 그랬던 것 같아요. 사제가 되기 위한 공부는 성당에서만 하는 게 아니었습니다. 가난한 사람, 농부, 노동자, 학생을 찾아갔습니다. 성직자는 낮은 자들을 섬겨야 하기 때문입니다.

1983년 제가 머물던 지역에 있던 공장에서 노동자들이 파업했는데 당시 성당에서 그들을 지원했어요. 신학생임을 밝히지 않고 공장이나 농촌에 가서 일해야 하는 과정을 이수하기 위해 저는 한 공장에서 올린 채용공고에 지원해 판매직으로 들어갔습니다. 그런데 그 무렵 공장이 다른 소유주에게 팔리면서 공장에서 희망퇴직 프로그램이 운영되고 있었습니다. 정규직 노동자들을 희망퇴직시킨 후 비정규직으로 돌리려는 수작이었죠.

필리핀은 지역에 따라 임금 격차가 큽니다. 수도권 임금이 다른 지역보다 25페소 정도 높습니다. 제가 사는 지역은 당시

기본급이 89페소로 매우 낮았습니다. 공장 노동자들은 급여가 충분하지 않다고 성토했어요. 대출을 받아야 아이들을 학교에 보낼 수 있다고 했습니다. 저희는 사측에 급여 인상을 요구해보자고 제안했습니다. 저희는 많은 노동자와 이야기를 나누었습니다. 1989년, 마침내 우리는 임금인상 투쟁을 하기로 했습니다. 기본급을 25페소 더 늘려달라고 요구하고 노조를 만들었어요. 공장과 노조가 협상하는 동안 노동자들은 싸웠습니다. 저희는 노조 합법화와 임금 인상을 요구했고, 해고는 불법이라는 구호를 외쳤습니다. 정규직 노동자들을 조직해서 노조를 만들고 희망퇴직 반대, 임금인상 운동을 시작한 것입니다.

임금인상 투쟁은 성공했고, 모든 노동자는 25페소가 인상된 103페소를 받게 되었습니다. 이것이 우리의 첫 번째 성과입니다. 노동자들은 스스로 싸워서 거둔 성과를 보며 매우 행복해했습니다. 저 역시 기뻤습니다. 곁에 있는 동지와 함께 싸우면 이길 수 있다는 믿음을 경험했기 때문입니다. 성직자는 탄압받는 노동자들을 어떻게 섬길 수 있을지 고민해야 합니다. 저는 당시 배움의 시기를 보내고 있었지만 앞으로 제 삶에서 노동자들을 계속 섬기고 지지할 것이라는 마음이 들었습니다.

한국으로의 도피

1991년 6월, 필리핀 팜팡가 지역에 위치한 피나투보 화산이 폭발했습니다. 큰 지진이 이어져 40만 명 이상이 집을 잃었으며, 여러 마을이 완전히 묻혔습니다. 가난한 사람에게 재앙 같은 일이었지만 회사는 속으로 기뻐하는 것 같았습니다. 팜팡가 지역이 지진으로 아무것도 판매할 수 없는 상황에 처하자 노동자를 해고할 명분이 생겼던 것입니다. 그렇게 노동자들은 밖으로 던져졌습니다. 노동자와 노동자를 분리시키는 것은 회사의 전술입니다. 저는 공장에서 나가기를 거부했지만 회사와 지방 정부는 저희에게 나가라고 강요하고 위협했습니다. 많은 활동가가 살기 위해 다른 나라로 도피했습니다.

당시 정부 주도로 노동자 해외 송출이 많이 일어났습니다. 대통령은 노동자 송출에 힘을 기울였어요. 겉으로는 실업률이 낮은 것처럼 보일 테니까요. 그때 미국으로 가는 필리핀 사람들의 환승지가 한국이었는데 김포행 비행기 앞에 필리핀 노동자들이 줄을 길게 늘어섰다고 들었습니다.

1986년 야당 지도자 아키노의 부인인 코라손 아키노가 대통령에 당선되었습니다. 드디어 필리핀도 민주화를 이룰 수 있으리라 기대했지만 저희 생각이 틀렸음을 바로 알았습니다. 아키노는 겉으로 비둘기와 평화를 상징으로 내세웠지만 뒤로는 노동운동 지도자들에게 철권을 휘둘렀습니다. 필리핀의 민주화운동사를 보면 민주화를 기대했던 아키노 대통령 집권 시기가 가장 위험했습니다.

특히 아키노는 노조 운동을 무마시키려고 굉장히 강경한 노선을 취했어요. 그 결과 필리핀에서 운동이 두 갈래로 분열됐

습니다. '친아키노파'와 '반아키노파'로 운동이 갈라졌고, 아키
노에 대해서도 그를 긍정적으로 보는 사람과 부정적으로 보는
사람으로 나뉘었습니다. 친미 정권이라 필리핀에 미국의 영향
력이 비교적 강했던 시기였습니다. 아키노와 군부는 노조 운동
을 반대하고 노조 지도자들을 탄압했어요.

저는 스물여섯 살이던 1991년, 성당에서 만난 여성과 결혼
했어요. 결혼 후에도 저는 성당에 소속된 신분이었지만 동시에
노동운동가이기도 했습니다. 아내는 결혼 후 바로 임신했어요.
동료들이 사라지고 죽는 상황이 벌어지니 동료들과 아내는 제
게 잠시만 운동 일선에서 물러나 피하라고 했습니다. 그래서 저
는 공장에 휴가를 내고 관광 비자를 얻어 한국에 갔습니다.

12명의 필리핀 노동자

1991년 한국에 도착했습니다. 그때 저는 관광 비자로 한국에 왔
던 터라 일자리를 구할 수 없는 상황이었지만 일하지 않으면 굶
어야 하는 처지였습니다. 그때는 일자리가 필요한 외국인들은
동대문 E호텔로 가라는 말이 돌았어요. 필리핀과 한국인으로
구성된 브로커들이 호텔 앞에 모인 필리핀 사람들을 차에 태우
고 공장에 내려줬습니다. 첫 달 받은 임금은 중개업자들이 소
개비로 가져갔어요. 한 곳에서 석 달을 채우지 못한 채 E호텔로
다시 나가곤 했습니다.

결을 만드는 사람

저는 석관동에서 가죽 자켓 만드는 일을 했습니다. 건물 지하에 있는 작은 업체였는데 사장 부부와 한국인 노동자 여덟 명, 그리고 필리핀 이주노동자 12명이 함께 일했습니다. 아침부터 늦은 밤까지 쉬지 않고 가죽 자켓을 만들었어요. 가죽을 재단하고 본드로 붙인 후 미싱으로 박는 일이었어요. 재단과 본드 칠을 맡았지만 미싱대에 사람이 없으면 미싱도 돌렸습니다. 정해진 일 없이 모든 일을 해야 했습니다. 창문 하나 없는 공장에는 늘 본드 냄새가 진동했어요. 아침 여덟 시 반부터 시작해 밤 열두 시까지 일했는데, 일감이 많은 날은 새벽 두 시까지 일하기도 했습니다.

월급은 25만 원이었고, 사장은 이주노동자들에게 숙소와 식사를 무료로 제공하겠다고 했습니다. 숙소는 창고로 쓰던 3평 정도의 작은 방이었는데 이주노동자 여덟 명이 함께 자야 했습니다. 보일러가 없는 방이라 작은 히터 하나로 밤을 지새고 온수가 나오지 않아 가스레인지로 물을 끓여서 씻었죠. 환경은 매우 열악했지만 일 시작하고 한 달은 보람을 느꼈어요. 동료들과 함께 일할 수 있는 점도 좋았고 기술을 배우는 것도 재미있었습니다.

식사는 많이 부실했어요. 콩나물국과 밥, 김치가 매일 나오고 계란으로 만든 반찬이 가끔 나왔습니다. 한겨울인 터라 공장 안도 매우 추웠어요. 김치는 입맛에 맞지 않아 먹을 수 없어 콩나물국에 밥을 말아 끼니를 때웠습니다. 저는 체격이 큰 편이었는데 한 달 만에 몸무게가 많이 빠졌어요. 그곳에서 일한 지한 달이 지났을 무렵 식사를 만들어 먹자는 이야기가 나왔습니다. 12명이 만 원씩 걷어서 한 달 식비로 썼어요. 공장이 청량리와 가까웠는데 그곳에 큰 시장이 있었거든요. 시장에 가면 저렴한 부속 고기를 살 수 있었어요. 돼지머리가 3000원이었습니다. 돼지머리, 돼지간, 닭발 등을 싸게 사 와서 요리해 먹었습니다. 남은 돈으로 비누, 휴지 같은 생필품을 구입해서 함께 썼습니다. 함께여서 임금이 적었음에도 살아남을 수 있었습니다.

석관동 미싱 공장에서 만난 필리핀 노동자 12명은 필리핀 이주노동자 모임인 뉴에라의 초기 멤버입니다. 저는 석관동·면목동·미아동에서 필리핀인들을 모아 조직하기 시작했습니다. "당신은 혼자가 아닙니다. 우리가 여기 있습니다"라고 말을 걸었습니다.

농구 모임에서 시작된 필리핀 공동체

필리핀 사람들은 특징이 있습니다. 어디서든 모임을 만들고 공동체를 형성합니다. 당시 개봉과 구로에도 필리핀 이주노동자가 많았습니다. 저희는 금요일과 토요일 밤마다 모였습니다. 함께 음식을 나눠 먹고 술을 마시면서 이야기를 나눴습니다. 그러면서 몇몇이 조직을 만들자고 이야기했습니다. 당시 필리핀 사람들은 자양동 성당에 많이 출석했는데, 그 성당에는 이탈리아 신부님과 필리핀 수녀님 한 분이 계셨습니다. 수녀님은 보수적인 분이셨어요. 조직을 만드는 일은 정치적인 행위라 한국 정부가 너희를 체포할 수도 있다고 우려하셨습니다. 많은 이주노동자가 미등록 신분이었으니 걱정은 당연한 일이었겠지만 결국 수녀님의 만류로 조직 만드는 일이 조금 늦어졌습니다. 그래도 성남·의정부·광주 등에 작은 조직들이 생기기 시작했습니다.

1992년 7월 필리핀 대사관에서 농구 대회를 개최했습니다. 한국 전역에서 82개 팀이 참가했어요. 필리핀 사람들은 농구를 정말 좋아합니다. 필리핀은 미국의 식민지였는데 그로 인해 농구를 많이 하게 됐다고 합니다. 축구나 야구는 많은 사람과 넓은 공간이 필요하지만 농구는 공만 있으면 골목이나 좁은 공간에서도 혼자뿐 아니라 두세 명이서도 할 수 있습니다. 가난한 이들의 스포츠인 셈이죠. 농구를 좋아해 어디서든 했던 필리핀 사람들의 모습은 한국에서도 여전했습니다. 당시 부산·창원·오산·송탄에 자발적으로 필리핀 이주노동자 농구팀이 생길 정도였어요. 도시 간 교류 리그도 하고 있었고요. 그러던 중에 필리핀 대사관에서 농구 대회를 개최한 거죠.

그즈음 한국 정부가 미등록 이주노동자에게 비자를 주겠다고 발표했습니다. 미등록이었던 저도 합법적인 신분을 얻게 되면서 농구 대회에 참가가 가능했어요. 참가 팀이 많아 농구 리그가 꽤 오랫동안 진행됐습니다. 일요일마다 성공회대학교 운동장에 모여서 경기를 했어요. 참고로 제가 속한 농구팀이 2등을 했습니다. 중요한 건 농구도 농구였지만 매주 필리핀 이주노동자들을 만날 수 있었다는 겁니다. 그때 만난 이주노동자들을 모아 뉴에라라는 필리핀 이주노동자 조직을 만들었던 거예요. 대사관 덕분에 조직이 생긴 거죠.

상부상조하는 공동체

뉴에라는 한국에 거주하는 필리핀 이주노동자들이 상부상조해서 어려움을 같이 해결하자는 취지를 지닌 일종의 필리핀 공동체입니다. 병원비가 없다면 병원비를 대주기도 하고 숙식이나 귀국 비용도 제공하면서 필리핀 사람들 사이에서 금세 유명해졌습니다.

필리핀 이주노동자들이 한국어를 잘하지 못하다 보니 공장에서 부당한 대우를 받거나 갑자기 해고당했을 때 갈 곳이 없어요. 다시 일자리를 찾는 것도 쉬운 일이 아닙니다. 그런 경우 뉴에라 회원 집에 잠시 머물 수도 있고, 해당 지역에 오래 일한 사람으로부터 더 나은 환경의 일자리 정보를 얻을 수도 있습니다. 공동체가 필요한 것들을 제공하기에 회원들은 뉴에라를 믿고 따릅니다. 회원 중에는 몸이 아파 일하지 못하는 상황에 놓인 이들도 있을 수 있습니다. 이 경우 뉴에라가 병원비를 지원했습니다. 필리핀으로 돈을 보내주는 일도 있었고요.

사람들을 조직하거나 회원들을 모으려면 공동체로부터 지원받을 수 있는 것들을 보여줘야 합니다. 자신에게 도움을 주지 않는 조직에 누가 회원이 되겠어요? 당신을 도울 수 있다고 회

필리핀 이주노동자의 집을 방문해 국내 필리핀 이주노동자 단체의 필요성을 알리는
활동을 해온 놀리.

원들에게 확신을 줄 수 있어야 합니다. 이는 매우 중요한 조직
원칙입니다. 정치적인 면과 경제적인 면을 모두 미리 준비해야
하며, 노조는 경제를 중심으로 돌아간다는 점을 인지해야 합니
다. 노동자들이 노조에 가입하는 실제 이유가 자신에게 도움을
주고 보호해줄 수 있다고 여긴다는 데 있다는 점을 잊지 말아야
할 것입니다.

저는 주중에는 공장에서 일하고 주말에는 뉴에라에서 일
했습니다. 한국에서 먹고살기 위해서는 일이 필요했습니다. 간
단한 작업부터 막노동까지 가리지 않았습니다. 그리고 주말만
큼은 개인 시간을 갖는데요. 저는 그때 주말을 뉴에라에 온전히
썼던 것입니다. 당시 뉴에라에 다섯 명의 리더가 있었는데 따로

월급을 받지는 않았습니다. 회원들이 매달 내는 회비가 있었는데도 말이죠.

1995년 필리핀에서 피델 라모스가 대통령으로 당선되면서 진보 운동가들에게 사면조치를 내렸습니다. 저는 필리핀 내 상황이 좋아졌다고 생각하고 그해 6월에 필리핀으로 돌아갔어요. 딸이 다섯 살이 되던 해였지요. 하지만 막상 가보니 생각보다 좋지 않았어요. 여전히 진보 운동가들이 구속되거나 사망했어요. 당시 필리핀에서 운동은 합법 운동과 비합법 운동으로 분화되어 있었는데요. 제가 필리핀에서 활동하려면 정치적으로 탄압받고 위험한 상황에 처할 수밖에 없었습니다. 동료들이 제게 다시 한국으로 돌아가는 쪽이 낫겠다고 했습니다.

카사마코 활동

당시 1000만 명이 넘는 필리핀 청년 노동자들이 해외에서 일하고 있었습니다. 그중 한국에 들어온 수도 상당했습니다. 저는 필리핀 본국의 시스템을 바꾸기 위해서는 밖에 있는 청년들을 조직하는 일이 필요하다고 생각했습니다. 제가 한국에서 나올 때 미등록 신분이었기 때문에 한국에 어떻게 다시 들어갈 것인지가 관건이었습니다. 결국 1998년 1월 괌에서 비자를 받아서 한국으로 들어왔습니다.

대부분의 이주노동자는 본국에서 일자리를 찾지 못해서

돈을 벌기 위해 한국에 옵니다. 돈을 모아 다시 돌아가려고 계획하기에 한국에서 조직을 만들거나 가입하는 데 크게 관심이 없습니다. 이주노동자를 조직하는 일이 어려운 것도 이 때문입니다. 그런데 1997년 한국에 IMF가 터지면서 이주노동자들에게도 위기가 닥쳤습니다. 필리핀 노동자들이 일자리 없이 집에서 대기해야 하는 상황이 생긴 것이죠.

저는 다시 한국에 들어오자마자 뉴에라를 통해 필리핀 노동자들을 조직하려고 했습니다. 필리핀 대사관 앞에서 자국민 처우 개선을 위한 시위도 했고요. 자국민이 어려움을 겪고 있는데 필리핀 대사관은 어떠한 노력도 하지 않았습니다. 1998년 이주노동자들의 투쟁의 불꽃이 지펴지기 시작했고 카사마코도 만들어졌습니다.

한국에 IMF가 터진 시기 많은 필리핀 이주노동자들이 작은 집에 모여 살면서 라면으로 끼니를 때우며 보냈습니다. 그때 저는 그들에게 왜 필리핀으로 돌아가지 않느냐고 물었는데, 대부분 여권이 없어서라는 게 그 이유였습니다. 공장 사장 중에 필리핀 이주노동자들의 여권을 뺏는 경우가 많았거든요. 그래서 여권을 재발급받기 위해 대사관에 갔더니 재발급 수수료로 20만 원을 내라고 했다는 겁니다. 심지어 자국민을 위한 긴급 무료 숙박도 최대 다섯 명밖에 제공하지 않았으니 당시 대사관의 자국민에 대한 처우가 어느 정도였는지 짐작할 수 있겠지요. 제가 만났던 필리핀 이주노동자들은 대개 대사관에 대해 비슷한 생각을 가지고 있었습니다. 필리핀 사람들은 정부나 대사관

카사마코는 필리핀의 상황을 국내에 알리는 역할도 하고 있다. 필리핀 정부의
인권활동가 탄압에 대해 알리고 있는 카사마코 회원들.

을 마치 부모처럼 생각합니다. 이것은 식민 지배의 영향입니다.
정부는 그저 따르라고 하고, 필리핀 사람들은 그런 정부를 부모
라 여깁니다. 정부의 불합리한 정책이나 입장에 대항한다는 건
상상도 하지 못하지요. 그렇게 정신까지도 지배되고 있었으며
이는 그대로 한국 대사관에 대한 생각으로까지 이어졌습니다.

다시 말해 대사관의 행태가 불합리하다는 생각은 하지만,
부모를 화나게 하고 싶지 않아서 하고 싶은 말을 하지 못하는
꼴이었습니다. 저는 대사관에 저희 입장을 전해야 한다고 생각
했습니다. 이에 1998년 1월 22일 이주노동자들을 조직했고, 대
사관에 찾아가 저희의 목소리를 전했습니다. 마침내 그들이 부
모에 맞서 싸우기 시작한 것이지요. 필리핀 이주노동자들로서
는 처음 경험한 일이었습니다.

당시 필리핀 정부는 해외로 이주노동을 떠나는 필리핀인들을 영웅으로 칭송했습니다. 영웅이라고 치켜세워 놓고, 정작 타국에서 이렇게 부당하게 대우하는 것이 이해되지 않았어요. 저희는 필리핀으로 돌아가는 비행기 티켓과 음식을 요구했습니다. 필리핀 대사관 앞에서 두 차례 시위를 조직했고, 1998년 3월 8일 결국 필리핀 대사관과 면담하는 자리를 갖게 됐어요.

　　결실이 없지 않았습니다. 필리핀 대사관에서 필리핀 이주노동자를 위한 쉼터를 이태원에 마련해줬습니다. 원한다면 본국에 돌아갈 수 있는 비행기 표를 주고, 여권 수수료도 20만 원에서 9만 원으로 낮춰 받았으며, 여행 서류도 무료로 발급해줬습니다. 필리핀 대사관에서 이주노동자들을 친절하게 응대했을 뿐 아니라 이후 격주로 대사관에서 필리핀 공동체와 회의도 열었습니다.

　　당시 필리핀 이주노동자 사이에는 크고 작은 모임이 굉장히 많았어요. 1992년에 82개의 단체가 있었다고 기록됩니다. 그중 뉴에라·비콜·혜화동·팜팡가 등이 규모가 큰 편이었는데 그 모두가 연합한 조직이 카사마코였습니다. 카사마코에서 2003년 명동 투쟁에도 함께했는데 그것이 첫 연대 활동이었습니다. 저희는 한국 내 이주노동자가 겪는 부당함을 해결하기 위해 투쟁할 뿐 아니라 필리핀의 시스템을 바꾸기 위해 싸우는 중입니다. 카사마코는 이후 수원·영등포·송탄까지 조직을 확장했습니다.

조직을 조직하다

만약 제가 활동가가 되지 않았다면 공장에서 12시간씩 일했을 거예요. 그러다 미등록 체류를 했을 테고, 결국 단속당했을지도 모릅니다. 이후 필리핀으로 송환됐다가 개명하고 다시 한국으로 돌아가는 길을 택했을지도 모르지요. 한국에 돌아와 다시 기한을 넘기고 미등록 체류자로 살다가 다시 단속당하고…… 멈추지 않으면 이러한 식으로 계속 이어질 수밖에 없었을 겁니다.

1998년 카사마코가 설립되면서 저는 일을 그만뒀습니다. 그때 저는 집도 없었어요. 필리핀 이주노동자를 찾아다니다 그들의 집에서 잠을 잤습니다. 이주노동자는 대개 아침 여덟 시부터 밤 여덟 시까지 공장에서 일합니다. 저는 그들을 조직해야 하는 활동가였지만 그들이 일하는 시간을 방해하지 않고 활동해야 했습니다. 그들은 돈을 벌기 위해 한국에 온 것이니까요. 그럼에도 그들과 필리핀 이주노동자 조직이 필요하다는 이야기를 나눠야만 했습니다. 그들과 이야기할 시간을 얻어내야 했습니다.

그들은 대개 밤 열 시가 되어야 집에 왔는데 그때면 누구나 그렇듯 저녁식사를 마련할 힘이 남아 있지 않은 상태입니다. 저는 그들의 집에서 그들을 기다리며 집을 청소하고 식사를 준비했습니다. 밀린 빨래를 모아 세탁기를 돌려서 널었습니다. 제게는 그리 힘든 일이 아니었는데, 퇴근한 그들은 말끔해진 집과 따뜻한 밥상을 보며 많이 고마워했습니다. 함께 식사하며 그때 저는 카사마코에 대해 이야기를 꺼냈습니다. 어떻게 만들어진 단체이고, 이주노동자들에게 왜 그런 조직이 필요한지, 우리가 당신을 어떻게 보호할 수 있는지 이야기했습니다.

　카사마코 회원을 그렇게 한 명씩 늘려간 것입니다. 그들 집에 방문하지 않고 그들과 친구가 되지 않았다면 어려웠을 일입니다. 앞서 말했듯이 정부로부터 오랜 시간 탄압받았던 필리핀 사람들은 집회를 두려워합니다. 실제로 필리핀에서는 집회에 나가면 총을 맞아 죽을 수도 있거든요. 카사마코 서울지부가 안정적으로 회원을 확보하고 활동해가는 것을 보고 저는 이제 수원으로 가보기로 했습니다.

다시 선교사로

저는 결국 2002년, 다시 미등록 체류자가 됐습니다. 미등록 체류자라 병원에 가는 것을 비롯해 여러 면에서 제한이 따랐습니다. 어쩔 수 없이 2002년 10월 필리핀으로 돌아갔어요. 조직을 마무리하지 못한 터라 돌아갈 수밖에 없는 것이 아쉬웠습니다. 다시는 한국에 갈 수 없다는 생각도 했어요. 그런데 예상치 못한 일이 벌어졌습니다. 당시 한국 교회와 필리핀 교회에 선교사 교환 프로그램이 있었거든요. 필리핀의 한 교회에서 한국에 가기로 한 선교사가 서류를 갖추지 못해 발이 묶인 상황이라는 소식을 들었습니다. 혹시 제가 대신 갈 수 있지 않을까 기대하면서도 저는 한국에서 미등록 체류자 신분이었기에 입국에 어려움이 있을 거라고 생각했지요. 알아보니 벌금으로 200만 원만 내면 가능했습니다.

그렇게 저는 필리핀에서 선교사 신분을 얻어서 2003년 5월 한국에 들어왔습니다. 선교사 신분으로 다시 한국에 와서는 카사마코를 의정부와 동두천 등으로도 확대했습니다. 저는 카사마코에서 리더로 활동하면서 교회에서는 이민자들을 위한 프로그램을 운영했습니다.

제가 한국에 있는 동안 뉴에라에서는 필리핀에 있는 제 가족에게 지원을 해줬습니다. 지원이 충분했던 것은 아니지만 아내도 교사로 일하는 중이고, 딸도 공립학교에 다니는 터라 생활비로 많은 돈이 필요하지 않았고 그 덕분에 저도 조금은 걱정을 덜고 활동할 수 있었습니다.

조직된 힘으로

코로나 시국에 들어서면서 많은 모임이 중단됐는데 저희도 예외가 아니었습니다. 직접 만나는 것은 불가능했지만 줌을 활용해 온라인으로 모임을 지속했습니다. 어떤 상황이더라도 우리는 연결되어야 합니다. 팬데믹이 발생한 지 4년이 흘렀지만 저희 조직은 아직 살아 있습니다. 4년 동안 아무도 죽지 않았고 아무도 패배하지 않았습니다. 코로나 상황이 조금씩 풀리고 있기에 저희도 오프라인 모임을 시작하려고 시동을 걸고 있습니다. 2022년 7월에는 오산에서 농구 리그를 열었고, 카사마코 리더 모임에서 서해안으로 워크숍을 다녀오기도 했습니다.

자국민 조직의 중요성과 필요성은 저희 사례를 통해 확인할 수 있습니다. 가령 여권이 만료되거나 서류가 필요하면 자국 대사관에 방문해야 합니다. 필리핀 대사관은 다른 대사관과 마찬가지로 월요일부터 금요일까지 일해왔습니다. 이주노동자 역시 주중에는 일을 하기에 대사관에 볼일이 생기면 휴가를 써야 하는데, 그게 쉽지 않습니다. 카사마코는 대사관에 이러한 상황을 전하며 일요일 근무를 요구했습니다. 조직된 힘으로 강하게 밀어붙여서인지 대사관은 저희 이야기에 귀 기울지 않을 수 없었을 겁니다. 현재 필리핀 대사관은 일요일에도 문을 엽니다. 또 있습니다. 얼마 전 한 필리핀 노동자가 사망한 일이 있었습니다. 저희는 그분을 필리핀으로 송환해달라고 요구했고, 대사관은 이를 받아들였습니다. 이렇듯 카사마코는 단순한 커뮤니티가 아닙니다. 필리핀 자국민을 위해 싸우는 조직입니다.

앞서 이야기했듯이 필리핀 사람들은 어디서든 조직을 만들겠다는 의지를 갖고 있습니다. 조직만이 투쟁을 승리로 이끌 수 있습니다. 필리핀은 일본에 의해, 미국에 의해, 스페인에 의해 식민 지배를 받았습니다. 그 경험을 통해 조직만이 저희 자신을 자유롭게 할 수 있다는 것을 압니다. 1990년대 한국 내 필리핀 이주노동자 중 조직에 속한 경우와 그렇지 않은 경우가 반반이었다면 현재는 거의 대부분 조직에 가입되어 있는 것도 조직의 필요성을 절감했기 때문일 겁니다.

　2004년 한국 정부가 고용허가제를 도입했습니다. 이에 미등록 노동자들은 본국에 돌아간 후에 다시 한국에 들어와야 했습니다. 초반에는 합법적 신분으로 한국에 다시 들어오기 위해 본국으로 돌아간 노동자들이 많았어요. 그런데 본국에서 고용허가제 시험까지 통과했는데도 한국에서 5년 이상 체류했다는 이유로 한국 대사관에서 허가를 내주지 않는 일이 벌어졌어요. 그때 카사마코 회원도 부쩍 줄었습니다. 고용허가제로 한국에 입국한 이들 중에는 조직에 가입하는 게 필요 없다고 여긴 이들도 있었거든요. 그들은 병원도 갈 수 있고, 체불당해도 노동청에 신고하는 게 가능했으니까요. 그러다 2007년 금융위기가 시작되자 일자리가 줄어들면서 다시 회원이 늘었어요. 2004년 300명 정도였다면 현재는 800명 정도니까요. 근래에 저희는 필리핀 결혼이주 여성들을 조직하기 위해 노력하고 있습니다.

카사마코의 미래, 여성과 자녀

결혼이주 여성을 조직하기란 매우 어렵습니다. 이주노동자들은 일하면 급여를 받습니다. 결혼이주 여성은 집에서 남편을 돌보고 아이들을 돌보고 시부모를 돌보지만 따로 월급을 받지 않습니다. 이분들도 필리핀에 있는 가족을 부양하기 위한 돈이 필요한데요.

결혼이주 여성에게 결혼 초기 가장 중요한 일은 경제활동이고, 둘째는 시민권 취득입니다. 그러나 집안일에 자식을 돌봐야 하는데다 외출도 쉽지 않기에 돈을 벌기란 쉽지 않습니다. 시민권 취득도 마찬가지입니다. 취득을 위해서는 한국어를 공부해야 하는데, 여유가 충분치 않습니다. 더 큰 문제는 대개의 한국인 남편이 그들에게 생활비를 따로 주지 않고, 경제활동을 해서 급여를 받더라도 그 돈을 남편이 관리한다는 것입니다. 그들이 처한 이러한 어려움이 외부에 드러나지 않는 건 폐쇄적인 일상에 갇혀 있기 때문입니다. 조직 만들기가 어려운 것도 그래서입니다. 초기 결혼이주 여성들의 자녀가 벌써 대학생입니다. 그런데 아시다시피 한국사회에서는 다문화가정 자녀에 대한 차별이 여전히 존재합니다. 저희는 결혼이주 여성의 자녀들이 겪는 어려움에 대해서도 계속 논의하려고 합니다.

코로나 사태가 한창이던 2021년, 한 필리핀 여성이 한국 필리핀 대사관에 찾아온 적이 있습니다. 그녀는 당시 쉰일곱 살이었고, 한국인과 결혼했으며 현재는 장성해 결혼까지 한 아들을 두고 있었습니다. 그녀는 한국에서 오랫동안 영어 교사로 일해왔고 남편은 세상을 떠나 아들, 며느리와 함께 살고 있다고 했습니다. 그런데 코로나 사태로 학원이 경영에 어려움을 겪으며 문을 닫자 일자리를 잃었습니다. 그러자 그동안 어머니께 돈을 받아서 쓰던 아들이 돈을 더 이상 주지 못하는 어머니를 내쫓았습니다. 주변에 도움을 청할 사람이 없던 그 여성은 대사관으로 찾아와 직원을 붙잡고 울며불며 필리핀으로 돌아가고 싶

사업장 이동의 자유·노동허가제 실시 쟁취를 위한 집회에
참석한 카사마코 회원들.

다고 외쳤습니다. 문제는 필리핀 대사관에서 그녀가 더 이상 필
리핀 사람이 아니기에 도움을 줄 수 없다고 했다는 점입니다.
저 역시 며칠 숙박비를 지원해드리는 것 이외에는 방안이 생각
나지 않았습니다. 이후의 소식은 알지 못합니다.

결혼이주 여성 자녀를 위해 저희가 할 수 있는 일이 무엇
일지 생각해보는 것 역시 저희 과제입니다. 먼저 그들을 위한
NGO를 만들 예정입니다. 필리핀의 전통과 따갈로그어를 가르
쳐보려고 합니다. 자녀들은 일정 나이가 되면 어머니와 함께 필
리핀을 방문합니다. 그때 실망해 다시는 필리핀을 찾지 않는 경
우가 많습니다. 무엇보다 외가 식구들과 의사소통이 불가능하
기 때문인데, 언어를 배운다면 필리핀에 대한 생각이 조금 달라

곁을 만드는 사람

질 수 있으리라 기대합니다. 실제로 한 결혼이주 여성이 자신의 아들을 필리핀으로 데려갔는데 아이가 5개월 만에 따갈로그어를 배웠습니다. 그리고 그제야 자신의 엄마를 온전히 이해하게 됐다는 말을 했다고 합니다. 현재 그 아들은 입대해 전방에서 근무 중입니다. 어머니와의 관계 역시 좋다고 들었습니다.

한국 정부는 다문화가정 자녀에게 어머니 나라의 문화와 언어를 가르쳐야 할 책임이 있습니다. 언어와 문화를 받아들일 수 있는 기회를 주어야 합니다. 카사마코 안에 '테레사'라는 필리핀 여성 조직이 있습니다. 테레사는 일본에 맞서 싸운 필리핀 여성의 이름에서 따온 것으로, 결혼이주 여성들을 위한 조직입니다. 카사마코는 테레사와 함께 한국 내 필리핀 결혼이주 여성의 아이들을 지원할 예정입니다.

우리의 문제는 모두의 문제

한국에서 일하는 동안 본국에 있는 가족들은 어떻게 지내느냐는 질문을 종종 받습니다. 저는 8남매 중 셋째인데요. 제 경우 1998년 이후 일정한 직장에 속하지 않고, 노동자들을 조직하고 지원하는 운동가로 살고 있습니다. 운동가로 살기 위해서는 본인과 가족이 지향하는 바가 명확해야 합니다. 보통 필리핀에서는 외국에서 일하는 가족이 있으면 그에게 돈을 보내라고 요구합니다.

제 아내는 제가 한국에서 어떤 일을 하는지 알고 있기에 돈을 보내달라고 요구하지 않습니다. 부모 형제도 제게 돈을 요구하지 않아요. 가족들 모두 소박하게 살고 열심히 각자의 자리에서 일합니다. 물론 급작스럽게 돈이 필요할 때가 생기기도 합니다. 저희 어머니가 편찮으신 적이 있었는데 그때 공동체에 이야기했습니다. 공동체에서 돈을 마련해 저희 집에 보내줬습니다.

이런 방식으로 살기 위해서는 자기가 하고자 하는 바가 명확해야 합니다. 일단 제 스스로 단순히 살아야 합니다. 저는 담배 피우지 않고 술도 마시지 않습니다(웃음). 한국에 사는 동안 돈이 들어갈 일이 별로 없었습니다. 필리핀에 있는 가족, 한국의 지역 공동체에 자기가 지향하는 바를 분명히 밝히면 경제적인 부분에 큰 어려움을 겪지 않습니다.

이주민을 조직하려면 유연해야 합니다. 젊다고 다 진보적이거나 전투적이지 않아요. 이주노동자는 기본적으로 돈을 벌기 위해 타국에 온 경우입니다. 뉴에라에도 진보적인 분들이 계시지만 집회에 나가면 경찰이 잡아간다고 생각하시는 분도 계세요. 집회에 함께하는 분들은 그분대로, 단순히 도움을 받기 위해 함께하는 분들은 그분대로 저희는 모두 좋습니다. 서로 도우며 살아가기만 하면 됩니다.

카사마코는 매년 전체 회의를 열어서 1년 동안의 성과를 보고하고 다음 해를 계획합니다. 특히 고용허가제의 문제점에 대해 토론하고 어떻게 바꾸어가면 좋을지 이야기 나눕니다. 저희는 인종차별에 반대합니다. 한국에서 함께할 수 있는 캠페인

2021년 12월 19일 세계이주노동자의날
캄보디아 노동자 속헹 1주기 추모제에
참석하여 발언하고 있는 놀리.

이 있을지 고민합니다. 저희가 문제라고 느끼는 것이 저희만의 문제라고 생각하지 않습니다. 저희 문제는 한국 문제이자 국제 문제라고 생각합니다.

회원 모집과 관리도 중요하게 논의되는 이슈입니다. 새로운 회원을 어떻게 모집할 것인지, 기존 회원의 활동을 어떻게 활성화시킬 것인지 이야기를 나눕니다. 지금까지 공동체의 안정에 집중했다면, 앞으로는 후배들을 양성하는 데 더 신경 쓸 계획입니다. 카사마코에는 저를 이어서 활동할 수 있는 지도자들이 있습니다. 한국에 이주노동자가 있는 한 카사마코는 계속될 것입니다.

겹을 만드는 사람

이주노동자운동,
과제를 풀어갈 활동가들을 남기다

이한숙

이주와인권연구소 소장

2021년 3월, 고용허가제로 일하고 있는 다섯 명의 이주노동자
가 '외국인근로자의 고용 등에 관한 법률'이 사업장 변경을 제
한해 헌법에 명시된 기본권을 침해하고 있다며 헌법소원을 제
기했다. 변호인 52명이 대리인단을 구성해 이 소송을 지원했지
만, 12월 23일에 헌법재판소는 합헌 판결을 내렸다. 재판관 다
수는 사업장 변경 제한이 고용허가제를 취지에 맞게 존속시키
기 위해 필요하며, 나아가 그 제한이 강제 노동에 해당하더라도
위헌이라고 볼 수 없다는 의견을 내놓았다. 민주노총 성명서 제
목처럼 "판결 이유 자체가 위헌"이었다. 인권을 짓밟더라도 이
권을 포기할 수 없다는, 어느 기업주 단체의 의견서를 연상시키
는 헌법재판소 판결문의 의미를 짚어보려면 격렬했던 이주노
동자운동이 고용허가제라는 디스토피아로 귀결된 역사를 돌아

볼 필요가 있다.

1980년대 후반, 한국은 3D 업종 중소영세 업체를 중심으로 인력난을 겪기 시작했다. 이를 이주노동자들이 들어와 메워 나갔다. 당시는 공식적인 이주노동자 도입 제도가 없었기에 이들은 모두 미등록 이주노동자였다. 1990년대 초, 정부는 점점 늘어나는 부담스러운 '불법' 체류자를 '합법' 연수생으로 대체하고자 했다. 해외투자 법인이 있는 기업이 현지 법인 노동자를 연수생으로 데려와 더 많이, 더 오래 고용할 수 있게 한 데 이어 1994년 5월에는 외국인 산업기술연수생제도(산업연수제)를 본격 시행했다. 산업연수제는 명목상 기술연수생을 데려오는 것이었으므로 이주노동자 도입에 대한 "반발을 무마하고 현행법을 손질해야 하는 문제를 피해가면서 외국 인력을 손쉽게 들여올 수 있는"◆ 합법적인 우회로였다.

외국인 산업연수제는 곧 '현대판 노예제'라는 오명을 받으며 폐지 운동에 직면했다. 그러나 연수생 송출업과 고용에 걸린 이권을 놓치지 않으려는 측에서 극심히 반발하면서 폐지까지 10년 이상 걸리는 투쟁이 필요했다. 정부는 중소기업협동조합중앙회(중기협) 등 업종별 기업주 단체들이 '연수추천단체'라는 이름으로 산업연수제를 운영하도록 했다. 연수추천단체는 연수생으로부터 '이행보증금'을, 고용 기업으로부터 '연수관리비'를 받았다.◆◆ 실제 연수생 도입과 관리는 현지 인력 송출업체와

◆　〈산업인력난 해소의 물꼬 트다/외국 기능연수생 고용 확대〉, 《서울신문》, 1991. 10. 18.

그 한국 사무소 격인 사후관리업체가 담당했는데, 이들은 연수생에게 입국 전 수백만 원의 송출 비용을 받았으며 입국 후에도 매월 관리비를 받았다. 많은 돈을 들여 한국으로 일하러 온 연수생은 법적으로 노동자가 아니었다. 노동법의 보호를 받지 못하는 상태에서 사업주가 원하는 시간만큼 끔찍한 노동조건 아래 욕설·폭행·성폭력에 시달리며 일했고, 임금이 아닌 연수 수당이라 불리는 턱없이 적은 보상을 받았다.

연수생에게 사업장 이동은 허용되지 않았다. 계약한 사업장에서 벗어나는 길은 탈출해 미등록 노동자가 되는 것밖에 없었다. 이를 막겠다고 계약 기간을 채우지 못하면 돌려받을 수 없는 이행보증금에 더해 신분증과 통장 압수, 외출 금지와 감금, 강제 적금이 동원되었다. 그러나 이런 방책들은, 눈앞에서 동료의 손을 자른 프레스 기계에 배치된 또뚜야와 같은 연수생들이 탈출하는 것을 막지 못했다. 결국 '불법' 체류자를 '합법' 연수생으로 대체하려 한 정부의 시도는 실패했고, 미등록 노동자 비율은 점점 높아졌다.

미등록 아니면 연수생이었던 이주노동자들은 농성하고, 소송하고, 파업하며 노동자로서 권리를 하나씩 쟁취해나갔다. 농성에 참여한 미등록 노동자는 표적단속이 됐으며, 주목받는

❖ 중소기업협동조합중앙회는 연수생 한 명당 300달러의 이행보증금을 받았다. 연수생을 고용하는 연수업체들로부터는 연수생 도입 초기에는 연수생 한 명당 35만 원, 연수 기간이 2년에서 1년으로 줄어든 이후에는 19만 6000원씩 받았다. 〈중기협은 현대판 노예상인가〉, 《한겨레 21》, 2002. 7. 24.

소송에 참여한 연수생들과 가족들까지 중기협·송출업체·본국 대사관으로부터 위협받았다. 파업 주동자로 찍힌 이주노동자들은 출국당했지만 그럼에도 싸움을 멈추지 않았다.

1994년 1월, 산재를 당한 미등록 이주노동자들이 경제정의실천시민연합(경실련)에서 한 달간 농성을 했다. 이후 산업재해보상보험은 미등록 이주노동자에게도 적용되는 유일한 사회보장 제도로 남게 되었다. 1995년 1월에는 네팔 연수생들이 명동성당에서 농성했고, 산업연수생도 산재보험, 의료보험 및 근로시간 등 근로기준법 여덟 개 조항과 최저임금을 적용받게 되었다.

1990년대부터 이주노동자들이 자발적으로 파업하는 일이 빈번히 있었지만 언론에 보도된 경우는 극히 드물어 희미하게 혹은 기억으로만 남아 있다. "베트남에서 개도 안 먹는" 부실한 식사와 터무니없는 식대에 항의했던 김나현과 동료들의 파업이 그러했다. 특히 한 사업장에 다수가 일했던 해외투자기업 연수생들은 잇따른 대규모 파업으로 1999년 12월에 근로기준법, 최저임금, 산재보험을 적용받을 수 있었다. 그러나 현지에서 지급되는 임금에는 최저임금이 적용되지 않았는데 기업들이 임금을 현지에서 지급하는 방식으로 악용하면서 이후에도 파업 투쟁이 지속되었다.

이주노동자들은 소송을 통해서도 노동자로서 법적 지위를 굳혀갔다. 1997년 방글라데시 미등록 이주노동자가 퇴직금지급청구소송을 제기해 승소했다. 이 소송의 쟁점은 퇴직금 자체가 아니라 이주노동자도 근로기준법을 적용받는 노동자냐는 것이었다. 승소 후 미등록 노동자에게 근로기준법의 전 조항이 적용되었다. 2001년에는 필리핀 연수생이 중기협과 송출업체로부터 온갖 협박을 받으면서도 동일한 소송을 제기해 1심에서 승소했다. 이후 유사한 소송에서 승소가 이어졌지만, 대법원은 소액 사건이라며 계속 기각 판결을 내렸다. 2007년 12월, 중국 연수생들이 소액 재판 범위를 넘어서는 금액을 합산 청구한 후에야 대법원에서 판결을 받아낼 수 있었다. 같은 해 파키스탄 연수생이 근로기준법을 일부만 적용하도록 한 지침이 위헌이라는 헌법재판소 판결을 받아냄으로써 연수생이 법적 노동자라는 사실에 쐐기를 박았다. 이 헌법소원은 처음 네 명이 시작했지만, 갖은 회유와 협박 끝에 결국 한 명만 청구인으로 남았다.

1995년 연수생들이 이끈 명동성당 농성은 7월, 이주노동자운동에서 첫 상설 연대체인 외국인노동자대책협의회(외노협)가 결성되면서 입법을 통한 제도 개선 운동이 시작되는 계기를 만들었다. 외노협을 중심으로 한 이주노동자운동은 2000년 10월, 노동운동으로서 이주노동자운동을 지향하는 이주·취업의 자유 실현과 이주노동자 노동권 완전 쟁취를 위한 투쟁본부(이노투본) 결성, 2001년 3월에 보다 운동 지향적이고 성인지적인 활동을 내건 이주·여성인권연대 출범 등으로 분화해갔다. 이노투본은 2001년 5월, 민주노총 평등노조 이주노동자 지부(Equality Trade Union-Migrants Branch)로 전환했다.

이주노동자운동은 산업연수제를 대체할 제도로서 노동허

가제를 향해 목표를 모아갔다. 노동허가제는 노동자로서 법적 권리를 보장받으며 체류 기간 동안 자유롭게 취업할 수 있는 제도였다. 그러나 정부가 기획한 새로운 제도는 '고용허가제'였다. 고용허가제는 공공 부문이 이주노동자 도입과 관리를 맡아 산업연수제의 병폐였던 송출 비리와 중간 착취를 막고, 이주노동자를 법적 노동자로 인정한다는 점에서는 산업연수제보다 나은 제도이다. 그러나 그 '원래의 취지'는 열악한 노동조건으로 인력난을 겪는 기업들이 '외국 인력'을 값싸고 유연하게 활용할 수 있도록 하는 것이었다. 이주노동자들이 좀 더 나은 조건을 찾아 사업장을 옮겨 다닌다면 그 취지가 성립되지 않을 테니 고용허가제는 사업장 이동을 허락하지 않았다. 이런 점에서 고용허가제는 강제 노동을 감수하든지 미등록 노동자가 되든지, 둘 중 하나를 선택할 수밖에 없었던 산업연수제와 다를 바 없었다.

또한 정부는 새로운 '합법' 노동자들과 고용허가제를 시작하고 싶어 했다. 그에 따라 고용허가제를 실시하는 동시에 미등록 노동자를 강제 출국시키는 방침을 정했다. 그동안 정부는 이주노동자가 없으면 당장 기계를 멈춰야 하는 기업들의 요구에 부응해 미등록 노동자 일시 사면을 여러 차례 반복해 시행했다. 그렇기에 미등록 노동자들은 새로운 제도가 시행되면 당연히 사면받아 그곳에 편입될 것이라고 믿었다. 그동안 제도 개선을 위해 누구보다 앞서 싸웠던 이들도 오랫동안 한국에 살며 일해 온 미등록 노동자들이었다. 당연히 이들은 정부의 강제 출국 방침에 격렬히 저항했다.

고용허가제 앞에는 또 다른 장해물이 있었다. 경제 5단체, 통상산업부, 중소기업청 등의 지지를 등에 업은 중기협의 격렬한 반대가 그것이었다. 정부는 산업연수제를 폐지하고 새로운 외국 인력 제도를 실시하기 위해 여러 번 입법을 시도했다. 무엇보다 미등록 이주노동자가 계속 늘어났다. 2002년에는 미등록 이주노동자가 전체 이주노동자의 80퍼센트에 달해 대책을 세워야 했다. 정부는 1996년 OECD에 가입하며 선진국 대열에 합류하고자 했는데 동남아시아 국가에서 반한 정서가 극에 달한 것도 문제였다. 송출업체의 횡포와 고용 사기가 심각했고, 귀국한 이주노동자들이 산재를 당하거나 임금을 받지 못한 채 쫓겨난 경험을 폭로했기 때문이었다. 정부는 2000년 김대중 대통령의 노벨평화상 수상, 2002년 월드컵과 아시안게임 개최 등으로 국제사회에서 이목이 집중될 때마다 반인권 국가로 비칠까 우려하며 반복해 입법을 약속했다. 그러나 중기협은 기업주들을 동원해 대규모 시위를 하고 국회에 로비하며 반대했다. 결국 제도 개선은 1998년 4월에 2년 연수 후 1년 노동자로 취업, 2001년 12월에 1년 연수 후 2년 노동자로 취업할 수 있게 한 연수 취업제 실시로 그쳤다,

고용허가제가 또다시 국회에서 표류하던 2002년 1월, 경기도 포천 아모르 가구에서 미등록 노동자 100여 명이 대규모 파업을 했다. 이들이 겪은 살인적 노동 환경이 세간에 알려지면서 제도 개선에 대한 여론이 들끓었다. 이에 정부는 2003년 2월

까지 고용허가제를 실시하겠다고 다시 약속했다. 그때까지 자진 신고한 미등록 이주노동자에게는 자진출국 기한을 주되, 기한 내 출국하지 않으면 강제 추방시키겠다고 발표했다. 평등노조 이주지부는 자진신고를 거부하는 대규모 집회를 개최했고, 지도부는 명동성당에서 77일간 농성을 지속했다. 그러나 2003년 2월, '외국인근로자의 고용 등에 관한 법률'(고용허가제법)이 국회를 통과하지 못한 상태에서 노무현 정부가 새로 출범했다. 새 정부는 출국 유예 기한을 8월까지 연장한 후 7월 31일, 중기협의 반발을 무마하기 위해 고용허가제법에서 산업연수제 폐지 조항을 삭제한 채 국회를 통과시켰다. 이로써 산업연수제는 2004년 8월부터 실시된 고용허가제와 병행 실시하게 되었다.

고용허가제법이 국회를 통과한 후 정부는 다시 자진 신고 기간을 정해 이번에는 정식으로 취업 비자를 부여하는 일시적 사면을 실시했다. 그런데 총 체류 기간이 영주권이나 국적 신청 자격을 얻을 수 있는 5년을 넘지 못하게 하기 위해 4년 미만 체류자에 대해서만, 체류 기간이 길수록 사면 기한을 짧게 차등 부여했다. 그리고 자진신고 기간이 끝난 후 4년 이상 체류자와 신고하지 않은 미등록 체류자에 대해서는 강력하게 단속하겠다고 예고했다. 평등노조 이주지부 간부가 된 마문도, 인권단체와 인연을 맺으며 새로운 삶을 시작한 또뚜야도 4년 이상 체류자로 단속 대상이 될 예정이었다.

2003년 11월 15일, 자진신고 기간이 끝나는 날이었다. 이날 전국 각지에서 단속 추방 반대, 노동허가제 쟁취, 미등록 이

곁을 만드는 사람

주노동자 전면 합법화를 요구하는 농성이 시작되었다. 농성이 해를 넘기며 길어지자 정부는 자진출국 기한 연장, 고용허가제나 산업연수제로 재입국 우선권이라는 타협안을 들고 각 농성단과 협상했고, 결국 고용허가제에 끝까지 반대한 명동성당 농성단만 남았다. 명동성당 농성은 평등노조 이주지부와 이주노동자 공동체 활동가들을 중심으로 광범한 지지와 전국적 연대 속에서 진행되었다. 그러나 정부의 표적단속으로 농성단 대표 샤말 타파 등 많은 활동가가 연행되어 보호소에 구금되었다. 구금된 활동가들은 보호소 안에서 단식투쟁을 하며 버텼고, 농성단에서 지지단식을 이어갔지만 결국 강제 추방되었다. 100여 명으로 시작한 명동성당 농성단은 농성이 장기화되며 점점 규모가 줄었고, 결국 농성 380일째인 2004년 11월 28일 눈물의 해단식을 가졌다.

연장된 자진출국 기한은 2004년 2월 끝났다. 2005년 한시적 사면을 받았던 이주노동자들의 비자 만료가 시작되었다. 법무부는 2005년을 "불법체류자 감소 원년의 해"로 정하고 무자비한 단속을 강행해, 폭력적 단속의 전통과 여수 외국인보호소 화재 참사가 벌어질 기반을 닦았다. 2007년 2월, 여수 외국인보호소에 화재가 발생했다. 소방대원들이 쇠창살을 잘라낼 때까지 살려달라며 몸부림쳤던 55명 중 10명이 사망했고, 17명이 부상을 입었다. 밀린 임금을 받지 못해 며칠도 견디기 힘든 보호소에서 길게는 1년 이상 버티고 있던 이주노동자들이었다.

명동성당 농성단은 2005년 4월 24일, 민주노총 서울본부산하 서울경기인천 이주노동자 노동조합(Migrants Trade Union, MTU), 즉 이주노조를 출범시켰다. 이주노조는 지도부와 조합원들이 연이어 표적단속으로 강제 추방되는 서슬 퍼런 탄압을 겪으며 10년 4개월 만에야 합법 노조가 되었다. 이주노조가 이주노동자들의 독자 노조로 출범한 이유에는 기존 노동조합의 무관심도 있었다. 그러나 점차 선주민 노동자가 이주노동자와 함께 민주 노조를 만드는 사례가 늘어났다. 2003년 10월 창립한 성서공단노조가 그 출발선이었다. 성서공단노조는 성서공단에서 일하는 노동자라면 누구나 가입할 수 있는 지역 노조로 어느새 선주민 노동자보다 이주노동자 조합원이 더 많은 노동조합이 되었다. 2008년 발족한 부산·경남 지역의 평등을 위한 이주민연대(Solidarity for Equality of Migrants in Korea, SEMIK)와 같이 이주민 공동체 리더들의 평의회 형태 조직도 만들어졌다. 이런 조직들은 또뚜야와 같은 활동가들에게 훈련과 연대의 장을 제공했다.

2007년 드디어 외국인 산업연수제가 폐지되었다. 노동허가제 쟁취, 강제 추방 반대와 미등록 이주노동자 합법화는 이루지 못한 과제로 남아 지금도 집회마다 구호로 되새김질되고 있다. 명동성당 농성으로부터 약 20년이 흘렀고, 이주노동자들의 투쟁과 눈물 위에 고용허가제가 들어섰다는 사실은 점점 잊히고 있다. 그런데 세월이 흐르면서 고용허가제는 자신이 밀어낸 산업연수제가 얻었던 '현대판 노예제'라는 오명을 점점 더 자주 듣게 되었고, 변화하는 현실은 이주노동자운동에 고용허가제

겹을 만드는 사람

안팎으로 극복해야 할 새로운 과제를 제기하고 있다.

　노동자가 무슨 일을 당해도 사업장을 옮길 수 없도록 한 고용허가제가 강제 노동을 강요하는 노예제 아니냐는 항의에 인권침해와 같은 사유가 있다면 조건 없이 사업장을 옮길 수 있도록 법이 개정되었다. 그러나 그 사유는 고용노동부 고시에 세세하게 나열되었다. 임금체불, 폭언과 폭행, 산업재해, 성폭력, 화장실도 없는 기숙사…… 이주노동자들은 숱한 문제와 싸워왔고, 그때마다 사업장 변경이 가능한 사유가 추가되면서 그 목록이 점점 길어졌다. 그러나 강제 노동의 명백한 증표인 사업장 변경 제한은 "고용허가제를 취지에 맞게 존속시키기 위해" 여전히 성역처럼 버티고 있다.

　2012년부터는 브로커 개입을 방지한다는 이유로 사업장 변경을 허가받은 노동자의 선택권을 박탈시킨 채 고용센터가 보내주는 문자메시지를 통해 사업주 선택을 기다릴 수밖에 없게 되었다. 연수생에게 강제적금을 들게 했듯, 2014년부터는 퇴직금 지급을 위해 사업주가 적립하도록 한 출국만기보험금을 출국한 후에야 받을 수 있게 되었다. 이주노동자들이 최저임금과 수당에 대한 권리 의식이 높아지는 것에 대응해 2017년부터는 월 통상임금의 최대 20퍼센트까지 숙식비를 공제해 임금을 깎는 것도 가능해졌다. 반면 고용허가제는 명색이 단기 순환 로테이션 제도인데, 사업주들이 원하는 대로 취업 기한이 점점 늘어났으며 심지어 10년 연속 취업을 허가하겠다는 발표까지 나왔다. 그러나 아무리 한국에 오래 살아도 고용허가제 노동자는 영주권이나 국적 신청 자체를 할 수 없고, 정주와 가족 동반의 권리 등 장기체류자에게 마땅히 주어져야 하는 권리에 대해서는 언급조차 없다. 이로 인해 여전히 불안정한 체류는 당사자들이 주체가 되는 운동에 걸림돌이 되고 있다.

다른 한편 고용허가제 바깥에 있는 이주노동자가 점점 늘고 있다. 정부 정책은 체류 자격으로 이주민을 가르고 각각 다른 권리를 부여해왔다. 그러나 결혼이주민·동포·난민·유학생 등 다양한 체류 자격을 가진 이주민들이 노동시장에서 이주노동자로 일하고 있고, 그 비중도 커지고 있다. 이들에게는 고용허가제 노동자와 달리 사업장 선택의 자유가 있다고 하더라도 그 자유는 대부분 선주민들이 꺼리는 열악하고 불안정한 일자리에서 '외국인 노동자'라는 특별한 상품으로 차별받으며 일하다가 언제든지 해고될 수 있는 자유에 불과하다.

이주노동자들이, 이주민들이 불쌍하고 가련한 사람들에서 정당한 권리를 요구하는 노동자로 나설수록 그들에 대한 혐오와 반감은 커진다. 단결과 연대만이 부당한 현실에 맞서는 힘이 될 텐데 체류 자격뿐 아니라 국가·민족·종교의 장벽을 넘어서는 이주노동자 간의 연대, 나아가 선주민 노동자와 연대할 수 있는 계기는 어디서 찾을 수 있을까?

이주노동자운동은 미완의 과제와 함께 단단하게 단련된 이주민 활동가들을 남겼다. 이들은 공동체에서, 노조에서, NGO에서, 정부 위탁 지원 기관에서 활발하게 활동하고 있다. 주도적으로 단체와 조직을 만드는 사례도 늘어났다. 이주민 활동가들을 둘러싸고 공동체가 성장했고, 공동체에서 새로운 활동가들이 등장하면서 기존 이주인권 단체가 하던 많은 역할이 이 공동체들의 몫이 되었다. 공동체들은 지역과 국경을 연결하며, 친목과 자조 모임을 넘어 이주민 인권 보장뿐 아니라 자국 민주화를 위해서도 활동한다.

그 활동가들이 이주민에 대한 여전한 차별, 이주민의 단결과 연대, 통합적인 이주 정책, 반복적인 상담과 권리 구제를 넘어서는 근본적인 제도 변화를 고민하고 있다. 그 고민에서 새로운 과제를 풀어갈 계기를 본 듯하다.

이주노동자운동 관련 단체

이주·취업의 자유 실현과 이주노동자 노동권 완전 쟁취를 위한 투쟁본부:
'이노투본'은 2000년 10월 3일 내국인 노동자들과의 연대투쟁과 이주노동자의
노동권 쟁취를 위한 투쟁을 목표로 결성되었다. 이주노동자운동의 중장기적
방향에 대해 고민하면서 이주노동자 주체들과 함께 노조로 조직하기로 하고,
2001년 5월 19일 평등노조 산하의 이주노동자 지부를 창립했다.

**민주노총 평등노조 이주노동자 지부(Equality Trade Union-Migrants
Branch):** 2001년 최초로 (민주노총 내에 만들어진) 이주노동자들의 노조이다.
2003~2004년 강제 추방 중단과 미등록 이주노동자 전면 합법화를 위한
명동성당 농성투쟁을 전개했다. 그 성과는 2005년 서울경기인천 이주노동자
노동조합 창립으로 이어졌다.

이주노동자 노동조합(Migrants' Trade Union, MTU): 2005년 창립된
이주노조(창립 당시 명칭은 서울경기인천 이주노동자 노동조합)는 설립 직후
설립신고서를 제출했으나 노동부가 체류 비자가 없는 미등록 노동자들은 노조를
결성할 수 없다고 반려했다. 노조는 설립신고 반려 취하 소송을 제기했고 2007
년 고등법원 항소심 판결에서 이주노조가 승소했다. 그러나 대법원은 8년 넘게
판결을 내리지 않고 계류시켰다. 결국 2015년 6월에야 대법원의 합법화 판결이
내려졌다. 창립 당시 이주노조 규약에서도 '이주노동자들에 대한 단속추방 반대
및 근로조건 개선과 권리 확보, 이주노동자 합법화, 노동계급의 단결과 전진을
저해하는 모든 차별과 억압 거부, 만국의 노동자 단결의 정신으로 모든 노동자의
인간다운 삶 실현'을 목적으로 한다고 밝히고 있다.

금속노조 성서공단 지역지회: 기업별 노조를 만들기 힘든 영세사업장이나 비정규·이주노동자들이 지역적 연대를 바탕으로 현장의 문제를 함께 해결해나가고자 2002년 10월 17일에 창립되었다. 성서공단노조는 금속노조 성서공단 지역지회로서 대구 성서공단의 모든 노동자(정주민과 이주민 등)라면 자유롭게 조합원이 될 수 있다.

오산이주노동자센터: 2003년 창립해 사회와 민중의 요구 및 필요에 따라 변화해온 비영리 민간단체이다. 이주노동자·난민을 위한 다양한 프로젝트를 진행해왔고, 아시아태평양노동자연대(APWSL) 한국위원회, 레이버넷아시아 (LABORAASIA), 국제이주민연맹(IMA)과도 연대하고 있다. 현재는 결혼이주여성·결혼이주민은 물론 그들의 자녀까지 폭넓게 지원하고 있다.

이주민과함께: 1996년 외국인노동자인권을위한모임이라는 이름으로 발족했다. 차별 없는 사회, 존엄과 평등이 소중한 가치인 사회를 만들고자 세워진 이 모임은 2009년 이주민과함께로 법인 명칭을 변경했다. 이주민과함께는 국내 특히 부산과 경남 지역에 체류 중인 이주노동자 및 이주민의 인권 보호를 위해 노력하고 있다. 또한 이주민의 주체적인 역량을 강화하는 동시에 한국사회에 늘어나고 있는 이주노동자 및 이주민들과 더불어 국적과 피부색, 문화의 차이를 인정하고 소수자의 인권을 존중하는 다문화사회를 지향하며, 지구촌의 인권과 민주주의 신장에 기여하는 것을 목표로 한다. 부설기관으로 아시아평화인권연대, 부산외국인주민지원센터, 부산광역시 인권센터, 이주민통번역센터 링크가 있다.

부산외국인주민지원센터: 이주민과함께 부설기관으로 2012년 설립되었고, 설립 당시 명칭은 부산외국인근로자지원센터였다. 2022년에 현재의 명칭으로 변경되었다. 부산광역시 산하 외국인 주민 전문 지원기관으로 외국인 주민의 권리보호와 권익증진을 위해 교육·문화·네트워크·다국어 정보 제공·다국어 상담을 지원하는 활동을 펼친다.

이주노동자권리수첩: 마창거제산재추방운동연합과 금속노조 경남지부, 대우조선노조, 성동조선지회, 이주 단체들이 함께 발행한 이주민을 위한 기본 권리 책자인《이주민의 노동기본권》을 13개 언어로 4쇄까지 제작했다.

곁을 만드는 사람

초판 1쇄 펴낸날	2023년 4월 3일
초판 2쇄 펴낸날	2023년 7월 28일
기획	마창거제산재추방운동연합
글	이은주·박희정·홍세미
펴낸이	박재영
편집	이정신·임세현·한의영
마케팅	신연경
디자인	조하늘
제작	제이오
펴낸곳	도서출판 오월의봄
주소	경기도 파주시 회동길 363-15 201호
등록	제406-2010-000111호
전화	070-7704-2131
팩스	0505-300-0518
이메일	maybook05@naver.com
트위터	@oohbom
블로그	blog.naver.com/maybook05
페이스북	facebook.com/maybook05
인스타그램	instagram.com/maybooks_05
ISBN	979-11-6873-052-6 03300

만든 사람들
편집	윤현아·임세현
디자인	조하늘